中国式教育现代化进路论丛

School of Educational Science, Anhui Normal University

高等教育现代化的挺膺进路

本丛书系国家重大人才工程项目、安徽省高等学校高峰学科教育学、安徽省高等学校科学研究项目『安徽省教育治理现代化科研创新团队』研究成果

阮成武◎著

安徽师范大学出版社
ANHUI NORMAL UNIVERSITY PRESS
·芜湖·

图书在版编目(CIP)数据

高等教育现代化的挺膺进路 / 阮成武著. -- 芜湖 : 安徽师范大学出版社, 2024. 10. -- (中国式教育现代化进路论丛). -- ISBN 978-7-5676-7077-8

Ⅰ. G649.21

中国国家版本馆CIP数据核字第2024747ES1号

高等教育现代化的挺膺进路 阮成武◎著

GAODENG JIAOYU XIANDAIHUA DE TINGYING JINLU

责任编辑:李　娟　　责任校对:童　睿

装帧设计:王晴晴　汤彬彬　　责任印制:桑国磊

出版发行:安徽师范大学出版社

芜湖市北京中路2号安徽师范大学赭山校区　　邮政编码:241000

网　　址:http://www.ahnupress.com

发 行 部:0553-3883578　5910327　5910310(传真)

印　　刷:江苏凤凰数码印务有限公司

版　　次:2024年10月第1版

印　　次:2024年10月第1次印刷

规　　格:787 mm × 1092 mm　1/16

印　　张:15　插页:2

字　　数:265千字

书　　号:978-7-5676-7077-8

定　　价:108.00元

阮成武，安徽师范大学教育科学学院教授，博士生导师，教育部长江学者特聘教授，国家“万人计划”教学名师，享受国务院特殊津贴专家，荣获全国五一劳动奖章，安徽省学术和技术带头人，安徽师范大学首批学科领军人才。兼任中国教育学会初等教育学学术委员会副理事长，国家社科基金评审专家。主持完成国家社科基金多项，出版学术专著5部，资政报告被教育部、安徽省委宣传部、全国教育科学规划《教育政策要报》采纳10余项。获国家级教学成果奖一等奖、二等奖各1项，安徽省社会科学奖一等奖、全国教育科学研究优秀成果奖二等奖。

内容简介

道路与进路是相辅相成的。道路是方向性、原则性和根本性的，具有长远的历史性影响和深刻的全局性意义。道路决定之后，进路就成了道路实现及其成败的关键，是道路得到切实有效贯彻落实的过程保障。中国式教育现代化既要解决道路问题，也要解决进路问题。丛书以中国式教育现代化为论域，分别从战略定位、基础教育、高等教育和教师队伍四个关键性领域，进行理论探讨和问题研究，四卷既具有各自主题和逻辑，又相互支撑和关联。

丛书的出版不仅有利于促进中国教育学的学科体系、学术体系和话语体系建设，更有利于在学理层面加强中国式教育现代化理论建设，增强中国式教育现代化的理论自信、制度自信和价值自信。

本卷主要内容包括高等教育现代化道路研究、高等教育与大学生发展研究、高校教师队伍建设研究、高等教育治理现代化研究、教师教育现代化研究等五章，对中国特色高等教育发展规律、规则、理想和信念进行了理论概括，对高等教育与大学生发展、高校教师队伍建设、高等教育治理现代化进行了专题研究，并探讨了中国特色教师教育体系建设如何服务农村教育、实现人才培养模式协同创新，以及专业结构调整等实践问题。

总　序[①]

道路与进路是相辅相成的。如果说道路是战略问题，那么，进路则是战术和策略问题。道路是方向性、原则性和根本性的，具有长远的历史性影响和深刻的全局性意义。道路决定之后，进路就成了道路实现及其成败的关键，是道路得到切实有效的贯彻落实的过程保障。中国式教育现代化既要解决道路问题，也要解决进路问题。与“道路”相比较，“进路”作为一个悠远而弥新的古汉语词汇，一直以来人们较少关注和讨论。屈原《怀沙》有“进路北次兮，日昧昧其将暮”之句。梁启超也在《清代学术概论》中说：“凡文化发展之国，其国民于一时期中，因环境之变迁，与夫心理之感召，不期而思想之进路，同趋于一方向，于是相与呼应汹涌，如潮然。”[②]对于“进路”一词，金开诚先生校注为“前进的道路”，胡念贻先生则释为“向前赶路”之义。

概言之，进路作为前行的路径，概指事物发展演进的方向和途径，具有形而下的具体实在性。进路重在解决从出发地到目的地过程通畅、安全到达，形成通向目的地的循环链条和保障机制。而且，通向目的地的进路往往是多条线路和多个站点。从实践看，中国式教育现代化的顶层设计在下行落实过程中，可能会出现“政策规定有十分，落实到位不充分”，有损耗、衰减甚至梗阻的现象，难以打通政策落地见效的“最后一公里”。为此，需要解决“出发地”和“目的地”的关系问题，锚定通向目的地的方向和路径，突破堵点、卡点和断点，加强对“站点”和“时程”的过程管理和监控，使中国式教育现代化道路转化为教育理念、体系、制度、内容、方法、治理现代化的具体进路。这种由

① 总序部分内容原载于《教育发展研究》2023年第21期，题为《中国式教育现代化：道路与进路的辅成》。

② 梁启超.清代学术概论[M].上海：上海古籍出版社，2019：1.

道路向进路的转化，将大大拓宽教育现代化研究的问题域。

诚然，“现代化”在中国的最初出场，就作为一种“救国之道”，并作为一个学术词汇逐渐融入社会具体领域，其中就包括“教育现代化”[①]。与之相应，教育现代化作为一个学术概念的提出及教育发展的未来图景，从一开始就置身并发生于国家政治、经济、文化和社会情境之中，与其他社会系统相掣互动。在中华民族图强复兴的道路上，教育同国家的命运改变紧紧联系在一起，经历从教育救国、教育兴国再到教育强国的跃迁，并伴随着教育现代化道路和进路的跌宕改变，以此支撑国家现代化，推动中华民族由“站起来”“富起来”到“强起来”的历史新飞跃。在此历程中，强国建设和民族复兴进程也驱动着教育现代化，不断提升教育现代化内涵和水平。中国式教育现代化研究既是由中国式现代化的宏观语境演绎形成的问题域，也是教育现代化在中国国情和制度下必须解决的理论、政策和实践课题。它既需要遵循现代化的一般规律和共同特征，也要充分体现教育现代化的中国元素和特质。如何以中国式教育现代化支撑强国建设和民族复兴，不仅需要研究教育现代化的共同趋势和一般规律，结合中国国情实际和制度本质，研究确立教育现代化的中国道路，而且需要探索形成中国式教育现代化更加明晰和可操作的理论、政策和实践进路。

具言之，中国教育现代化道路和进路探索已然历经百年有余。早期教育现代化探索在洋务运动、维新运动及辛亥革命之际就已开始。五四运动后，“教育现代化”概念初步形成和得到使用，且多以“西化”“欧化”的教育思想、制度、课程体系和教学模式为范本，以“西化”“欧化”为其进路。在此之下，早期的教育现代化试图通过培养人的现代精神来促进社会改良而不触及社会政治制度和经济基础的“救国”之路，终究成为一场幻梦，无法实现教育救国的理想。中华人民共和国（以下简称“新中国”）成立以来，经历从全面“苏化”到独立探索社会主义教育现代化的历史变迁。前者，一方面以批判民国时期各种“西化”的现代教育思想和理论为进路，另一方面则以全盘引入苏联教育模

① 1933年,《申报月刊》围绕中国的现代化问题刊发了数篇文章,其中延展出“生产现代化”“实业现代化”“工业现代化”“农业现代化”“文化现代化”“教育现代化”“生活现代化”等多个建设话语主题,分别从不同领域具体详细地讨论了进行综合改革以实现中国的现代化。详见:陈红娟,姚新宇.出场、演变与形塑:现代化的概念史考察[J].社会科学,2024(4):77-86,108.

式作为教育现代化的进路。后者则更多是以教育革命、思想改造和政治斗争为进路，导致教育现代化进程一度中断。在经历与世界教育现代化潮流相隔断的特定历史阶段之后，改革开放翻开历史新的一页，社会主义现代化建设进入新时期。邓小平在提出“中国式的现代化”的同时，指出“教育要面向现代化，面向世界，面向未来”。1985年，教育与社会主义现代化建设的关系被提到“两个必须”战略高度。1993年，中共中央、国务院发布《中国教育改革和发展纲要》，将“实现教育的现代化”作为战略目标确立下来，教育在服务现代化建设的同时，必须实现自身现代化，把教育摆在优先发展的战略地位，努力提高全民族的思想道德水平和科学文化水平，作为社会主义现代化建设的“根本大计”。此后，国家提出实施科教兴国战略，教育现代化开始走向“兴国”的发展道路。相应地，以提高劳动者素质和培养人才为进路，主要为经济建设服务，大力发展生产力。然而，与之伴随的是横亘在人才培养和提高劳动者素质之间的招生考试制度，以考试分数实现教育分流和社会成层，由此带来以升学及以“跳龙门”“改变人生命运”为目标的片面应试教育。同时，现代化带来的城乡、区域和阶层分化，也使教育现代化面临教育公平的现实挑战。随后，党和国家在以经济建设为中心的同时，进一步重视文化建设、社会建设，构建“五位一体”总体布局，推进社会全面进步和人的全面发展。2010年，中共中央、国务院颁布的《国家中长期教育改革和发展规划纲要（2010—2020年）》（本书以下简称《教育规划纲要》）提出：到2020年基本实现教育现代化，基本形成学习型社会，进入人力资源强国行列。相应地，全面实施素质教育、促进教育公平、保障和改善教育民生，办好人民满意的教育，成为教育现代化的新进路。

进入新时代以来，党和国家开启全面建设中国特色社会主义强国新征程，以中国式现代化推进中华民族伟大复兴，教育现代化随之走向“强国”的新历史阶段。《中国教育现代化2035》在坚持中国特色社会主义教育发展道路根本前提下，充分发挥我国制度优势，立足国情、面向世界，扎根中国、融通中外，以培养社会主义建设者和接班人作为根本目的，擘画中国式教育现代化的目标图景和战略进路。坚持教育优先发展，加快实现教育现代化，建设教育强国，培养担当民族复兴大任的时代新人；坚持以人民为中心发展教育，办好人民满意的教育。党的二十大报告提出以中国式现代化推进中华民族伟大复兴，回答了跨越“卡夫丁峡谷”的现代化问题，成为马克思主义基本原理与中国实践相结合的伟大创造。中国式现代化道路作为人类历史发展进程中社会文明新形态的重大转换，以教育、科技、人才作为基础性、战略性支撑，深入实施科教兴国战略、人才强国战略、创新驱动发展战略，开辟发展新领域新赛道，不断塑造发展新动能新优势。在此语境下，中国式教育现代化既是中国式现代化的重要构成部分，也是中国式现代化的战略先导。习近平总书记指出：“现代化的本质是人的现代化”，“加快推进教育现代化，以教育之力厚植人民幸福之本，以教育之强夯实国家富强之基，为全面推进中华民族伟大复兴提供有力支撑。”①自不待言，没有教育现代化，就没有人的现代化；没有人的现代化，就没有国家和社会的现代化。

教育现代化作为国家现代化的重要部分，既有着超越不同国家和社会情境而殊途同归的趋同性一面，又表现出对国家发展和社会主体结构的依附性一面。换言之，教育现代化置身并发生在不同国家的政治、经济、文化和社会情境之中，又有着自身的内在结构和发展逻辑。如何在这种趋同性与依附性、外在制约性与内在规定性之间寻找一种张力平衡，形成中国教育现代化的理论、支撑和实践进路，扎实而全面实践中国式教育现代化发展道路，办出具有中国特色、世界水平的现代教育，是新中国成立以来特别是改革开放40多年来中国教育积极探索的重大理论和实践问题。诚然，开展中国式教育现代化进路的学术研究，进一步明确教育现代化的全局定位、制度逻辑、价值旨向、体系建构，这不仅有利于在学理上加强中国式教育现代化理论建设，积极回应人们对教育现代化的中国之问、时代之问、人民之问，增强中国式教育现代化的理论自信、制度自信和价值自信，也有利于促进中国教育学的学科体系、学术体系和话语体系建设。

正是基于以上认识，本丛书以中国式教育现代化为论域，力图对中国式教育现代化进路进行理论探讨和问题研究，从四个具有各自主题又相互支撑和关联的视角出发，即从战略定位、基础教育、高等教育和教师队伍等四个关键性领域进行学术探讨，开展中国式教育现代化进路的系列研究。

第一卷《中国式教育现代化定位进路》，包括历史研究、理论研究、政策研究和实践研究四个部分。历史研究通过新中国成立以来教育从部门性定位（服

①习近平.用新时代中国特色社会主义思想铸魂育人 贯彻党的教育方针落实立德树人根本任务[EB/OL].(2019-03-19)[2024-02-05].http://jhsjk.people.cn/article/30982234.

务于政治或经济、或文化、或民生）到党的二十大确立的教育、科技、人才为全面建设社会主义现代化国家提供基础性、战略性支撑的全局性定位发展历程，论述中国式教育现代化的战略布局形成进路。理论研究在学理上探讨中国式教育现代化的路向、路径和路基问题，服务国家发展与服务民生的关系问题，以及如何落实以人民为中心发展教育，构建人生出彩的教育机会共享机制等问题。政策研究深入到中国式教育现代化的具体问题域，研究教育利益定位、政府职能定位等问题。三者逐步递进深入，从顶层设计通向中国式教育现代化的底层逻辑。实践研究则进一步进入教育领域内部，深入研究如何通过教育利益的分化与整合，将利益实现与价值导向相结合、教育发展动力激发与压力纾解相结合，形成国家富强和人人享有出彩人生的中国式教育现代化之路。

第二卷《基础教育现代化的筑础进路》，包括基础教育现代化目标研究、基础教育治理现代化研究、基础教育改革研究、义务教育专题研究、基础教育现代化理论研究五个部分。基础教育现代化目标研究从现代国民教育体系的宏观视角，探讨新时代基础教育的培养目标、制度框架和服务属性，将利益共享、民生为要落实和贯彻到基础教育具体实践。基础教育治理现代化研究主要探讨中国式基础教育现代化治理体系和治理结构等理论和政策问题，着重探讨现阶段基础教育如何依据人民群众从“有学上”到“上好学”的期望跃迁，促进义务教育优质均衡发展和城乡一体化，保障和增强义务教育的普惠性与公益性。基础教育改革研究系统回顾改革开放以来基础教育顶层设计的演进历程，聚焦新时代基础教育改革顶层设计的实施路径，探讨如何从基本制度实现基础教育改革的根本性突破。义务教育专题研究通过理论研究、历史研究和实证研究，展现义务教育的发展历程和现状，着力于推动义务教育优质均衡发展和城乡一体化。基础教育现代化理论研究进行相关问题的学理性探讨，旨在回应基础教育现代化提供一些理论启示。

第三卷是《高等教育现代化的挺膺进路》。高等教育作为一个国家发展水平和发展潜力的重要标志，是中国式教育现代化的龙头引领。中国式教育现代化是复杂而庞大的系统工程，需要高等教育的挺膺担当。中国式高等教育现代化发展道路是历史的选择，也是实践主体的价值选择，是道路实践及其理论自觉的互动生成物。本卷主要论及中国式高等教育现代化道路、高等教育现代化与大学生发展、高校教师队伍建设、高等教育治理现代化、教师教育变革等理论和实践问题。高等教育在中国式教育现代化中的挺膺担当，需要对中国特色高等教育发展规律、规则、理想和信念进行理论概括，彰显新时代高等教育发展道路自觉。在此基础上，对高等教育与大学生发展、高校教师队伍建设、高等教育治理现代化进行了专题研究。最后，聚焦高等教育的一个具体领域——教师教育，探讨中国特色教师教育体系建设如何服务农村教育、如何实现人才培养模式协同创新，以及专业结构调整等实践问题。

第四卷是《教师队伍现代化的理实进路》。著名现代化研究学者英格尔斯提出，现代化须先化人后化物。俄罗斯教育科学院院士弗·鲍利辛柯夫指出："教师的现代化始终是教育现代化的关键。因此，消除普通学校教师的职业培训中所存在的一系列严重问题当属重中之重。"①教师专业化既是教育现代化的重要特征之一，也是实现教育现代化重要途径之一。我国教育现代化正由物质层面、制度层面深入到精神文化层面，并将期待的眼光投向教育现代化的重要主体——教师。本卷以中国式教育现代化为目标，从历史和比较入手，形成教师队伍现代化特别是与之因应的教师形象的理论认识；从政策进路、伦理进路和专业进路三重视角，对教师队伍现代化的实践推进相关论题进行探究，旨在通过理实互构的进路对教师队伍现代化这一时代课题进行学理回应。

丛书是作者这些年来开展教育现代化相关研究所取得一些初步成果的整理与集成，多数是此前公开发表过的，也有一部分系本书首度发表，其中有些内容是与团队成员或研究生学生合作完成的成果。它们在各自篇章中都有自己的逻辑，整理过程中根据主题的相关性进行分卷，并在各卷中根据内容关联性聚焦形成若干个问题领域，构建一定的体系逻辑和整体样貌。相关研究的整理与集成，旨在促进中国式教育现代化的知识供给、话语建设和学术传播，增进中国式教育现代化的社会认知和社会支持。作者深知，中国式教育现代化是时代凸显的教育理论与实践的宏大课题，本丛书所呈现的研究思路和初步成果还存在局限，敬请方家批评指正。

阮成武

2024年5月5日于江城芜湖

① 鲍利辛柯夫.时代挑战与教育科学的迫切任务[J].张男星,译.教育研究,2004(9):43-47.

目　录

第一章　中国式高等教育现代化道路研究

习近平总书记关于高等教育发展道路重要论述的理论逻辑[①]

高等教育发展道路是历史的选择，也是道路实践与道路自觉的互动生成物，是决定高等教育方向和命运的根本性问题。高等教育发展道路是对高等教育发展的方位、方向和方略等战略性、基础性和全局性问题认识和选择的历时性过程，是中国特色社会主义教育发展道路的重要构成部分。习近平总书记指出："教育强则国家强。高等教育发展水平是一个国家发展水平和发展潜力的重要标志。实现中华民族伟大复兴，教育的地位和作用不可忽视。我们对高等教育的需要比以往任何时候都更加迫切，对科学知识和卓越人才的渴求比以往任何时候都更加强烈。党中央作出加快建设世界一流大学和一流学科的战略决策，就是要提高我国高等教育发展水平，增强国家核心竞争力。"[②]"建设教育强国，龙头是高等教育。要把加快建设中国特色、世界一流的大学和优势学科作为重中之重，大力加强基础学科、新兴学科、交叉学科建设，瞄准世界科技前沿和国家重大战略需求推进科研创新，不断提升原始创新能力和人才培养质量。"[③]"当前，我国高等教育办学规模和年毕业人数已居世界首位，但规模扩张并不意

① 本节完成于2022年，此次有修改。

② 习近平．习近平谈治国理政：第二卷[M].北京：外文出版社，2017：376.

③ 习近平在中共中央政治局第五次集体学习时强调：加快建设教育强国　为中华民族伟大复兴提供有力支撑[EB/OL].(2023-05-29)[2023-11-04].http://www.moe.gov.cn/jyb_xwfb/s6052/moe_838/202305/t20230529_1061907.html.

味着质量和效益增长，走内涵式发展道路是我国高等教育发展的必由之路。”①习近平总书记在一系列重要报告和讲话中对高等教育改革和发展做了重要论述。这一系列重要论述站在建设教育强国、实现教育现代化和培养担当民族复兴大任的时代新人的战略制高点，对我国高等教育发展道路进行了系统回顾和反思，对世界高等教育发展历程及规律进行了深刻把握，对中国特色高等教育发展的规律、规则、理想和信念进行了科学概括，形成新时代高等教育发展道路的理论逻辑。

一、扎根中国大地办大学：高等教育发展道路之路基

高等教育发展有着自身的内在规定性和独立性，各国重视和发展高等教育也有一些共同的规律和趋势，然而高等教育发展并没有一把“万能钥匙”。马克思曾说过：“极为相似的事变发生在不同的历史环境中就引起了完全不同的结果。如果把这些演变中的每一个都分别加以研究，然后再把它们加以比较，我们就会很容易地找到理解这种现象的钥匙；但是，使用一般历史哲学理论这一把万能钥匙，那是永远达不到这种目的的，这种历史哲学理论的最大长处就在于它是超历史的。”②高等教育发展道路的选择，首先需要对发展的历史、现实和文化方位做出科学判断，确立道路的路基和出发点。对此，习近平总书记指出：“‘鞋子合不合脚，自己穿了才知道’。一个国家的发展道路合不合适，只有这个国家的人民才最有发言权。”③他从中国特色社会主义发展道路战略全局出发，提出新时代高等教育发展要立定脚跟，扎根中国大地办大学。习近平总书记在北京大学师生座谈会上指出：“办好中国的世界一流大学，必须有中国特色。没有特色，跟在他人后面亦步亦趋，依样画葫芦，是不可能办成功的。”“我们要认真吸收世界上先进的办学治学经验，更要遵循教育规律，扎根中国大地办大学。”④习近平总书记在全国高校思想政治工作会议上进一步指出：“我国

① 习近平.在北京大学师生座谈会上的讲话[M].北京：人民出版社，2018：4.

② 马克思，恩格斯.马克思恩格斯全集：第二十五卷[M].北京：人民出版社，2001：145-146.

③ 习近平.习近平谈治国理政[M].北京：外文出版社，2014：273.

④ 习近平.青年要自觉践行社会主义核心价值观：在北京大学师生座谈会上的讲话[M].北京：人民出版社，2014：12-13.

有独特的历史、独特的文化、独特的国情，决定了我国必须走自己的高等教育发展道路，扎实办好中国特色社会主义高校。”[①]习近平总书记在全国教育大会上提出以“九个坚持”为核心的教育改革发展新理念、新思想、新观点，其中重要一条就是“坚持扎根中国大地办教育”。此后，他在学校思想政治课座谈会上进一步强调了这个“坚持”。

需要反思的是，近年来国内一些高等教育办学者和研究者受西方的依附理论影响，认为中国百年高等教育发展是“依附发展的历程”，即使在已经建立起了庞大高等教育体系的今天，我们仍然在一定程度上不得不依附于高等教育中心的国家[②]。在高等教育发展目标、指标和模式上，热衷于同国际全面“接轨”，将欧美大学奉为圭臬和样板，似乎唯此才能赶上高等教育发展的国际潮流。然而，在我们这样一个后发内生型发展中大国，单单沿着依附发展的取径去探寻我国的高等教育发展道路，势必将高等教育置身自我边缘化和削足适履，陷入“文化殖民”以及“文化自我殖民”的境地。新时代高等教育发展道路必须扎根中国大地办大学，摆脱依附式发展的窠臼，从历史、文化和国情的内在逻辑和质的规定性出发，充分尊重现代性的民族向度，扎根中国、融通中外，立足时代、面向未来，坚定不移走自己的路。

习近平总书记指出：“扎根中国大地办高等教育同建设世界一流大学是统一的，只有扎根中国才能更好走向世界。”[③]新时代高等教育发展必须扎根中国，立定脚跟，融通中外，顺应高等教育发展的共性规律和时代潮流，积极融入世界高等教育体系，积极参与国际交流、合作和竞争，表达中国声音和中国立场，实现开放发展，为世界一流水平大学建设贡献中国智慧和中国方案。一方面，扎根中国大地办大学，需要借鉴学习国外高等教育发展和人才培养的成功经验，推动高等教育国际化和开放化。但是，如果以此将依附发展作为高等教育发展道路的历史和理论依据，势必隔断高等教育发展与本国历史、文化和国情的深切联系，束缚了思维和手脚，将高等教育发展置于以西方为中心的边缘化地位，

① 习近平.习近平谈治国理政:第二卷[M].北京:外文出版社,2017:376.

② 袁本涛.论中国高等教育的依附发展[J].清华大学教育研究,2000(1):38-45.

③ 习近平首次点评“95后”大学生[EB/OL].(2017-01-03)[2020-11-20].http://cpc.people.com.cn/n1/2017/0103/c64094-28993285.html.

失去高等教育发展的道路自觉和自信。高等教育的发展，“可以借鉴国外有益做法，但必须扎根中国大地办大学”①。另一方面，扎根中国大地办大学，并不是脱离国际发展环境和潮流，走上一条与世界高等教育主流体系相隔断的发展道路②。不容忘记，新中国初期在完成社会主义改造后，高等教育发展曾出现“大跃进”，力求跳出原有的框框和突破传统的束缚，搞大破大立。因此，只有从道路自觉的战略高度，尊重文化的差异性和现代性的民族向度，立定脚跟、扎根中国，筑牢中国式高等教育现代化道路的路基，才能摆脱依附式发展的窠臼。“要把中国特色社会主义道路自信、理论自信、制度自信、文化自信转化为办好中国特色世界一流大学的自信。只要我们在培养社会主义建设者和接班人上有作为、有成效，我们的大学就能在世界上有地位、有话语权。”③

二、坚持“四个服务”：高等教育发展道路之路向

高等教育从来就不是孤立和抽象的，而是与社会政治制度、经济发展和历史文化有着十分密切的关联性。办什么样的高等教育、如何办高等教育、为谁办高等教育，与各国的基本社会制度和治国理政理念、宗旨密切相关。习近平总书记在北京大学师生座谈会上指出：“今天，党和国家事业发展对高等教育的需要，对科学知识和优秀人才的需要，比以往任何时候都更为迫切。”④“我国高等教育发展方向要同我国发展的现实目标和未来方向紧密联系在一起，为人民服务，为中国共产党治国理政服务，为巩固和发展中国特色社会主义制度服务，为改革开放和社会主义现代化建设服务。”⑤

诚然，当代高等教育发展面临一些人类共同利益与挑战，全球化和国际化成为其发展的一个重要趋势，并构成高等教育一项崭新的社会职能。在国内高等教育理论和实践界，一些人因此而热衷于追求大学超越政治、超越国家、超

① 习近平.在北京大学师生座谈会上的讲话[M].北京：人民出版社，2018：10.

② 贾永堂，罗华陶.新中国高等教育发展道路的历史考察——基于后发展理论的分析[J].高等教育研究，2016(5)：1-12.

③ 习近平.在北京大学师生座谈会上的讲话[M].北京：人民出版社，2018：7.

④ 习近平.在北京大学师生座谈会上的讲话[M].北京：人民出版社，2018：4.

⑤ 习近平.习近平谈治国理政：第二卷[M].北京：外文出版社，2017：376-377.

越意识形态，标榜大学的自由、独立以及自治，习惯于以中世纪大学以及民国一些学者和教育家的相关言论作为“宝典”，以为这才是大学的精髓和本真。历史和现实都表明，近代以来中国高等教育自产生之始就是与国家和民族利益、民生需求紧密联系在一起的，新时代高等教育发展道路的方针宗旨，理当实现高等教育职能和使命的本土性建构，强化国家在发展和治理高等教育的主体责任，解决好为谁服务、为谁培养人这个根本性问题，自觉与国家、民族和民生利益及需要紧密结合起来，以“四个服务”为核心宗旨和发展路向。

习近平总书记在全国高校思想政治工作会议上提出高等教育的“四个服务”，与二十大确立的中国式现代化的本质内涵是根本一致的。二十大报告指出的前进道路上必须牢牢把握的重大原则，就包括“坚持和加强党的全面领导”“坚持中国特色社会主义道路”“坚持以人民为中心的发展思想”“坚持深化改革开放”。高等教育“四个服务”的不同向度，既是内在根本一致的统一体，又不可分割和偏废，体现高等教育的国家担当与民生关怀的统一，是中国特色高等教育发展道路自觉的核心。一方面，它体现了以人民为中心、增进人民福祉和促进人的全面发展，与党执政兴国的根本宗旨、中国特色社会主义制度本质、改革开放和社会主义现代化建设目标的根本统一；另一方面，只有坚持为中国共产党治国理政服务，为巩固和发展中国特色社会主义制度服务，为改革开放和社会主义现代化建设服务，以人民为中心发展教育、增进人民福祉和促进人的全面发展，才能得到政治保障、制度保障和物质保障。这是中国特色高等教育发展的“最大实际”和办学的根本宗旨。

三、全面提高人才培养能力：高等教育发展道路之路径

中国特色高等教育发展的独特路基与既定路向，决定了走自己的发展道路必须要解决好具体的路径问题。诚然，随着社会和时代的发展，高等教育发展水平成为一个国家的发展水平和发展潜力的重要标志，其功能不断拓展和丰富，但是高等教育的社会功能不是单纯的量的增加与生发，而是始终要以人才培养为核心和要旨。当代经济社会发展和人的发展赋予高校更多的职能，但高校最根本的职能还是培养人才。习近平总书记指出：“只有培养出一流人才的高校，

才能够成为世界一流大学。办好我国高校，办出世界一流大学，必须牢牢抓住全面提高人才培养能力这个核心点，并以此来带动高校其他工作。”[①]他在北京大学师生座谈会上指出：“大学对青年成长成才发挥着重要作用。高校只有抓住培养社会主义建设者和接班人这个根本才能办好，才能办出中国特色世界一流大学。”[②]这一系列重要论断为新时代高等教育确立了一条以人才培养为核心的内涵式发展道路。

综观世界一流大学的发展，其办学理念及制度设计总是紧紧聚力一流人才培养这个根本。正是这些特色鲜明的办学理念，成就了一所所世界一流大学。哈佛大学“课程要适应社会发展需要”，牛津大学、剑桥大学“追求学术性，培养有教养的人”的办学理念，在此指导下开创了基础研究、学院制、导师制等，培养了大批世界级大师人才。2015年，国务院《统筹推进世界一流大学和一流学科建设总体方案》确立的“双一流”建设目标，包括汇聚优质资源、培养一流人才、产出一流成果，其中培养拔尖创新人才居于核心地位。党的二十大将教育、科技、人才一体擘画，突出教育在实现科技自立自强和人才引领驱动中的战略支撑作用，全面提高人才自主培养质量，着力造就拔尖创新人才。诚然，人才的培养和成长是个复杂的过程，但关键环节是在高等教育阶段。习近平总书记指出：“学生在大学里学什么、能学到什么、学得怎么样，同大学人才培养体系密切相关。目前，我国大学硬件条件都有很大改善，有的学校的硬件同世界一流大学比没有太大差别了，关键是要形成更高水平的人才培养体系。”[③]为此，要牢牢抓住全面提高人才培养能力这个核心点，从学科体系、教学体系、教材体系、管理体系、思想政治工作体系多个方面和环节进行改革和创新，加强拔尖创新人才自主培养力度，为解决我国关键核心技术攻关提供人才支撑。

与此同时，在全面提高高等教育的人才培养能力上，习近平总书记特别重视将育才与育人并重与融合。他指出：“‘才者，德之资也；德者，才之帅也。’人才培养一定是育人和育才相统一的过程，而育人是本。人无德不立，育人的根本在于立德。这是人才培养的辩证法。办学就要尊重这个规律，否则就办不

① 习近平.习近平谈治国理政：第二卷[M].北京：外文出版社，2017：377.

② 习近平.在北京大学师生座谈会上的讲话[M].北京：人民出版社，2018：5.

③ 习近平.在北京大学师生座谈会上的讲话[M].北京：人民出版社，2018：9-10.

好学。”[①]高等学校的立身之本在于立德树人。“要把立德树人的成效作为检验学校一切工作的根本标准，真正做到以文化人、以德育人，不断提高学生思想水平、政治觉悟、道德品质、文化素养，做到明大德、守公德、严私德。要把立德树人内化到大学建设和管理各领域、各方面、各环节，做到以树人为核心，以立德为根本。”[②]

必须指出，培养人才并不只是单纯的知识教育和“成才”教育，人无德不立，没有崇高理想和良好品质，知识掌握再多也无法成为优秀人才。为此，高校要挺直腰杆、底气十足地把立德树人作为人才培养的根本任务和中心环节，融入高校思想道德教育、文化知识教育、社会实践教育各环节，坚持正确办学方向，加强党对教育事业的全面领导，彰显马克思主义的指导地位，加强思想政治工作，用社会主义核心价值观教育学生。教育和引导青年学生正确认识世界和新时代中国发展大势，从我们党探索中国特色社会主义历史发展和伟大实践中认识和把握人类社会发展的历史必然性和中国特色社会主义的历史必然性，从中国特色和国际比较中全面客观认识当代中国、看待外部世界，从而在人生成长的“拔节孕穗期”，促进大学生核心价值观的养成与道德品质的形塑，实现成人与成才的统一。这是我国高校的特色，也是办好我国高校的优势所在。

总之，习近平总书记关于新时代高等教育发展道路的重要论述，是中国特色社会主义教育发展规律的理论结晶，是中国共产党领导和推动高等教育改革发展的道路自觉，为高等教育现代化和建设高等教育强国指明了一条必由之路，也为世界各国特别是发展中国家发展高等教育贡献了中国方案。路基、路向和路径三位一体、相互支撑，汇聚了习近平总书记关于高等教育发展道路的思想精髓，为新时代高等教育发展道路确立了历史方位、宗旨方向和行动方略。

---

① 习近平.在北京大学师生座谈会上的讲话[M].北京:人民出版社,2018:7.

② 习近平.在北京大学师生座谈会上的讲话[M].北京:人民出版社,2018:7.

论新时代高等教育发展的道路自觉①

高等教育作为一个国家发展水平和发展潜力的重要标志，其发展道路是历史的选择，也是对高等教育与政治、经济、文化、科技和人的发展等诸因素关系综合认识和价值选择的结果。中国特色高等教育发展道路自觉，是对高等教育发展的规律性、目的性的理性认识和价值选择，是近代以来中国高等教育探索发展的历史逻辑、理论逻辑和实践逻辑的必然结果，是实现高等教育现代化和建设高等教育强国、创造人民美好生活的必由之路。中国特色高等教育发展的道路自觉，是党和国家从中国特色社会主义“五位一体”总体布局和“四个全面”战略布局出发，坚持创新、协调、绿色、开放、共享的新发展理念，对高等教育发展路基、路向、路径进行的系统设计与科学把握，宣示高等教育发展道路的规律、规则、理想和信念。

新中国成立以来，特别是改革开放40多年以来，高等教育在党的全面领导下取得了一系列举世瞩目的成绩，走出了一条中国特色社会主义理论体系引领下的变革之路、突破之路，这也是一条在广泛借鉴经验、坚持发扬传统、长期实践探索中逐渐形成的自强之路、创新之路。进入新时代，习近平总书记在十九大报告、全国高校思想政治工作会议、北京大学师生座谈会、全国教育大会和学校思想政治理论课教师座谈会等重要报告和讲话中，从中国特色社会主义“五位一体”总体布局和“四个全面”战略布局出发，站在建设教育强国、实现教育现代化和培养担当民族复兴大任的时代新人的战略制高点，对近代以来我国高等教育发展道路进行了回顾与反思，对世界高等教育发展历程及规律进行了深刻把握，对中国特色高等教育发展的规律、规则、理想和信念进行了科学概括，彰显了新时代高等教育发展道路自觉。本节从路基方位、路向指针和路径方略三重维度，来认识新时代高等教育发展道路自觉的思想内涵。

---

① 本节原载于《安徽师范大学学报》(人文社会科学版)2020年第3期，与宋波合作。

一、新时代高等教育发展道路的路基方位

新时代高等教育发展道路的路基是对办什么样的高等教育的历史、现实与文化方位和基础的科学判断。近年来，国内一些高等教育办学者和研究者受依附理论的影响，认为中国百年高等教育发展是"依附式发展"，经历了从开始学习欧美，到学习日本，再到学习美国，又到学习苏联，再到前不久的学习美国的转变[①]，甚至认为即使在已经建立起了庞大高等教育体系的今天，我们仍然在一定程度上不得不依附于高等教育中心的国家[②]。在高等教育发展目标、指标和模式上，他们热衷于同国际全面"接轨"，将欧美大学奉为圭臬和样板，似乎唯此才能赶上高等教育发展的国际潮流。

高等教育发展有着自身的内在规定性和独立性，各国重视和发展高等教育也有一些共同的规律和趋势，然而高等教育发展并没有一把"万能钥匙"。马克思曾说过："极为相似的事变发生在不同的历史环境中就引起了完全不同的结果。如果把这些演变中的每一个都分别加以研究，然后再把它们加以比较，我们就会很容易地找到理解这种现象的钥匙；但是，使用一般历史哲学理论这一把万能钥匙，那是永远达不到这种目的的，这种历史哲学理论的最大长处就在于它是超历史的。"[③]。仅仅沿着依附发展的取径去探寻我国高等教育发展道路，势必将我们这样一个后发内生型发展中大国的高等教育自我边缘化，削足适履，陷入"文化殖民"或"文化自我殖民"的境地。

因此，高等教育发展道路首先需要对高等教育发展的历史、文化和国情等环境和方位做出科学研判，把握高等教育发展道路的路基定位。习近平总书记指出："'鞋子合不合脚，自己穿了才知道'。一个国家的发展道路合不合适，只有这个国家的人民才最有发言权。"[④]由此提出，新时代高等教育发展要扎根中国、融通中外，立足时代、面向未来，坚定不移走自己的路。他在北京大学

① 张珏.百年来中国高等教育依附式发展的反思:谈学习国外高等教育的基本经验[J].现代大学教育,2002(3):67-70.

② 袁本涛.论中国高等教育的依附发展[J].清华大学教育研究,2000(1):38-45.

③ 马克思,恩格斯.马克思恩格斯全集:第二十五卷[M].北京:人民出版社,2001:145-146.

④ 习近平.习近平谈治国理政[M].北京:外文出版社,2014:273.

师生座谈会上指出：“办好中国的世界一流大学，必须有中国特色。没有特色，跟在他人后面亦步亦趋，依样画葫芦，是不可能办成功的。”“我们要认真吸收世界上先进的办学治学经验，更要遵循教育规律，扎根中国大地办大学。”[①]他在全国高校思想政治工作会议上强调：“我国有独特的历史、独特的文化、独特的国情，决定了我国必须走自己的高等教育发展道路，扎实办好中国特色社会主义高校。”[②]他在全国教育大会讲话中提出以“九个坚持”为核心的中国特色社会主义教育发展道路，其中重要一条是“坚持扎根中国大地办教育”。此后在学校思想政治理论课教师座谈会上总书记又一次强调这一“坚持”。因此，新时代高等教育发展道路的路基定位，要彻底摆脱依附式发展的窠臼，从历史、文化和国情的内在逻辑和质的规定性出发，创新出一条符合中国特点的高等教育模式，充分突显现代性的民族向度，扎根中国、融通中外，立足时代、面向未来，坚定不移走自己的路。

（一）以党的全面领导以及中国特色社会主义发展道路为根本和核心

中国近代以来高等教育发展道路的曲折历程，反映出高等教育发展道路的选择受到不同历史条件和社会制度的深刻影响。中国特色社会主义道路、制度、理论和文化，是中国共产党带领人民自觉遵循历史发展规律的结果，尽管其本身需要不断发展和自我更新完善，但已经显示出巨大的优越性和先进性，为新时代高等教育发展道路奠定了根本政治前提和制度基础。新中国成立70年来，全国普通高校数量由1952年院校调整后的229所增加到2018年2663所（含独立学院265所）[③]。我国教育总体发展水平进入世界中上等行列，彰显了我国的制度优势、政治优势，这是照搬别国经验解决不了和做不到的。2018年，习近平总书记在北京大学师生座谈会上指出：“古今中外，每个国家都是按照自己的政治要求来培养人的，世界一流大学都是在服务自己国家发展中成长起来的。我

① 习近平.青年要自觉践行社会主义核心价值观：在北京大学师生座谈会上的讲话[M].北京：人民出版社，2014：12-13.

② 习近平.习近平谈治国理政：第二卷[M].北京：外文出版社，2017：376.

③ 教育部.2018年教育统计数据[EB/OL].(2019-08-12)[2019-11-20].http://www.moe.gov.cn/s78/A03/moe560/jytjsj2018/qg/.

国社会主义教育就是要培养社会主义建设者和接班人。”[①]习近平总书记在全国教育大会上进一步指出，我国是中国共产党领导的社会主义国家，这就决定了我们的教育必须把培养社会主义建设者和接班人作为根本任务，培养一代又一代拥护中国共产党领导和我国社会主义制度、立志为中国特色社会主义奋斗终生的有用人才。这是教育工作的根本任务，也是教育现代化的方向目标[②]。因此，新时代中国特色高等教育发展道路，必须以党对教育事业全面领导为根本和核心，全面贯彻党的教育方针，坚持社会主义办学方向，坚持以人民为中心发展教育，体现中国特色社会主义的本质要求，探索形成具有中国特色的社会主义高等教育发展道路。

（二）以中国特色社会主义事业进入新时代为历史方位

高等教育发展道路是一个国家、民族历史文化的承载和赓续。中华优秀传统文化的创造性转化和创新性发展，是扎根中国大地办高等教育的文化基石和精神活水，是新时代高等教育发展道路的文化底色和历史底蕴。我们这样一个拥有五千多年历史的文明古国，已在社会主义现代化道路上快速前进了70多年。文化积累、制度优势和改革开放的成功实践经验是彰显道路自信、理论自信、制度自信和文化自信，办好世界一流大学和建设高等教育强国的坚实基础。与此同时，新时代高等教育发展道路又是立足时代的和面向未来的，扎根中国大地办大学，必须立足时代，面向未来，找准新的历史方位。经过新时期以来的卓越努力，我国高等教育发展道路站在了“由大到强”跨越的新起点上，不能一味照搬、套用国外的指标方案和政策话语，而应当立足人民群众日益增长的美好生活向往与高等教育发展不平衡、不充分之间矛盾的现实，瞄准建设现代化强国和办好人民满意教育的战略需要，加强战略思维、决策规划和政策安排，以此不断使教育同党和国家事业发展要求相适应、同人民群众期待相契合、同我国综合国力和国际地位相匹配[③]。

---

① 习近平.在北京大学师生座谈会上的讲话[M].北京:人民出版社,2018:6.

② 习近平出席全国教育大会并发表重要讲话[EB/OL].(2018-09-10)[2019-11-20].https://www.gov.cn/xinwen/2018-09/10/content5320835.htm.

③ 习近平出席全国教育大会并发表重要讲话[EB/OL].(2018-09-10)[2019-11-20].https://www.gov.cn/xinwen/2018-09/10/content5320835.htm.

（三）扎根中国、融通中外，坚定不移走高等教育发展的中国道路

扎根中国大地办高等教育同建设世界一流大学是统一的，只有扎根中国才能更好走向世界。一方面，扎根中国大地办大学，并不是脱离国际发展环境和潮流，走上一条与世界高等教育主流体系相隔断的发展道路。新中国成立初期，在完成社会主义改造后，高等教育发展曾出现“大跃进”，力求跳出原有的框框和突破传统的束缚，搞大破大立；“文革”期间，高等教育更是“破字当头”，大搞教育革命，从招生制度到办学体制、课程教学、师生关系，完全脱离高等教育的基本规律和常规，“走上了一条既与传统隔断、也与外界经验完全隔断的孤立发展道路，在某种意义上已经切入一种‘随意创造’模式”①。这种与世界高等教育发展规律和潮流相隔断的道路选择，教训深刻。因此，坚持扎根中国大地办大学，需要坚持新发展理念，推动开放发展，广泛学习并借鉴各国高等教育发展和人才培养的成功经验，推动高等教育的国际化和开放化，顺应高等教育发展的共性规律和时代潮流，在世界高等教育体系格局中积极参与国际交流、竞争、合作、分享，为世界一流水平大学建设和高等教育发展贡献中国力量、中国智慧，提供中国方案，增强高等教育发展与我国综合国力和国际地位提升的匹配度。

另一方面，新时代高等教育发展道路又要在高等教育共性规律与中国历史、文化和国情之间形成一个必要也是现实可能的契合点，将扎根中国大地办大学同建设世界一流大学统一起来。植根于五千多年文明古国的历史与文化，着眼于改革开放和社会主义事业发展需要，在国际参与和合作中坚持中国立场、融入中国元素、彰显中国特色，坚持高等教育发展的道路自觉与自信，坚持把服务中华民族伟大复兴作为高等教育发展的重要使命，探索形成一条具有中国特色、体现世界水平和尊重教育规律的高等教育发展道路。

---

① 贾永堂，罗华陶．新中国高等教育发展道路的历史考察：基于后发展理论的分析[J]．高等教育研究，2016(5)：6.

二、新时代高等教育发展道路的路向指针

高等教育发展道路的路向指针是对发展道路的目标、使命的价值澄明与方向的抉择，集中体现在办什么样的高等教育、怎样办高等教育、为谁办高等教育和培养什么样的人、怎样培养人、为谁培养人的目标和方向上。在高等教育理论和实践上，曾有一些人热衷于追求大学超越政治、超越国家、超越意识形态，标榜大学的自由、独立以及自治，习惯于以中世纪大学以及民国时期一些学者和教育家的论述作为这种价值取向的依据，似乎唯此才是高等教育发展道路的正宗和样板。然而，高等教育作为一种社会存在，从来就不是孤立和抽象的，社会制度决定着高等教育目的和服务方向。雅斯贝尔斯就曾指出："大学永远都不能变成一个充分意义上的'国中之国'。"[①]"它的生存要仰仗政治的关照。只有在国家关心的时间和地点它才可能存在。国家让大学的存在成为可能，国家也捍卫着大学。"[②]西方大学从来就不是完全独立自由的。现代西方大学的历史是充斥着斗争与妥协的西方社会变迁史的缩影，因一个组织本身的环境嵌入性，制约了其所能获得的独立自由的限度与程度。大学从来没有也不可能有完全实现其所向往的独立自由的机会[③]。中国高等教育自近代产生以来，就与国家和民族利益、民生需求紧密联系在一起。习近平总书记指出："我国高等教育发展方向要同我国发展的现实目标和未来方向紧密联系在一起，为人民服务，为中国共产党治国理政服务，为巩固和发展中国特色社会主义制度服务，为改革开放和社会主义现代化建设服务。"[④]因此，新时代高等教育发展道路应当注重高等教育职能和使命的本土性建构，强化国家在高等教育发展和治理中的主体责任，以"四个服务"为方向指针，解决好"为谁办高等教育"这个根本性问题。

① 雅斯贝尔斯.大学之理念[M].邱立波，译.上海：上海世纪出版集团，2007：176.

② 雅斯贝尔斯.大学之理念[M].邱立波，译.上海：上海世纪出版集团，2007：173.

③ 彭荣础，王处辉.大学的独立自由状态考察及我国一流大学理念构建[J].中国高教研究，2008(8)：17-18.

④习近平.习近平谈治国理政：第二卷[M].北京：外文出版社，2017：376-377.

（一）“四个服务”体现新时代高等教育的社会使命与国家担当

高等教育发展固然有其自身的内在逻辑和价值，必须遵循知识生产、传播和转化的客观规律，以及学科建设和人才培养的规律，尊重学术自由，但在现代社会，大学早已由象牙之塔发展成为推动发展科学技术第一生产力、引领思想文化风尚、容载国家发展战略需求的核心机构。高等教育不可能置身社会之外而特立独行，而是融合于特定的政治和社会环境之中，将人才培养、科学研究、社会服务与国计民生结合在一起，从而凸显其独特价值。十一届三中全会后，在教育领域“拨乱反正”的过程中，党中央提出了“教育必须为社会主义建设服务，社会主义建设必须依靠教育”的重要论断。在全面建成小康社会决胜阶段，“我们对高等教育的需要比以往任何时候都更加迫切，对科学知识和卓越人才的渴求比以往任何时候都更加强烈”[①]。因此，高等教育发展不可能脱离我们这个正致力于国家繁荣、民族复兴和人民创造美好生活的伟大时代，更不可能脱离党的领导和社会主义制度；相反，高等教育正是在坚持“四个服务”的过程中彰显其功能和价值的；并且，加强党对教育事业的全面领导和坚持社会主义制度，为新时代高等教育发展提供了坚强有力的政治统领和制度保障。

（二）“四个服务”是四个维度相互联系和支撑的统一体

新时期以来，高等教育的方针宗旨先后经由“一个服务”到“两个服务”再到“四个服务”的拓展。从党的十三大提出“要坚持教育为社会主义现代化建设服务的方针”，到十六大提出“坚持教育为社会主义现代化建设服务，为人民服务”，再到习近平总书记在全国高校思想政治工作会议上提出“四个服务”，在原先基础上进一步突出了为人民服务的首要任务和中心地位，突出了高等教育要为中国共产党治国理政、巩固和发展中国特色社会主义制度服务。这与十九大确立的习近平新时代中国特色社会主义思想和基本方略是根本一致的。十九大报告提出“坚持以人民为中心的发展思想”，“党的一切工作必须以最广大人民根本利益为最高标准”；同时指出“中国特色社会主义最本质的特征是中国共产党领导，中国特色社会主义制度的最大优势是中国共产党领导，党是最高

① 习近平.习近平谈治国理政:第二卷[M].北京:外文出版社,2017:376.

政治领导力量”；“中国特色社会主义制度是当代中国发展进步的根本制度保障”；“全党要更加自觉地坚持党的领导和我国社会主义制度”[①]。因此，“四个服务”的方针宗旨反映了新时代“五位一体”总体布局和“四个全面”战略布局的总体要求，是新时代高等教育发展道路的必然路向。“四个服务”是由四个维度相互联系和支撑的统一体，构成新时代高等教育发展的总路线和总方向。一方面，高等教育为人民服务，保障和改善民生、促进人的全面发展，与党的根本宗旨、中国特色社会主义制度本质、改革开放和社会主义现代化建设目标是根本统一的；另一方面，只有坚持“为中国共产党治国理政服务，为巩固和发展中国特色社会主义制度服务，为改革开放和社会主义现代化建设服务”[②]，高等教育发展为人民服务、促进人的全面发展，才有政治保障、制度保障和物质保障。

（三）高校以“四个服务”为宗旨形成依法自主办学和民主管理的治理结构

“四个服务”回答了应该“办什么样的大学、怎样办大学、为谁办大学”这一根本性问题。高校如何充分利用自身的学科专业优势和人才资源优势，积极主动作为，切实增强“四个服务”的意识和能力尤为关键。大学是一个研究学问、探索真理的地方。扎根中国大地办高等教育，要认真吸收世界上的先进办学经验，更要尊重教育规律。对此，我国现行法律法规为高等教育依法自主办学和高等教育工作者研究学问、探索真理提供了充分的制度空间。《中华人民共和国宪法》第四十七条规定：“中华人民共和国公民有进行科学研究、文学艺术创作和其他文化活动的自由。国家对于从事教育、科学、技术、文学、艺术和其他文化事业的公民的有益于人民的创造性工作，给以鼓励和帮助。”《中华人民共和国高等教育法》第十一条规定：“高等学校应当面向社会，依法自主办学，实行民主管理。”第三十五条规定：“高等学校根据自身条件，自主开展科

① 习近平.决胜全面建成小康社会夺取新时代中国特色社会主义伟大胜利：在中国共产党第十九次全国代表大会上的报告[EB/OL].（2017-10-27）[2019-11-20].https://www.gov.cn/zhuanti/2017-10/27/content_5234876.htm.

② 习近平.习近平谈治国理政：第二卷[M].北京：外文出版社，2017：377.

学研究、技术开发和社会服务。”第三十六条规定：“高等学校按照国家有关规定，自主开展与境外高等学校之间的科学技术文化交流与合作。”第三十七条规定：“高等学校根据实际需要和精简、效能的原则，自主确定教学、科学研究、行政职能部门等内部组织机构的设置和人员配备。”这些都从法律上保障了高校在办学定位、办学活动、科学技术文化交流与合作、内部组织机构的设置和人员配备等方面的自主权，以及高等教育工作者的学术自由。因此，坚持高等教育“四个服务”与高校依法独立自主办学和民主管理不是相互对立和排斥的，而是一个统一的治理结构，防止顾此失彼或将两者对立、割裂开来。

三、新时代高等教育发展道路的路径方略

在现代社会，尽管社会经济发展赋予高校不少使命和功能，但高校的根本还是培养人才。大学之大，就是在传道授业解惑中培养具有大智、大识、大爱、大德和大情怀的时代新人。习近平总书记指出：“高校立身之本在于立德树人。只有培养出一流人才的高校，才能够成为世界一流大学。办好我国高校，办出世界一流大学，必须牢牢抓住全面提高人才培养能力这个核心点，并以此来带动高校其他工作。”[①]扎根中国大地办大学，落实“四个服务”服务宗旨，必须围绕“培养什么样的人、如何培养人、为谁培养人”这个根本问题，紧紧抓住全面提高人才培养能力这个核心点，以此来带动高校其他工作。

（一）“双一流”建设和高等教育内涵式发展的根本所在

综观世界一流大学的发展，其办学理念及制度设计总是紧紧聚力一流人才培养这个根本。哈佛大学坚持“课程要适应社会发展需要”，牛津大学、剑桥大学“追求学术性，培养有教养的人”的办学理念，在此指导下开创了基础研究、学院制、导师制等，培养了大批世界级大师人才[②]。习近平总书记指出：“大学对青年成长成才发挥着重要作用。高校只有抓住培养社会主义建设者和接班人

① 习近平．习近平谈治国理政：第二卷［M］．北京：外文出版社，2017：377.

② 邱均平，余凡．中国大学发展的质与量：中国一流大学与世界一流大学的比较分析［J］．重庆大学学报（社会科学版），2012（2）：100-105.

这个根本才能办好，才能办出中国特色世界一流大学。”[①]国务院《统筹推进世界一流大学和一流学科建设总体方案》确立的“双一流”建设目标，包括汇聚优质资源，培养一流人才，产出一流成果，其中培养拔尖创新人才居于核心地位。有学者通过将世界大学排名及高水平大学的排名特征与我国高水平大学发展比较后发现，我国一流大学建设和发展模式存在不可持续的矛盾因素，并指出一所大学对社会最大的贡献凝结在学生身上，未来我国一流大学的建设需要更加重视人才培养，尤其是本科教学[②]。为此，新时代一流大学建设面临的一个重要转变，是要从理顺学科发展和学术治理中的核心关系入手，回归人才培养中心地位。只有培养出一流人才的高校，才能够成为世界一流大学。

同时应当认识到，新时期以来我国高等教育大众化以规模扩张为主要发展方式及所形成的思维惯性和路径依赖，已经蔓延到高校科研和学科建设、社会服务、国际交流与合作等各个领域，导致“学术漂移”“院校漂移”，造成人才培养中心地位旁落。尤其是占全国普通高校总数的45%，招生人数和在校生总数超过总数50%的大批地方新建本科高校，出现形态多样的办学定位与机构名称、课程设置和教学内容、教师专业发展、学生学业发展的“漂移”现象[③]，这与高等教育内涵式发展严重背离。高等教育内涵式发展就是要将高校中心工作回归和落实到人才培养上，牢牢抓住全面提高人才培养能力这个核心点，其最集中的思想就是回到重视教学的轨道上来，重新确立高校以教学为本和以人才培养为本的理念，否则内涵式发展就是空谈。高水平人才培养体系包括学科、教学、教材、管理、思想政治工作五个子体系。人才培养体系是上位的，五个子体系是下位的支持支撑，都要服务于人才培养体系[④]。为此，要将高校所有工作聚焦到人才培养上来，围绕这一核心来配置人力、物力、财力、时间、空间和信息资源，进行制度设计、工作开展和绩效评价；建立和完善科研育人、科

① 习近平.在北京大学师生座谈会上的讲话[M].北京：人民出版社，2018：5.

② 陈晓宇，杨海燕.新时期我国建设一流大学面临的转变[J].高等教育研究，2017(11)：11-21，45.

③ 阮成武，徐雪莲.高等教育领域中的院校漂移及其政府治理：基于安徽省新建地方本科院校的考察[J].安徽师范大学学报(人文社会科学版)，2018(3)：133-139.

④ 中共中央 国务院关于全面深化新时代教师队伍建设改革的意见[EB/OL].(2018-01-31)[2019-11-20].http://www.gov.cn/zhengce/2018-01/31/content 5262659.html.

教协同育人、管理育人、实践育人、社会服务育人、国际交流与合作育人的有效机制，实现人才培养能力全面提高。

（二）将育人和育才相统一，落实立德树人的根本任务

培养人才并不只是单纯的知识教育和“成才”教育。毋庸讳言，人无德不立，没有崇高的理想和良好的道德品质，掌握再多的知识和具备再强的能力也无法成为优秀人才。人才培养是育人和育才相统一的过程，育人是成长成才之本，育人的根本在于立德。高等学校的立身之本在于立德树人。按照习近平总书记的要求，高等教育要挺直腰杆、底气十足地把立德树人作为人才培养的根本任务和中心环节，融入高校思想道德教育、文化知识教育、社会实践教育各环节，学科体系、教学体系、教材体系和管理体系要围绕这个目标来设计，教师要围绕这个目标来教，学生要围绕这个目标来学。为此，高校必须坚持正确的办学方向，加强党对教育事业的全面领导，坚持马克思主义的指导地位，加强思想政治工作。“要教育引导学生正确认识世界和中国发展大势，从我们党探索中国特色社会主义历史发展和伟大实践中，认识和把握人类社会发展的历史必然性，认识和把握中国特色社会主义的历史必然性。”①通过认识中国特色和国际比较，全面客观认识当代中国、看待外部世界，从而抓住人生成长的“拔节孕穗期”，促进大学生核心价值观养成与道德品质的形塑，实现育人与育才、成人与成才的统一。这是我国高校的历史文化和制度特色，也是办好我国高校的优势所在。

（三）关键是要建设一支高素质专业化创新型教师队伍

教师是教育发展的第一资源，是立教之本、兴教之源。习近平总书记指出：“人才培养，关键在教师。教师队伍素质直接决定着大学办学能力和水平。……建设政治素质过硬、业务能力精湛、育人水平高超的高素质教师队伍是大学建设的基础性工作。”②全面提高教师质量、建设一流师资队伍，是全面提高人才培养能力、实现高等教育内涵式发展的第一要务。2018年全国普通高校专任教

① 习近平.习近平谈治国理政:第二卷[M].北京:外文出版社,2017:377-378.

② 习近平.在北京大学师生座谈会上的讲话[M].北京:人民出版社,2002:7-8.

师达到167.28万人，有力地支撑了全国2831.03万普通本专科在校生和273.13万名研究生的培养任务[①]。哈佛大学校长劳伦斯·H.萨莫斯指出，从长远来说，实际上只有一件事情对于最优大学至关重要，那就是拥有最具创造力的、学术上最勤奋的和最聪慧的教师。如果一所大学能够发现最佳青年学者并且将他们吸引到大学中工作，那么最优秀的学生就会接踵而至，科研经费也会接踵而至。总之，任何其他事情都不会比致力于获得最佳人才更重要[②]。有研究者对英美两国10所一流大学的教师队伍建设情况进行研究发现，“双一流”建设的关键是建设一流的人才队伍，一流人才队伍的汇聚成就了一流的学科，一流学科的汇聚则最终成就了一流的大学[③]。当然，与国外世界一流大学教师队伍建设相比，中国特色高等教育要在提升教师业务水平和科研创新能力的同时，更加注重提升思想政治素质，全面加强师德师风建设，引导教师树立正确的历史观、民族观、国家观、文化观，坚定中国特色社会主义“四个自信”，增强价值判断、选择、塑造能力，带头践行社会主义核心价值观，培养社会主义建设者和接班人。这是培养德才兼备人才的客观需要，也是落实高等教育“四个服务”方向指针的政治需要。

综上，新时代高等教育发展的道路自觉是对高等教育发展规律和使命认识的成果结晶，是凸显党的领导地位和以更高远的历史站位、更宽广的国际视野、更深邃的战略眼光，对加快推进教育现代化、建设教育强国作出总体部署和战略设计，为高等教育现代化和建设高等教育强国指明了一条必由之路，也为世界各国特别是发展中国家发展高等教育贡献了中国方案。其三个维度三位一体相互支撑，汇聚了习近平总书记关于高等教育发展道路重要论述的思想精髓，为新时代高等教育发展确立了路基方位、方向指针和路径方略。

① 2018年全国教育事业发展统计公报[EB/OL].(2019-07-24)[2019-11-20].http://www.moe.gov.cn/jyb_sjzl/sjzl_fztjgb/201907/t20190724_392041.html.

② 萨莫斯.21世纪大学面临的挑战:在北京大学的演讲[J].李环,译.中国大学教学,2002(Z2):4-7.

③ 李曼丽,李明.英美两国一流大学教师资源的开发与留任机制探微:基于英美10所世界一流大学的案例分析[J].清华大学教育研究,2007(6):59-66.

我国高等教育服务的二重属性及其整合①

当下，“服务”成了高等教育研究和实践的一个高频词，一个兼有理论性、政策性和操作性的关键词。这是基于我国经济社会日益发展和人民文化生活需求的不断提高，高等教育已逐步发展成为面向国家、社会、学生个体等多元化利益主体的教育服务。加入世界贸易组织以后，高等教育进一步成为国际化的服务贸易。正因为如此，“服务”这一概念往往是在不同学科背景下被界定和使用的，有的从政治学和道德意义上，有的从经济学意义，也有从教育学以及管理学意义上的。这客观地反映了我国高等教育的服务方向、服务产品和服务职能正在发生深刻的转型。然而，这种不同含义和范畴的并存，使得“服务”在高等教育研究和实践中充满歧义，甚至导致高等教育出现体制混变和行为失范现象。本节试图对此进行一种“清理”，揭示出我国高等教育服务的二重属性，并寻求一种必要的整合。

一、服务方向：实现为社会主义现代化建设服务与为人民服务的二重整合

高等教育存在社会本位和个人本位两种不同的价值取向，并存在促进社会发展与促进人的发展两种不同的服务方向。传统上，我国高等教育从专业设置、课程开设、教育教学到毕业分配，主要是从社会需要出发的，代表一种社会利益，以社会价值为本。党的十六大从“三个代表”重要思想出发，确立了教育要“为社会主义现代化建设服务，为人民服务”的方针，实现了教育服务由“一为”（为社会主义现代化建设服务）向“两为”的转型，在实施“科教兴国”战略的同时，确立“兴教为民”的指导思想。高等教育服务的“二为”方向，既拓宽了高等教育社会服务的职能范围，也体现了高等教育对广大人民根本利

① 本节原载于《皖西学院学报》2004年第4期。

益的终极关怀。高等教育应在办学思想上将这两种服务职能和方向有效地整合起来。

（一）以社会需求为导向，为广大人民群众提供优质的高等教育服务

近年来，我国高等教育的发展，逐步显现出社会对人才资源的大量需求与大学生就业的严峻形势并存的怪圈。高等教育坚持“两为”的服务方向，核心和关键在于人才培养目标和模式的改革，以实现社会需求与人民利益的整合和统一。

应当说，我国高等教育长期作为一种稀缺的社会资源，局限在精英的选拔和培养上，难以直接惠及最广大的人民群众。随着我国社会的发展和进步，广大人民群众对高等教育的消费需求日益高涨。高等教育作为服务的提供者，应当以“为人民服务”的高度责任感，教为民所兴，情为民所系。通过各种有效渠道增加高等教育投入、扩大高等教育的规模总量，实现学习方式的多样化，增强教育服务的便利性、适应性，努力扩大高等教育的学习机会，为广大人民群众提供更多的高等教育服务。2002年，我国高等学校在校生的数量由1998年的341万人增加到900多万人，高等教育的毛入学率由1998年的9.8%上升到15%，全国普通高考录取率由1998年的36%上升到59%[①]。我国高等教育由此跨入了大众化发展阶段。

然而，没有质量、没有效益的数量和规模发展，是没有长久生命力的。高等教育在努力拓宽服务范围和增加规模总量，满足广大人民群众对高等教育机会和数量要求的同时，必须改革长期以来以学科为基础的学术本位的人才观和资源约束型的人才培养模式；进而根据现实及未来经济和社会发展对人才的多样化需求，充分确立市场意识和客户至上的观念，以社会需求尤其是人才和劳动力市场为导向，进行学科建设、专业设置、招生方式、课程开设、教学模式以及管理制度的调整和革新；以培养学生就业、创业能力为质量标准和效应追求，以促进学生就业、创业为学校工作的重中之重，培养具有较高社会适应性、

① 张保庆.树立科学的发展观 确保高等教育持续健康发展[J].中国高等教育半月刊，2003(10)：3-9.

市场竞争力和职业发展能力的人才。质言之，高等学校只有把为人民群众尤其是大学生提供的高等教育服务，与经济和社会发展日益强劲的人力资源需求契合和统一起来，才能真正提高办学的社会和经济效益，焕发自身发展的生机和活力。

（二）以人为本，促进大学生个性与社会性的全面发展

高等教育在开发人力资源，培养社会主义现代化建设人才的同时，一个重要的不可或缺的价值导向是坚持以人为本，促进大学生个性和社会性的全面发展。当前，在严重的就业压力形势下，一些高校往往只是从社会某种特定的需求，单纯根据人才市场导向，强调一些工具性、职业性的课程和技能训练，以个人利益的实现和满足实用价值为导向，似乎这代表了社会发展和大学生的根本利益。但正如国际21世纪教育委员会向联合国教科文组织提交的报告《教育：财富蕴藏其中》中指出的，教育不仅仅是为了给经济界提供人才，它不是把人作为经济工具而是作为发展的目的加以对待的[①]。高等教育的重要目的是使人作为人而不是作为生产手段得到充分的发展[②]。在我国现阶段，实现人的全面发展也是全面建设小康社会的重要目标和任务之一。

因此，一方面，高等学校应积极通过教育与生产劳动和社会实践的紧密结合，科学教育与人文教育的紧密结合，知识教育、能力培养与思想道德教育、心理健康教育的紧密结合，实践能力、职业技能培训与创新精神、创业能力培养的紧密结合，使大学生具有健全的人格品质、良好的人文素质和健康的心理素质，个性获得全面、和谐、充分的发展。另一方面，教育在把发展建立在个人和各社区认真负责参与的基础上的同时，应使每个人都能掌握自己的命运，以便为自己生命在其中的社会的进步作出贡献[③]。为此，高等教育应着力培养大学生为社会主义现代化建设和为人民服务的思想抱负和实际能力，以及良好的

① 联合国教科文组织.教育:财富蕴藏其中[M].联合国教科文组织总部中文科,译.北京:教育科学出版社,1996:70.

② 联合国教科文组织.教育:财富蕴藏其中[M].联合国教科文组织总部中文科,译.北京:教育科学出版社,1996:68.

③ 联合国教科文组织.教育:财富蕴藏其中[M].联合国教科文组织总部中文科,译.北京:教育科学出版社,1996:68.

诚信、社会责任感、互助合作共处的精神和能力，促进大学生社会性的发展。为此，高等学校应通过扎实而富有成效的学科建设、专业教学、思想教育和社会实践活动，帮助大学生正确处理与他人、与集体、与社会、与国家、与人民的关系，坚持学习科学文化与加强思想修养的统一，学习书本知识与投身社会实践的统一，实现自身价值与服务祖国人民的统一，树立远大理想与进行艰苦奋斗的统一。只有个性和社会性全面发展的人才，才是社会真正需要的，才是代表学生根本的和长远利益的，才能实现国家利益、社会利益以及广大人民群众根本利益的统一。

二、服务产品：实现公共部门预算与市场机制的教育服务二重整合

高等教育总是通过特定的方式生产特定的服务产品来实现其社会价值和自身价值的。长期以来在计划经济下，高等教育作为一种由政府垄断的纯公共物品，具有无偿性、公益性，即所谓“人民送（供）我上大学”。高校作为政府办学，是为政府服务的，不是一个独立的办学主体。同时，大学生虽然是“天之骄子”“时代宠儿”，但同样是以国家利益为本位的，个人总是要服从国家利益甚至放弃和牺牲个人利益。这归结于计划经济以及传统的高等教育体制下，高等教育服务是一种纯公共物品。改革开放以来，我国高等教育的管理体制发生了深刻变革，形成了政府主管、市场介入和高校自主办学相互联系和制约的管理体制和格局；高等教育的利益主体及相互间关系，由单一的国家垄断转向在市场调节和配置下利益主体的多元化和利益关系的平等化。这样，高等教育服务实现了公共部门预算与市场机制的整合，形成一种新的教育服务产品及其供给方式。

（一）高等教育服务产品成为一种公益与私益共存的准公共物品

一方面，政府作为高等教育服务产品的最大“买家”和“客户”，又是高等教育的管理者，通过财政拨款、法律规范以及其他行政手段，以维护和确保高

等教育服务的公共性、公益性。在这一点上，如果把公办高校办成所谓“教育公司”“公司学校”，以市场化方式提供教育服务是不合适的。但在新的教育管理体制下，高等教育服务又不再是纯公益性的，而是实现一定的成本分担，学生在付费上学获得这种公共物品的基础上也获得一定的利益回报。另一方面，教育服务市场的形成，一些非政府的社会力量及非财政经费加入高等教育服务的生产，提供一种在自愿贸易基础上的教育服务，构成一种“市场化公益行为”①。如近年来民办高等教育的异军突起。它既满足了社会成员对教育消费的特定需求，为社会培养和输送了所需要的人才，服务提供者也以此获得由法律规定和保护的合理回报。就本节讨论的公办高校而言，高等教育服务产品则是由政府、市场共同生产和提供并实行成本由政府和家庭合理分担的一种公益与私益融合的准公共物品，或者称之为混合产品，而不同于一般的商品。

这种利益的配置和重组，凸显了高等学校作为高等教育服务生产者的主体地位。它不再是单纯面向政府办学，而必须积极面向社会需求、面向市场需求，充分发挥依法自主办学的主体性和创造性，科学地进行自身的职能定位，寻找自己在服务社会和高等教育体系中的生存、发展空间，在实现公益性和满足服务消费者利益的基础上，获得高等学校自身的办学主体利益。同时，它将独立面对社会的选择和市场竞争，承担相应的责任和由此带来的风险。

（二）高等教育服务产品生产主体及利益关系发生转变

高等学校作为教育服务的生产者、提供者和经营者，国家、社会、学生及其家长作为教育服务的投资者、购买者和消费者，两者的交换和供求具有更大的平等性、自愿性、责权利的相关性。首先，政府虽然是高等教育的主要投资者和购买者，但不再是通过传统的财政划拨方式，而是根据注册学生人数、通过项目竞标以及办学质量的评估等形式，促使高等学校通过竞争来提高公共产品质量，以此确保高等教育的投资效益和公益性。其次，高等学校作为教育服务的生产主体，必须根据社会经济和文化发展的需要及人才市场的需求和变化，合理配置和整合教育资源，改革人才培养的结构、规格和模式，以提高人才培养质量，形成特色、优势和品牌，提供客户满意的教育服务，提高办学的经济

① 劳凯声.面临挑战的教育公益性[J].教育研究,2003(2):3-9.

和社会效应。最后，大学生作为高等教育的服务对象，不再处于一种受控的对象和只有接受教育、服从管理的义务，而是成为教育服务生产的重要一方、教育服务消费的重要主体，享有自由选择和获得满意服务的权利。正是建立在这种服务关系的基础上，高等教育面对客户选择和市场竞争，从而形成优质教育、特色教育资源，提升办学的质量和声誉。在这一点上，学生消费者的利益才是高校办学的最大利益。因为只有充分保护学生消费者的利益，提供优质的教育服务，高校才能由此而获得更高的社会和经济效益。

三、服务职能：实现教学、科研服务与功能性社会服务的二重整合

在精英化高等教育阶段，高校的本体性职能是教学和科研。自“威斯康辛思想”以后，社会服务成为高等教育的一项崭新的社会职能。但这种社会服务是指高等学校在教学、科研之外，或是与教学、科研并列的一项延伸性职能。进入高等教育大众化阶段以后，高等学校的社会服务职能进而扩展到人才培养、科学研究在内的各个方面和环节，发展成为学生及社会成员和机构提供的一种多功能、一体化的教育服务，高校以此在教育服务市场获得更多的财政、生源和信誉。我国高等教育大众化的初步实现，高校的办学思想同样面临根本性转变：即从传统上注重学术的价值向注重学生消费者利益的转变，将传统上的社会服务职能与教学、科研服务整合成一体化的高等教育服务。尤其是承担大众化高等教育的高校，应当确立以服务为核心的办学模式，将“服务”贯穿人才培养、科学研究和社会服务部门的各个环节和层面，发展成为教学服务、科研服务和社会服务一体化的教育服务实体。

（一）高等教育服务的内涵扩展

首先，应发展以人才培养为核心的教学服务。高等教育人才培养目标和模式，一直存在“古典人文主义”和“工具主义”两种取向[①]：前者注重基础研究

① 经济合作与发展组织.重新定义第三级教育[M].谢维和，等译.北京：高等教育出版社，2002：58-59.

和教学或者在研究环境中的教学，注重知识的创新和传授功能，以学科发展和学术价值为本；后者则以经济发展和社会功利为出发点，积极对“市场”作出反应，把学生视为消费者，大学作为服务的供应商，致力于提供满意的服务。发达国家高等教育的发展趋势是在这几个层面上走向一种融合。我国高等教育大众化发展也在急切期待着将“服务”扩展和贯穿到教学和人才培养过程的始终。在教学服务的对象和范围上，由面向“传统学生”即本科生、研究生和高等职业教育，扩展到广泛向社会提供成人教育、继续教育、远程教育以及补习教育等，积极参与“学习型城市”“学习型社会”的建设，进而成为“人人能入学，为人人服务”的学习社区。高等学校在专业建设、课程设置、教学过程、教学管理等各个环节和方面，应当增强为学生服务的意识，改善对学生的服务工作，增强教学活动的灵活性和学生对专业、课程、学习时间的选择性。同时，高等学校管理和运行的其他各个环节和层面，同样应围绕学生学习、生活、安全、健康、就业以及其他发展的种种需要和权益，提供诸如生活和后勤保障服务、安全保证服务、就业信息和创业指导服务，等等。

其次，在科研服务上，加强与经济和社会发展的结合，积极面向经济建设和社会发展主战场，充分利用自身师资、设备和研究成果为社会经济、文化建设服务，建立“产学研”联合体，进行科研联合攻关和促进科研成果应用转化。高校在帮助企业及社会部门提高经济和社会效益的同时，企业和社会部门也给高校以资金、设备、实践环节等支持，吸纳更多毕业生就业，促进双向发展。

最后，传统的社会服务职能通过与教学服务、科研服务的整合，也得到进一步的拓宽和强化。在横向上，高校面向社会各领域的教育服务需求，提供职业和技术培训服务、科技成果转化服务、政府决策咨询服务、信息和网络资源服务、发展社会服务性产业等。在纵向上，高校可以生产和提供全过程性教育服务，包括招生和就学服务、教育考试服务、国际交流和留学便利服务、教学和学习服务、网络教学和远程教育服务等。

（二）高等教育服务的方式转变

在我国现阶段，高等教育服务既不同于市场化的商业服务，也有别于传统的公仆式服务。高等学校应当努力发展成为以社会需求为导向，以“教育”为核心，整合国家、社会、学生以及高校自身利益的服务性组织。

一方面，高等教育服务具有经济属性和利益分配的功能。一直以来，我国高等教育管理和运行的重心在于掌握这一稀缺社会资源的高校，高校和学生之间呈现一种关系不均衡和信息不对称性。高等教育大众化以及教育服务市场的形成，促使高校与学生关系的重大改变。发达国家高等教育确立了“学生消费者第一”的观念，以及相应的以注重和保障学生权益的高等教育服务体系。因此，高等教育服务的生产者与服务对象即“客户”——学生及其家长、社会部门之间，应当具有信息的对称性、关系的平等性和责权利的相关性。在教育和管理过程中，高校应充分确立学生的主体性地位，尊重服务对象的知情权、选择权和参与决策的权利，如推行选课制、弹性学制、教育政策咨询和听证等，增强课程安排、学习时间、教学方式的灵活性以及教学管理的人文关怀。高校对学生的服务承诺、对学生的教育、管理和规制应通过协议、法规等形式，增强教育的公开性和学生的民主参与性。这种新型服务关系的建立，促使高校深化内部改革和进行制度创新，提升教育服务的质量、特色和水平，最大程度实现学生及其他服务对象的权益。这是高校提高办学质量和效益的关键所在。

另一方面，高等教育服务又具有教育性和崇高性。我国高等教育服务并不是以追求经营者直接经济效益为目的的市场化行为，而是以服务对象——学生作为最基本的受益者，并最终实现社会价值、公共利益和国家利益。高等教育服务的生产者与服务对象之间主要是一种教育关系。而且教育服务产品是在生产者与消费者共同参与下进行的，是教育者与被教育者共同劳动的结果[①]。学生只有与教育者共同参与教育服务的生产过程，才能生产出教育服务产品，实现教育服务的价值。因此，高等教育服务在实现一种利益转化、满足个体需求的同时，更主要是进行一种价值引导和社会规范的教育养成，如社会道德、文化的规范，情感、思想、人格、审美的引导与提升，学习过程和日常行为的规制，以及对弱势学生群体的关怀和援助，确保学生德智体美劳全面发展和个性的健康发展。质言之，高校应当坚持正确的思想政治导向和教育的崇高性，以实现高等教育服务个体价值和社会价值的整合和统一。

---

① 靳希斌.论教育服务及其价值[J].教育研究,2003(1):44-47.

论高等教育社会服务功能的时代转型①

社会服务一直是高等教育三大社会职能之一，但在精英教育向大众教育、计划体制向市场体制的发展进程中，高等教育作为一种教育服务，在社会主义现代化建设和广大人民群众物质文化生活需要发生了重要转变的新阶段，其服务功能的地位、目标、内涵、方式必然发生新的改组和转变，并由此带来高等教育传统意义上社会服务功能的扩展与转型。如何沿着正确的取向、通过有效的方式和路径，及时、主动、顺利地实现社会服务职能的扩展与转型？这既是新时期高等教育尤其是承担大众化高等教育的高校所直面的社会需求和现实挑战，也将给高校的制度创新和自身发展带来新的机遇、动力和活力。

一、服务宗旨：由单一的功能性的教育服务发展成全面的一体化的社会服务

在精英化高等教育阶段，高校的本体性职能是重视基础研究和教学或是在研究环境中的教学，以学术价值和培养学生的学术能力为中心，注重知识的传授和创新功能；社会服务是高校在教学、科研之外或与教学、科研平行的一项延伸性职能。但从历史发展看，发达国家高等教育在走向大众化以后，高校社会服务职能逐步扩展到为各级政府、工商企业、城市建设、环境保护等各个方面服务，并通过开放图书馆、实验室、体育设施及开展其他活动，成为周围社区的文化和娱乐中心。这种扩展不再是传统意义的社会服务职能的加强和发展，而是拓展到包括人才培养、科学研究在内的各个方面和环节，发展成为学生及社会成员和机构提供一种广泛多样的教育服务。高校以此获得更多的财政支持、生源和信誉，以及更高的社会效益和经济效益，从而实现自身的生存和发展。

随着我国高等教育大众化的实现，高校的办学思想同样面临根本性转变，

① 本节完成于2010年。

即从传统上注重学术价值向注重学生消费者利益的转变，从单一的、功能性的社会服务发展成为贯穿教学、科研、社会服务各个方面的一体化的高等教育服务。这种服务的宗旨和实质是实现教育方针所规定的“为社会主义现代化建设服务，为人民服务”的“两为”功能的并重和融合，最大程度地满足学生在学习、生活、发展、就业和成才上的需要，以及广大人民群众和社会发展日益强劲的高等教育服务需求。

二、服务模式：由远离社会的“边缘地带”发展成具有广泛服务功能的“社会中心”

与高等教育大众化相对应的是高等教育管理体制的改革与转型。高校正在由面向政府办学、为政府服务，发展成为独立自主的办学实体，焕发出巨大的主体性和创造性，积极面向市场、参与市场竞争并通过市场进行资源配置。高校作为高等教育服务的生产者、提供者和经营者，国家、社会、学生及其家长作为高等教育服务的投资者、购买者和消费者。在教育服务市场的驱动下，高校必须改变院校本位的办学模式，根据社会经济和文化发展的需要以及对人才的需求，合理配置和整合教育资源，改革人才培养的结构、规格和模式，生产和提供适合、优质的高等教育服务产品；高校以人才培养的高质量和高信誉，教育服务的特色、优势和品牌，求得自身在市场竞争中的生存与发展。

为此，高校应确立以服务为核心的办学模式，将“服务”贯穿人才培养、科学研究和社会服务部门的各个环节和层面，成为教学服务、科研服务和社会服务一体化的高等教育服务实体，成为为社会提供广泛的、专业化的“智力资源库”。首先，在教学服务的对象和范围上，由面向“传统学生”即本科生、研究生和高等职业教育，扩展到广泛向社会提供成人教育、继续教育、远程教育以及补习教育等，积极参与“学习型城市”“学习型社会”的建设，进而成为“人人能入学，为人人服务”的学习社区。在人才培养模式上，改变单纯的学术化取向和以现有的学科为基础进行资源配置、专业设置和教学管理的办学模式，转而根据现实及未来社会和大学生发展的多样化需求，充分确立市场意识和客户至上的观念，进行学科建设、专业设置、招生方式、课程开设、教学模式以及相应的管理制度的调整和革新，培养具有较高社会适应性、市场竞争力以及职业发展能力的多样化、多类型人才。其次，在科研服务上，应加强与经济和社会发展的结合，积极面向和融入经济建设主战场，充分利用自身师资、设备和研究成果为社会经济和文化建设服务，建立“产学研”联合体，进行科研联合攻关和促进科研成果应用转化。高校在帮助企业及社会部门提高经济和社会效益的同时，企业和社会部门也给高校以资金、设备、实践环节等支持，吸纳更多的毕业生实习和就业，促进双向发展。最后，传统的社会服务职能通过与教学服务、科研服务的整合，也得到进一步地拓宽和强化。在横向上，高校面向社会各领域的教育服务需求，提供职业和技术培训服务、科技成果转化服务、政府决策咨询服务、信息和网络资源服务、发展社会服务性产业等。在纵向上，高校可以生产和提供全过程性教育服务，包括招生和就业服务、教育考试服务、国际交流和留学便利服务、教学和学习服务、网络教学和远程教育服务、生活和后勤保障服务、就业信息和指导服务等。

三、服务形态：由政府垄断的公益性组织发展成以社会需求为导向的服务性组织

一直以来，我国高等教育作为一种政府垄断的公共物品、一种稀缺的社会资源，局限在精英选拔和培养上。高等教育管理和运行的重心在于掌握这些稀缺社会资源的高校，高校和学生之间呈现一种关系不均衡和信息不对称性。高等教育大众化以及教育服务市场的形成，将促使高校与学生关系的重大改变。发达国家高等教育甚至确立以“学生消费者第一”的观念，以及相应的以注重和保障学生权益的教育服务体系。在我国现阶段，高等教育服务既不同于一般的商品化服务，也有别于传统的公仆式服务，高校应当发展成为以社会需求为导向，以“教育”为核心，整合国家、社会和广大学生利益的服务性组织。

高等教育及其机构提供的公共教育服务，与义务教育等基本公共教育服务相比，消费者在投资付费的基础上，也将获得更多的选择权和议事参与权，在专业选择与转换、选课以及修读方式等方面，将不再是高等教育机构单方面决定，而应由学习者根据自己的意愿来决定。为此，高等教育机构必然面临着办

学理念、培养方式、管理制度和运行机制上的深刻转变，以确立学生在高等教育过程中的主体性地位，通过大学章程及相关制度规章，明确对学习者的服务承诺，以保护学习者作为教育服务消费者的权益。这种新的教育服务关系的建立，将深刻改变着高等教育传统的组织形态及其运行模式，推动高等教育体制机制变革，提升教育服务的质量和水平，彰显办学优势和特色，释放办学活力和改革创新的动力，增强学科专业设置、教学计划以及人才培养活动的自主性。只是这种“自主性”不是主观盲目决策，而是建立在对学习者的意愿和社会需求的充分尊重基础上。

当然，在我们社会主义国家，高等教育要坚持“为社会主义现代化建设服务，为人民服务”的“两为”方针。高等学校的服务形态转型，并不意味着高等教育由此成为只是为消费者提供教育服务的社会机构。一方面，高等教育应当坚持以立德树人为根本，加强学习过程管理和质量管理，严格质量标准，加强对受教育者的理想、道德和纪律教育，培养学生正确的价值观、社会责任感和法治意识，努力培养社会主义建设者和接班人。另一方面，高等教育服务也不能由此而成为单纯追求自身利益最大化的市场行为，高等教育要坚持党的领导和社会主义办学方向，服务国家重大战略和战略需求，坚持教育的公益性，维护教育公平正义，确保教育教学质量达到国家规定的标准。

中西部高等教育振兴计划：基于公平的质量追求①

《教育规划纲要》将促进公平作为国家基本教育政策，将提高质量作为教育改革发展的核心任务。一个时期以来，我国的教育政策以质量为主要取向，一定程度上牺牲了公平，集中表现在教育资源配置、教育机会获得、教育水平认定等相关政策上。随着和谐社会建设目标的确立，无论是国家发展、民族复兴需要，还是改善民生，办好人民满意的教育，都应将质量与公平兼重，追求基于公平的教育质量和有质量保障的教育公平。

高等教育全面提高质量同样需要落实“促进公平”这一教育基本政策。高等教育不可能也不应该像基础教育特别是义务教育那样，追求以均衡化为目标的教育公平。但高等教育公平十分重要，它直接影响到基础教育及其他教育公平乃至一系列社会公平的实现。十年来，高等教育大众化扩大了高等教育的规模和资源总量，从总体上促进了高等教育公平；但同时又带来许多新的不公平，长期以来带有浓重的计划体制色彩的资源配置模式，造成高等教育资源尤其是优质高等教育资源分布的区域差异。一些相关教育政策加剧或扩大了这种不公平，造成不同区域的公民不能公平享有高等教育机会，不同区域高等学校不能公平获得教育资源。

就安徽省而言②，2008年高等教育生均预算内教育事业费和生均预算内公用经费分别为4078.57元/人和1164.65元/人，而全国平均为7577.71元/人和3235.89元/人，最高省份高达24380.40元/人和15418.47元/人。相比之下，安徽省差不多只有全国平均水平的1/2和1/3，在全国省份中排名第29位和第26位，在中部地区十省份中排名第9位。巨大的反差直接影响安徽省与其他省份间高等教育入学

① 本节原载于《安徽师范大学学报》(人文社会科学版)2010年第3期。

② 本节相关数据根据教育部、国家统计局、财政部《关于2008年全国教育经费执行情况统计公告》《安徽省国民经济和社会发展统计公报》《安徽统计信息网公众服务版》等综合整理形成，具体不再另作注释。

机会的公平，制约着学校建设、师资队伍建设及教学方面的投入，并间接影响到高等教育的过程及结果公平。以2008年每十万人口高等教育在校生数看，全国平均为2042人，安徽省为1658人，低于全国平均水平384人，在中部十省份中排名第9位。以2007年全国高考报名人数看，全国1010万人，安徽省56万人，为全国第5位，而全国高等教育毛入学率为23%，安徽只有19.7%，低于全国平均水平3.3个百分点。2007年海南省、上海市、辽宁省、北京市、浙江省高考录取率分别达85.10%、84.00%、75.00%、73.60%、72.50%，安徽省仅为51.40%。

从全国看，分布在整个中部地区的中央部委高校只占总数的12.6%，国家重点建设的“211”工程学校只占总数的12.1%，这与中部地区人口占全国28%的比例很不协调。因此，无论是高等教育毛入学率、高考录取率，还是优质高等教育资源的分布，安徽省作为中部省份，高等教育入学机会与发达地区以及全国平均水平都存在较大差距。

有鉴于此，《教育规划纲要》在将提高质量作为高等教育发展核心任务的同时，通过“优化结构”来促进高等教育公平，并在今后三年实施的十个重大项目中，将“中西部高等教育振兴计划”作为“高等教育质量提升工程”的首要举措。《教育规划纲要》指出，教育公平的基本要求是保障公民依法享有受教育的权利，关键是机会公平，根本措施是合理配置教育资源；教育公平的主要责任在政府，全社会要共同促进教育公平。为此，笔者认为，作为一项公平取向的重要教育政策，“中西部高等教育振兴计划”的实施需要一系列的制度设计，追求基于公平的高等教育质量全面提高：

首先，中央政府应加大对中西部高等教育的政策支持力度，促进高等教育资源配置公平。《教育规划纲要》提出，要“优化区域布局结构。设立支持地方高等教育专项资金，实施中西部高等教育振兴计划。新增招生计划向中西部高等教育资源短缺地区倾斜，扩大东部高校在中西部地区招生规模。”“加强中西部地方高校优势学科和师资队伍建设；实施东部高校对口支援西部高校计划。”此外，基于现实存在的教育公平问题，国家教育行政主管部门在学校设置、学位点评定与设立、经费投入、招生计划分配、科研项目等方面，应向中西部高校倾斜；完善高等学校经费拨款制度及标准，按不同学科生均标准成本一定比例实行均等化拨款制度；中央部委院校应根据各省份人口及生源情况调整招生计划，保证优质教育资源的公平分布；将中央安排的高等教育专项资金，重点投向一批在中西部省份办学基础好、专业覆盖面广、对区域经济社会发展具有战略意义的高校，发挥其在区域高等教育质量提高中的辐射带动作用。

其次，强化省级政府在中西部高等教育振兴中的政治和经济责任。以安徽省为例，虽然近年来省级财政对高等教育投入有一定增加，但增长幅度尚未达到“与财政增长同步”水平。尤其是在安徽高等教育规模急剧扩张的形势下，省级财政对高等教育仍然是按照以往常态安排投入，直接导致财政投入的一系列可比指标渐次下降，高等教育投入成为全国最低省份之一。2008年安徽全省财政收入达1326亿元，比上年增长28.2%，在全国各省份排名第14位，然而，高等教育生均预算内教育事业费却低至全国第29位，高等教育生均预算内公用经费低至全国第26位。省级财政对高等教育的供给水平在全国持续处于倒数位次，与安徽财政收入在全国的位次极不相称。

随着省级财政能力的增强，省级政府应以更大决心、更多财力支持教育事业，经济社会发展规划要优先安排教育发展，财政资金要优先保障教育投入，公共资源要优先满足教育和人力资源开发需要。安徽省委省政府《关于建设高等教育强省的若干意见》提出，积极推进高等教育“双百工程”和“质量工程”，除通过与中国科学院、教育部共建外，将重点建设10所左右综合性和多科性大学，5所左右示范应用型本科院校及15所左右优质示范高职院校，使其达到国内同类院校先进水平。同时，加大支持力度以保障高校生均预算内教育事业费到2012年不低于中部省份平均水平；设立高等教育强省专项经费，做好与国家有关高等教育重大工程和项目的对接；改革高校收费办法，采取债务重组、校区置换和政府支持等多种措施，缓解高校债务压力。随着安徽高等教育强省建设及其与“中西部高等教育振兴计划”的联动，安徽高等教育将迎来新的一轮发展的战略机遇，这将为安徽高等教育质量的提高打下坚实的物质基础。

最后，中西部高校应积极把握发展机遇，实现科学发展。中西部高等教育的振兴，对于中西部高等学校来说，既是一次历史机遇也是一种现实挑战。为此，高等学校应合理定位，加强学科建设和专业结构调整，创新人才培养模式，主动适应区域经济社会发展需要，扎扎实实加强教学管理，建立健全教学质量保障体系，提高人才培养质量，增强学科专业和人才培养对地方经济社会发展的支撑度、贡献度，提高人民群众对高等教育的满意度。这既是实现中西部高等教育振兴的目标所在，也是实现中西部高等教育振兴的实践路径。

第二章　高等教育与大学生发展研究

改革开放以来高等教育与就业的关系演进与逻辑嬗变[①]

教育和就业作为最重要的民生，两者之间存在密切的关联性。改革开放之初，邓小平同志提出在新的条件下贯彻教育与生产劳动相结合的方针，“更重要的是整个教育事业必须同国民经济发展的要求相适应。不然，学生学的和将来要从事的职业不相适应，学非所用，用非所学，岂不是从根本上破坏了教育与生产劳动相结合的方针？”[②]“我们制订教育规划应该与国家的劳动计划结合起来，切实考虑劳动就业发展的需要。”[③]这一论述将教育与生产劳动相结合拓展为与国民经济发展（宏观）和学生劳动就业（微观）两个层面的结合。诚然，高等教育作为培养高级专门人才和职业人员的主要社会活动，其专业设置、招生就业、学科发展、课程安排，不仅关系着国民经济发展对人才培养的需要，更直接关系到学生的劳动就业，具有教育与生产劳动相结合的二重内涵。

改革开放以来，高等教育在培养大批国民经济建设人才、促进经济社会发展的同时，也发挥了巨大的劳动就业功能，在宏观与微观两个方面都推动了教育与生产劳动相结合的中国实践。同时，随着计划经济向社会主义市场经济的深刻转型，高等教育由精英化向大众化及普及化阶段迈进，高等教育与就业的

① 本节原载于《教育发展研究》2020年第21期，与唐菡悄合作。

② 邓小平．邓小平文选：第二卷[M]．北京：人民出版社，1993：107.

③ 邓小平．邓小平文选：第二卷[M]．北京：人民出版社，1993：108.

关系也发生了深刻复杂的变化，甚至出现日益扩大的鸿沟。正如联合国教科文组织在《反思教育：向“全球共同利益”的理念转变》中指出的，在就业低迷态势下，年轻一代面临的就业前景要么是推迟就业，要么是彻底失业，说明教育、培训和就业之间匹配失衡，他们不再能够享受到学历带来的预期收益①。分析改革开放以来高等教育与就业的关系演进及其逻辑嬗变，对形成教育与生产劳动相结合的中国经验及未来模式、促进新时代高等教育健康发展、实现毕业生更高质量就业和经济社会高质量发展，具有重要的理论意义和实践意义。

一、高等教育与就业关系的分析框架

高等教育与就业的关系是教育与就业之间相互影响和作用的一种关系性存在，是社会人力资源供给与需求、投入与产出联结形成的关系链条。它既表现为高等教育与个体劳动就业之间的互动影响，也表现为高等教育与经济社会发展对人才需求之间的互动影响，两者存在特定的关系逻辑。

（一）高等教育与就业的关系维度

现有关于教育与就业关系的研究存在两者关系的确定性与不确定性（也有学者称之“非确定性”）的争议。教育与就业关系的确定性系指二者关系明确而肯定的状态②，是将来就业岗位和眼前所接受教育一一对应的关系③。人力资本理论倡导“高学历者就业的适应能力也将提高，从而就业收入高、失业率低”的现象正反映出教育与就业关系的确定性④。确定性的高低不仅仅关注接受高等教育能有更多可能实现就业规模的增长，也强调学习领域和职业类别的最佳状

① 联合国教科文组织.反思教育：向“全球共同利益”的理念转变[M].联合国教科文组织总部中文科，译.北京：教育科学出版社.2017：50-51.

② 叶忠.教育与就业关系的转型：从确定性到不确定性[J].南京师大学报(社会科学版)，2009(2)：78-83.

③ 谢金丽，陈先哲.教育与就业对应关系的变化及其对策[J].继续教育研究.2008(9)：169-170.

④ 叶忠.教育与就业关系发展的历史考察[J].教育研究与实验，2005(2)：30-34.

态是大多数职业由相应领域的毕业生从事[①]。在这种关系下，教育通过促进科技进步、提高劳动力素质可有效降低结构性失业[②]，同时也调整着就业中的各方面关系，通过教育提升学生对自己所从事工作的社会意义的理解[③]。教育与就业关系的不确定性则指两者不稳定、不肯定和不明确的性质或状态，即教育对就业收益的影响中存在的人们没有预期到的变化，以及这种意外带来的没有预期到的收益或损失[④]。现有的研究证实了教育与收入和劳动生产率的关系并不必然是正向的[⑤]，甚至在我国劳动力市场被制度性分割的情况下，教育对个人收入的影响存在非均质性的特征。其主要表现在毕业生失业或不充分就业现象严重；毕业生的相对收入水平不断下降；毕业生中的教育过度者不断增加，从事专业性工作的比例不断下降三方面[⑥]。

综观而论，现有关于教育与就业的关系虽然存在争议，但都侧重于高等教育与就业关系的个体维度，前者主张教育通过提高劳动者素质对个人就业、获得收入方面的肯定性促进功能以及个体接受教育后获得工作过程中具有更强的可能性与匹配性；后者则认为两者之间的关系是不稳定、不肯定和不明确、难以预期的。然而，此类研究都忽视了高等教育与就业关系的社会维度。因此，本研究从个体和社会的双重视角入手，运用实证研究范式综合把握教育与就业的关系，分析改革开放以来高等教育与就业关系的演进历程及其逻辑嬗变。

1.确定性：高等教育与就业关系的个体维度

高等教育与就业关系的个体维度反映高等教育与就业关系的确定性，即高等教育能否给予受教育者一种明确的职业期许和肯定的职业选择，亦即学生在高等教育阶段所学的专业、课程和各种专业训练与其未来所从事的职业及岗位

---

① 泰西勒.高等教育和毕业生就业：变化的条件与挑战[J].北京大学教育评论，2019(3)：13-44，187-188.

② 吴华.论发展高中教育对减轻就业压力的政策价值[J].教育与经济，1999(2)：23-26.

③ 高芳.高等教育与社会就业关系的转型及应对策略[J].国家教育行政学院学报，2013(3)：29-32.

④ 叶忠.教育与就业关系的不确定性[D].武汉：华中师范大学，2004.

⑤ 匡校震，李东.关于高等教育与劳动力市场关系的思考：结合当前大学生就业中存在的问题[J].北京教育(高教)，2011(12)：61-62.

⑥ 叶忠.教育与就业关系的转型：从确定性到不确定性[J].南京师大学报(社会科学版)，2009(2)：78-83.

之间的匹配性和对应性的程度，并由此表现出确定性的高低。因此，本节将“确定性”定义为高等教育与毕业生就业之间的一种明确而肯定的关系状态。这种关系强调就业岗位与所接受教育之间表现为一致性对应关系。确定性不仅仅关注接受高等教育能有更多可能实现就业规模的增长，也强调学习领域和职业类别的最佳状态是大多数职业由相应领域的毕业生从事①。相反，低确定性或不确定性则是高等教育与毕业生就业之间呈现一种不明确和难以肯定的游离状态，具体表现为就业岗位与所接受教育非一致性和非对应性关系，导致毕业生学非所用、用非所学，甚至失业或不充分就业等现象的产生。

2.适应性：高等教育与就业关系的社会维度

高等教育与就业关系的社会维度反映的是高等教育与社会发展需要的适应性。鉴于教育受政治、经济、文化等多因素的共同影响，本节主要从经济的视角出发，将“适应性”界定为高等教育招生及毕业生就业规模、科类、层次与经济发展规模、结构的对应性与符合度，亦即学生在高等教育阶段所学的专业、课程和各种专业训练与国民经济建设中的产业结构和运行方式的匹配性和对应性的程度，并由此表现出适应性的高低。当然，这种适应性及其程度高低又总是受到政治因素的直接影响和调控，政府在不同时期出台的经济政策和教育政策是影响和调控两者关系的手段和工具。

3.双维交叉：高等教育与就业关系的分析框架

高等教育与就业关系的个体维度和社会维度并不是相互隔离的，而是交互影响的，因此本节在解析高等教育与就业关系逻辑时进行交叉分析，将“确定性”和“适应性”关联起来，即以高等教育与就业关系的“确定性”为横轴，以高等教育与就业关系的“适应性”为纵轴，形成双维交叉分析框架，由此将高等教育与就业关系区分为“高适应-高确定性关系”“高适应-低确定性关系”“高确定-低适应性关系”“低确定-低适应性关系”四种关系类型（见图1）。

① 泰西勒.高等教育和毕业生就业：变化的条件与挑战[J].北京大学教育评论，2019(3)：13-44，187-188.

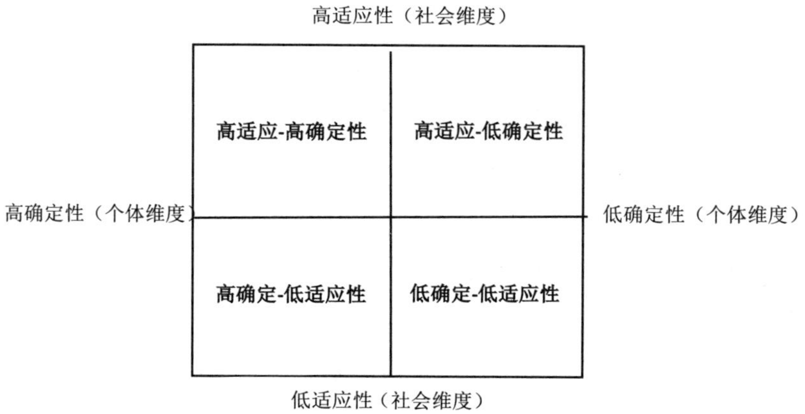

图1　高等教育与就业关系逻辑的双维交叉分析框架

（二）高等教育与就业关系的测度指标

为实现研究的可操作性，本节从数量和质量两个方面分别构建高等教育与就业关系的确定性与适应性的测度指标，前者包括“高校毕业生就业率”“高校毕业生就业对口度”，后者则从“高校毕业生就业规模匹配度”和“高校毕业生就业结构匹配度”来测度。

1.高校毕业生就业率

就业率是用来衡量就业程度的指标，指在业人员占在业人员与待业人员之和的百分比。对高校毕业生就业率的计算分为初次就业率、年终就业率、毕业生去向落实率、失业率等类型。为保持数据的连贯性和统一性，本节选取大学生初次就业率开展比较分析[①]。就业率值越大说明地区高等教育培养的毕业生规模与劳动力市场需求的匹配度高，即越匹配。本研究选取大学生初次就业率开展比较分析，并辅助年终就业率实现阶段内差异对比。计算公式如下：

$$高校毕业生就业率(\%) = \frac{毕业生总人数 - 未就业毕业生人数}{毕业生总人数}$$

2.高校毕业生就业对口度

毕业生就业对口度是指接受过高等教育的劳动者所学专业与其就业行业、岗位的相关性和一致性程度。对口度值越大说明地区高等教育培养的毕业生规

① 本节就业率的计算需要明确两点：就业人数，将升学、出国留学、入伍等情况作为就业人数统计在就业率中；研究对象，仅统计本科生和专科生的就业情况。

模与地区经济规模的匹配度越高，即越匹配。计算公式如下：

$$毕业生就业对口度(\%)=\frac{就业对口的毕业生人数}{已就业的毕业生总人数}$$

3. 高校毕业生就业规模匹配度

毕业生就业规模匹配度表示高等教育规模与经济发展规模的适应程度。规模匹配度值越大说明地区高等教育培养的毕业生规模与地区经济规模的匹配度越低，即越不匹配。计算公式如下：

毕业生规模匹配度=|高校毕业生平均增长率(%)–GDP平均增长率(%)|

4. 高校毕业生就业结构匹配度

经济产业结构是制约高等教育学科结构的主要因素，因此，评价高等教育学科结构是否合理应看其是否与产业结构对于人才的需求相匹配①。毕业生就业结构匹配度是衡量高等教育科类结构与产业结构的适应程度。本节所指的结构匹配度是三大产业的结构匹配度的加权平均值。匹配度值越大说明地区高等教育培养的各学科毕业生结构与地区产业结构的匹配度越低，即越不匹配。计算公式如下：

毕业生结构匹配度=f_1×|第一产业对应的高校毕业生平均增长率(%)–第一产业产值比例的平均增长率(%)|+f_2×|第二产业对应的高校毕业生平均增长率(%)–第二产业产值比例的平均增长率(%)|+f_3×|第三产业对应的高校毕业生平均增长率(%)–第三产业产值比例的平均增长率(%)|

其中，$f_1+f_2+f_3=1$ 表示各产业在国民经济中所占比重。

根据上述指标设置，结合改革开放以来各年份高校毕业生就业率和就业对口率的实际水平，80%以上表示就业率和对口度良好，故将个体确定性值在80%以上界定为高确定性，之下则界定为低确定性。同时，根据《人力资源和社会保障事业发展“十三五”规划纲要》提出的“十三五”期间城镇登记失业率控制在5%以内的标准，将社会适应性的界定值界定为低适应性。同时，根据《人力资源和社会保障事业发展“十三五”规划纲要》提出的“十三五”期间城镇登记失业率控制在5%以内的标准，将社会适应性的界定值界定为5%，即高等教育与社会发展需求的对应性和符合度小于5%为高适应性，大于5%则是低

① 潘懋元. 教育的基本规律及其相互关系[J]. 高等教育研究，1988(3)：6–12.

适应性，由此构建出高等教育与就业关系类型的界定范围（见表1）。

表1　高等教育与就业关系类型及其界定范围

界定类型	界定范围
个体确定性定量值 =(就业率+就业对口度)/2 社会适应性定量值 =(规模匹配度+结构匹配度)/2	定量值<80%,低确定性
	定量值>80%,高确定性
	定量值<5%,高适应性
	定量值>5%,低适应性

二、改革开放以来高等教育与就业的关系演进

1978年以来高等教育与就业的关系几经徘徊。鉴于1977年恢复高考后1982年迎来第一届毕业生，因此本研究以1982年为研究起点。表2和表3展示了1982—2019年间相关指标值的变化，依据上文构建的分析框架和测度标准计算出的指标值，将改革开放以来高等教育与就业的关系演进分为四个阶段，每一阶段表现出各自质的特征。

表2　1982—2019年高等教育与就业关系指标值变化

年份	就业率	就业对口度	规模匹配度	结构匹配度
1982年	100%	96.49%	217.41%	710.73%
1983年	100%	91.58%	37.46%	79.58%
1984年	100%	85.95%	29.52%	440.74%
1985年	100%	88.12%	3.33%	11.79%
1986年	100%	97.73%	15.42%	25.45%
1987年	100%	99.24%	23.71%	21.10%
1988年	100%	91.20%	7.27%	6.20%
1989年	100%	78.87%	0.05%	2.98%
1990年	100%	88.89%	2.68%	2.77%
1991年	100%	98.73%	9.26%	9.57%
1992年	100%	89.74%	15.85%	16.41%
1993年	100%	86.44%	19.35%	21.15%
1994年	100%	79.41%	1.48%	2.06%

续　表

年份	就业率	就业对口度	规模匹配度	结构匹配度
1995年	100%	95.24%	15.42%	15.03%
1996年	83.64%	93.94%	5.70%	5.68%
1997年	78.23%	87.64%	10.43%	9.27%
1998年	78.73%	88.33%	7.73%	0.81%
1999年	76.20%	87.50%	5.49%	29.74%
2000年	76.90%	90.91%	3.54%	2.49%
2001年	—	91.18%	0.71%	8.79%
2002年	73.30%	81.08%	19.92%	20.80%
2003年	70.00%	98.05%	30.35%	29.20%
2004年	73.00%	96.23%	17.27%	15.68%
2005年	72.60%	77.48%	16.92%	18.79%
2006年	70.00%	76.23%	10.32%	9.23%
2007年	70.00%	—	4.39%	3.94%
2008年	68.00%	—	4.69%	4.99%
2009年	68.00%	—	5.67%	5.97%
2010年	72.20%	87.50%	2.30%	2.18%
2011年	77.80%	78.92%	3.85%	3.48%
2012年	77.20%	93.81%	5.15%	5.54%
2013年	71.90%	—	5.53%	4.68%
2014年	70.00%	53.48%	4.06%	4.27%
2015年	70.00%	55.42%	18.81%	3.93%
2016年	70.00%	57.67%	14.50%	4.62%
2017年	70.00%	63.25%	2.27%	2.08%
2018年	70.00%	64.59%	4.19%	4.21%
2019年	70.00%	66.03%	5.41%	5.52%

数据来源：

①国家层面的高校毕业生就业率的统计是从1999年后才开始的，1982—1998年数据采用省级高校就业情况统计；1999—2019年高校毕业生就业率是根据1999—2000教育部直属高校就业情况统计、2002—2005教育部高校学生司《全国普通高等学校毕业生就业基本情况》《2006—2007年中国就业报告》，2007—2019年全国毕业生就业工作会议发布的数据，系指初

次就业率。

②限于毕业生就业对口度缺乏全国层面数据，本研究采用某所省属高校就业情况统计数据。

③高校毕业生规模匹配度和结构匹配度是根据《中国统计年鉴》，国内生产总值以1980年价格作为基期进行核算。

表3　1982—2019年高等教育与就业关系指标变化平均值

类型	指标	1982—1995年	1996—2001年	2002—2006年	2007—2019年
测量指标	就业率	100.00%	78.74%	72.70%	71.16%
	就业对口度	90.75%	89.83%	86.77%	68.96%
	规模匹配度	9.42%	4.18%	18.96%	2.59%
	结构匹配度	78.40%	5.01%	18.71%	2.85%
类型指标	确定性数值	95.38%	84.29%	79.74%	70.06%
	适应性数值	43.91%	4.60%	18.84%	2.72%

（一）高等教育与就业的“高确定-低适应性”关系阶段（1982—1995年）

新中国成立后至1996年1月9日人事部《国家不包分配大专以上毕业生择业暂行办法》规定大专以上毕业生毕业后国家不负责分配工作，其间大学生就业一直采取“统包统分”的就业体制，就业率（100%）、就业对口度（90.75%）处于高水平；但规模匹配度（9.42%）和结构匹配度（78.40%）不足。此时确定性数值95.38%>80%，适应性数值43.91%>5%，故称作高等教育与就业的“高确定-低适应性”关系阶段。

在此阶段，在国家政策方针指导下，主管部门按照国家和地方需要编制毕业生分配方案，根据学用一致、面向生产等原则，将符合分配的毕业生（一般是国家计划内招生）分配到合适的地区、行业、部门和岗位。这一关系的形成与国家经济体制和就业政策息息相关。其中，计划经济的确定性和“统包统分”的毕业生就业制度，确保了毕业生就业率和专业对口度；然而，改革开放后经济增长加快了人才需求，高等教育人才培养的数量规模与经济建设对人才需要开始出现严重不适应，尤其是非公有制经济呈现出“爆发”式的增长。其中，1985年个体劳动者增长5.56倍，私营企业从业人数在1992年邓小平南方谈话的第二年（1993年）增长了近2倍，而“统包统分”的高校毕业生就业体制无法为非公有制企业提供高素质人才。其次，这十七年间国内生产总值增长了9.36倍，尤其是第二产业国内生产总值由1755.2亿元增加到28677.5亿元，增长了15.34倍；第三产业国内生产总值由905.1亿元增加到20641.9亿元，增长了21.81倍。第二、三产业快速发展对人才的需求急速上升。与之相应，三大产业的就业人口占比由1978年的70.53%、17.30%、12.18%，发展到1995年的52.20%、23.00%、24.80%。然而，既有的高等教育招生规模和专业设置主要还是面向此前计划体制下产业结构和职业结构设置确立的，这导致高等教育与就业关系的社会适应性降低。

为此，国家在高等教育招生、培养政策上进行了一系列改革。1993年《中国教育改革和发展纲要》提出，改革高等学校的招生和毕业生就业制度，要改变全部按国家统一计划招生的体制，实行国家任务计划和调节性计划相结合，在重点保证国家任务计划的同时，逐步扩大招收委托培养和自费生的比重；改革学生上大学学费由国家包下来的做法，逐步实行收费制度；改革高等学校毕业生“统包统分”和“包当干部”的就业制度，实行少数毕业生由国家安排就业、多数由学生“自主择业”的就业制度，在一定范围内实行定向就业的同时主要通过人才劳务市场实行“自主择业”，并建立人才需求信息、就业咨询指导、职业介绍等社会中介组织，进行“供需见面、双向选择”“自费上学、自谋职业”“有偿分配”等新的尝试，以缓释低适应性带来的高等教育与就业关系的矛盾。

（二）高等教育与就业的“高确定-高适应性”关系阶段（1996—2001年）

这一时期毕业生就业率78.74%，就业对口度89.83%，处于较高水平；规模匹配度（4.18%），结构匹配度（5.01%）也有所上升。此时的确定性数值84.29%>80%，适应性数值4.60%<5%，故称为高等教育与就业的“高确定-高适应性”关系阶段。1997年出台的《普通高等学校毕业生就业工作暂行规定》，将“供需见面”和“双向选择”作为落实毕业生就业计划的重要政策，其在求职方与录用方自主自愿的前提下，双方相互选择，以此实现就业匹配。此时高等教

育与就业关系的“高确定性”与前一阶段由国家行政指令和招生、分配计划形成的“高确定性”不同，更多的是经济发展对高层次人才需求远高于毕业生供给所形成的卖方市场，毕业生就业率和专业对口度升至高水平。

其间，在金融危机和企业下岗分流的双重压力下，经济发展对高素质人才包括大学毕业生需求却在上升。其中，对高、中、初级人才的需求比为1∶1.88∶0.88，对高校和中专毕业生的需求比为1∶0.19①。为招聘优秀毕业生，一些用人单位提前近一年赴高校举行招聘活动。为抢夺毕业生，一些地区、部门和高校强制用人单位捐资助学，甚至设立毕业生就业推荐收费，对毕业生进行“明码标价”，有偿分配。1998年，中共中央、国务院在《关于切实做好国有企业下岗职工基本生活保障和再就业工作的通知》中提出，要建立和完善市场就业机制，实行在国家政策指导下劳动者自主择业、市场调节就业和政府促进就业的方针，要求加强市场在劳动力配置中的作用，构建与市场经济体制相适应的就业制度。随着用人单位用人自主权的扩大、劳动力市场在劳动力资源配置的作用加大，越来越多地通过非指令性分配方式（包括通过市场）找到就业门路，自主择业、用人单位与毕业生双向选择，成为高校毕业生就业的主要途径②。其中近六成在第三产业就业，其次是第二产业。高素质人才需求的上升和市场对人才资源配置作用的彰显，提高了高校毕业生就业率和专业匹配度，也增强了高等教育与就业关系的确定性。

同时，就业结构和就业制度改革也推动着高等教育改革。一是招生制度改革。高校招生由国家任务计划和调节性招生计划（包括委托培养和自费生）两种形式。高校根据市场和自身实际情况确定招生对象和规模，适应经济体制改革和人才市场的需求，逐步建立起能够适应社会对专门人才需要的有效机制，提高了高等教育与就业关系的适应性。二是学科专业和布局结构调整。1996年《全国教育事业“九五”计划和2010年发展规划》提出，在优先保证国家重点产业、教育和国防军工单位对人才需求的同时，重点发展应用学科、有针对性地发展新兴学科和边缘学科。2001年《全国教育事业第十个五年计划》提出，根

① 上海人事局综合处.2000年上海人才需求状况[J].中国人才,2000(7):57.

② 彭汉庆,高小清.普通高校招生“并轨”改革的管理学思考[J].上海高教研究,1997(9):28-30.

据今后国民经济和社会发展的需要，高等教育应重点培养适应高新技术产业化和面向国际的高层次管理人才，涉及计算机、生物技术、新材料、电子通信技术、医药、自动化、法律、金融、贸易、工商管理、公共管理等专业。与之相应是修订专业目录，专业由1993年的504种减至249种。同时，加强省级统筹，调整高等学校布局，使高等教育层次和科类结构符合本地区经济社会发展的实际需要。三是毕业生就业体制机制改革。1998年《面向21世纪教育振兴行动计划》提出："到2000年左右，建立起比较完善的由学校和有关部门推荐、学生和用人单位在国家政策指导下通过人才劳务市场双向选择、自主择业的毕业生就业制度。"这一系列改革将高校教育与社会发展需要结合起来，增强了高等教育与就业关系的社会适应性。

（三）高等教育与就业关系的"低确定-低适应性"阶段（2002—2006年）

1999年高校扩招后，2002—2006年间大学毕业生人数每年以20%以上的增幅迅速增长，直至2007年有所放缓。这一时期毕业生就业率（72.70%）、就业对口度（86.77%）、规律匹配度（18.96%）和结构匹配度（18.71%）均有所下降。表3显示，此时确定性数值79.74%<80%，适应性数值18.84%>5%，故称为高等教育与就业关系的"低确定-低适应性"阶段，呈"双低"态势，扩招对就业影响的滞后效应开始显现。

1999年高校扩招是以"拉动内需、刺激消费、促进经济增长、缓解就业压力"为目标的。随着2002年扩招有了首批毕业生至2006年，毕业生平均以29.63%的增速上升，2003年增长率达40.39%。在毕业生规模迅速上涨的同时，社会剩余劳动力也在增加，人才市场出现供大于求的现象。同时，出现结构性矛盾，毕业生学历层次、专业结构的供给与社会需求失衡。以行政计划为主要特征的高校扩招，导致大学毕业生供给与市场调节下的社会需求失衡，高等教育与就业关系的"低适应性"由此产生。

另一方面，随着市场经济的逐步建立，市场在资源配置中的基础性作用逐步凸显，毕业生就业开启"自主择业"的新模式。毕业生自主择业是市场经济的要求，是大学生个体结合自身就业意愿和兴趣爱好，根据社会发展和岗位设置的现实需要，主动选择自己所从事的工作的过程。2002年，《关于进一步深化普通高等学校毕业生就业制度改革有关问题的意见》提出，“进一步转变高校毕业生就业观念，建立市场导向、政府调控、学校推荐、学生与用人单位双向选择的就业机制，努力实现高校毕业生的充分就业。”现实问题是，高校扩招带来毕业生规模的迅速上升，短时间内社会无法消化，造成大学生失业增加，迫于就业形势的压力，毕业生选择先就业后择业，就业的专业对口度下降，高等教育与就业的“低确定性”由此产生。这种“双低”态势是特定时期形成的经济社会发展的人才需求与高等教育的人才培养之间矛盾的产物：亦即高等教育在入口环节（专业设置、招生计划等）实施以计划为主导的管理方式，而在就业出口环节（就业）将毕业生推入市场，由市场调节毕业生资源配置，而未能建立起入口-出口的联动机制，仅从出口环节改革无法从根本上缓解毕业生就业压力。总之，高校扩招的计划性与毕业生就业的市场性导致高等教育与就业关系的“低确定-低适应性”。

（四）高等教育与就业关系的“高适应-低确定性”阶段（2007—2019年）

高校扩招导致毕业生就业形势严峻的态势直到2007年毕业生增长率首次小于20%才得以缓和。2007—2019年，高校毕业生就业率（71.16%）和就业对口度（68.96%）处于较低水平，规模匹配度（2.59%）和结构匹配度（2.85%）有所上升。由表3可知，此时确定性数值70.06%<80%，适应性数值2.72%<5%，故称为高等教育与就业关系的“高适应-低确定性”阶段。

其间，我国经济迅速发展，GDP年均增长率为8.42%。2007年GDP年度增长率达14.23%，GDP总量达35714.5亿美元，超过德国的34447.2亿美元，成为世界第三大经济体。2010年GDP年度增长率达10.64%，我国GDP总量达58786亿美元，超过日本54742亿美元，成为世界第二大经济体。随着产业结构升级和经济结构调整，第三产业和非公有制经济在国民经济的比重上升，就业形势出现市场招聘人数略高于应聘人数的新变化。这些因素都有力地提高了高等教育与就业关系的社会适应性。同时，2007年大学毕业生规模增长率首次小于20%，此后12年间毕业生就业率基本稳定在70%左右，年终就业率在85%以上，较上一个阶段有明显上升。其中，非公有制经济创造了更多就业机会，成为吸纳就业的主渠道。2019届高校应届毕业本科生和专科生在民营企业就业比例分别达53%和68%。但相比之下，毕业生就业的专业对口度持续降低。据《就业蓝皮书》统计，2007—2019届毕业生专业对口度基本维持在65%左右。同时，就业结构性矛盾由数量差异转向结构性和质量水平差异，尤其是知识结构性矛盾、就业期待值与工作岗位的结构性矛盾。更为重要的是，宏观经济的不确定性增加了高校毕业生就业的不确定性，市场经济竞争压力也加大了高校毕业生就业竞争压力，使高等教育与就业关系处于低确定性。

面对高等教育与就业的“高适应-低确定性”引发的问题，党的十九大以来国家和地方政府促进高等教育和就业制度改革的政策层出不穷，其中由中央政府颁发的“高校毕业生就业”专项文件6个，涉及灵活就业、基层就业、创新创业、专项人才计划等内容。在多措并举拓宽毕业生就业渠道的同时，重视更充分、更高质量地就业，提出“三充分”的高校毕业生就业改革目标，即“数量”上的“充分”满足、毕业生就业“结构”的“充分”提升和就业“质量”的“充分”合理；同时，推行以产出导向、学生中心、持续改进为核心内涵的专业认证，开展新工科、新师范、新农科等为代表的改革实践，加强高校招生就业和人才培养与社会需求的关联性，努力促进就业。随着市场经济的进一步完善，市场在资源配置中的决定性地位得到确立，大学招生—培养—就业与社会需求联系得到进一步加强，大学生就业的适应性得到提升。不过，受经济周期预测的困难和竞争压力的影响，高等教育与就业关系的低确定性仍不断显现，这是市场经济的必然结果。

三、改革开放以来高等教育与就业关系的逻辑嬗变

本质上说，改革开放以来高等教育与就业关系的关系演进是不同时期和不同主体之间教育利益关系的平衡、失衡、再平衡的矛盾运动过程，其阶段性特征伴随着两者关系逻辑的嬗变历程。教育利益作为利益关系在教育活动中的基本表现，教育政策制定正是基于教育利益分析，政策目标应促进教育利益实现，

政策过程应加强教育利益协调[①]。政府的教育政策是对社会公共利益进行分配，政策出台在于协调各种利益关系。教育利益协调是运用一定的利益协调方法和手段对教育利益加以重新分配，建立新的教育利益秩序。纵观改革开放以来高等教育与就业关系的演进历程，教育利益关系由国家利益优先转向兼重个体利益，再由利益关系失序到走向以人民为中心的民生本位的逻辑展开和嬗变。

（一）计划调节下国家利益本位的高等教育与就业关系逻辑

国家利益本位的高等教育与就业关系逻辑是从国家利益至上出发，将国家利益作为高等教育与就业关系的根本出发点和归宿。1982—1995年，国家主导毕业生分配，将有限的人力资源分配到国家需要的岗位上。这种就业制度是一套国家权力实施和社会整合的机制，在制度的实施中对毕业生进行道德教育，使其将国家利益至上内化为基本的道德准则，从而无条件地服从国家的就业安排[②]。毕业生由国家分配到用人单位当干部，教育对国家的贡献直接表现在促进政治、经济、文化发展，包括教育促进政治稳固、经济增长、科技进步和文化传承等。在国家利益本位的高等教育与就业关系逻辑下，无论就业者个人还是用人单位，都必须接受国家行政性指令的统一调配。国家在就业安排上直接干预主导了个人的就业方向，包括就业地域、行业和具体单位等[③]。各项教育政策都坚持国家利益优先取向，大学生就业政策的制定与运行是一种自上而下以政府权威主导的行为，高校毕业生的个体利益处于服从地位。为了服务国家需要，政府突出“学用一致”“按需分配”“面向生产”，将毕业生配置到国家建设需要的岗位中，就业率和专业对口度高。但随着计划经济向市场经济转轨，这种关系逻辑忽视了社会对人才需求的新变化，毕业生规模和结构与社会经济发展的匹配程度不足。

这种以国家利益为本位的高等教育与就业关系逻辑形成于新中国成立后并延续到改革开放初期。1981年《高等学校毕业生调配派遣办法》第十八条规定：

① 阮成武.“素质教育新规”触动谁的敏感神经[J].教育研究,2011(6):17-22.

② 赵晔琴.从毕业分配到自主择业:就业关系中的个人与国家:以1951—1999年《人民日报》对高校毕业分配的报道为例[J].社会科学,2016(4):73-84.

③ 赵晔琴.从毕业分配到自主择业:就业关系中的个人与国家:以1951—1999年《人民日报》对高校毕业分配的报道为例[J].社会科学,2016(4):73-84.

“对不顾国家需要，坚持个人无理要求，经过教育拒不服从分配的毕业生，自学校正式宣布分配名单时起，超过三个月仍不去分配单位报到的，经地方调配部门批准，由学校宣布取消毕业生分配资格，限期离校……在五年内全民所有制单位不得录用。”1989年国家教委、人事部《关于改进一九八九年高等学校毕业生分配工作的报告》明确指出，未经学校和用人单位双方复议，学校不得改派毕业生，用人单位不得退回毕业生。国家主导毕业生分配采取“自上而下”的推进方式，具有高度的计划指令性和行政强制性，无法真正契合用人单位和毕业生的个人意愿，不仅束缚了用人单位的用人机制，也使毕业生难以获得较为有效的分配，造成隐性人力资源浪费，形成了高等教育与就业关系的“高确定-低适应性”。

（二）市场调节下个体利益本位的高等教育与就业关系逻辑

与国家本位相对应的个人本位是一种教育价值取向，要求以个人价值为中心，根据个人自身完善和发展的精神性需要来制定建构教育活动和出台教育政策[①]。教育利益的个人本位是以个人价值的实现为核心，重视个人权利的彰显，关注个人利益的达成，强调个人需要、个人兴趣、个人发展。为实现自身的发展、完善和幸福，个体选择接受教育，以充分挖掘自身潜能，完成个体价值的实现。1996—2001年，随着市场经济的逐步建立，高校毕业生就业由“统包统分”转为“供需见面、双向选择”并走向“自主择业”，国家退出毕业生就业安排，高校毕业生成了人才市场的独立主体，具有自由选择、个体自主的就业制度空间，本质上是对个体利益的尊重和彰显。这种对个体利益的尊重和彰显并不意味着不考虑社会发展需要，更不是把教育的个体利益和与社会利益完全对立[②]，而是与社会发展和国家利益的兼容与分享。这种通过市场选择实现个体利益的高等教育与就业关系逻辑，提高了个体在高等教育及就业关系中的主体地位，激发人的主体性和内生动力。“自主择业”正是市场经济下用人单位和毕业

① 扈中平.教育目的中个人本位论与社会本位论的对立与历史统一[J].华南师范大学学报(社会科学版),2000(2):87-94.

② 杨建朝.教育目的实现基点:儿童的具体生命:兼论教育个人本位与社会本位的统一[J].教育理论与实践,2012(19):8-11.

生在自由平等的选择与匹配，毕业生作为人才市场主体行使个体择业的权利，享有公平有序的就业机会和就业环境，相应地提高了高等教育与就业关系的确定性。

应当说，这一阶段高等教育与就业关系的“高确定-高适应性”是进一步迈向市场经济所释放的巨大经济社会活力的结果。一方面，社会主义市场经济体制的初步建立和现代化建设迈出新的步伐，市场经济带来的产业结构的深刻调整和经济社会发展对人才的需求旺盛；另一方面，这也是贯彻“必须坚持教育为社会主义现代化建设服务，与生产劳动相结合，自觉地服从和服务于经济建设这个中心，促进社会的全面进步”的教育方针的结果，是高等教育深化自身结构和体制改革的成果，特别是高等教育初步建立了与市场经济相适应的“供需见面、双向选择”的就业体制机制。然而，市场不是万能的，完全依赖市场不可能保障高等教育与就业关系“高确定-高适应性”的持续稳定。况且，市场的固有特征是不确定性，并存在市场失灵的风险性。具体而言，这一阶段高校毕业生的就业率由此前的100%降低到了80%以下并一直在75%徘徊，意味着有25%的毕业生未能通过市场实现初次就业。因此，这一阶段高等教育与就业关系的“双高”水平只是相对的。正基于此，国家在此阶段开始启动高校毕业生就业组织管理和指导服务工作，并启动大学生志愿服务“西部计划”、公费师范生和国防生计划、选拔毕业生到基层“三支一扶”等，通过政府行政职能和发挥公共资源作用，以克服市场选择的失灵与缺位，增强高等教育与教育关系的确定性和适应性。

（三）国家利益驱动与市场选择失调的高等教育与就业关系逻辑

2002—2006年间高等教育与就业关系出现适应性与确定性的“双低”局面，一方面是就业率持续下降，另一方面是就业匹配度走低。随着改革开放的深入，2000年后我国GDP以每年超过8%的增速增长，直到2008年后才有所放缓。然而，20世纪90年代末受亚洲金融危机影响，出口、投资持续低迷，扩大内需成为拉动经济增长的当务之急，而教育是这一时期民众最大的内需。为保持经济的迅速增长，在扩大内需、刺激经济发展的国家利益驱动下，在教育领域，面对高校招生规模远低于同期发展中国家水平及国内民众通过教育改变命运的内在需求，党中央决定于1999年开始高校扩招，把扩大民众教育消费列为2000年经济工作的重要任务之一，以实现“拉动内需、刺激消费、促进经济增长、缓解就业压力”的目标。

同时，在城镇下岗失业人员再就业、城镇新增劳动力就业、农村富余劳动力转移就业、退役军人再就业、初高中毕业生就业等多方矛盾交织的困局下，劳动力市场供需矛盾突出。2006年劳动和社会保障部统计全国城镇登记失业人数为847万人，登记失业率4.1%。全年城镇需要安排就业的劳动力总量达2500万人，而当年国家只能拿出1100万就业岗位，劳动力供大于求的差额在1400万人左右，较2005年增加100万人[①]。可见，供需不平衡严重，劳动力供大于求压力进一步加大，社会吸纳就业能力下降，而扩招带来毕业生的大量增长，打破了原有的市场平衡。一方面是总量出现供需矛盾加剧，毕业生总量超出了劳动力市场的需求总量和吸纳能力；另一方面，扩招导致了毕业生就业的结构性矛盾，高等教育学历层次、专业结构的供给也与社会要求脱节。正因如此，在促进经济发展的国家利益驱动下，尽管此时我国已经初步确立了社会主义市场经济体制，市场在人力资源配置中的基础性作用逐步完善，但以扩大内需为主要表征的高校扩招和以市场配置为主要表征的毕业生就业之间的矛盾，映射出以计划为主的招生制度和以市场选择为基础的就业制度之间的冲突，出现国家利益驱动与市场选择机制失调，短时间内造成高等教育与教育关系的低确定性和低适应性。

（四）利益统筹下民生本位导向的高等教育与就业关系逻辑

民生关系着人民生活的方方面面。2007年召开的十七大首次将教育纳入以改善民生为重点的社会建设，“教育更加指向人自身发展和生活改善”[②]。教育利益的民生本位模式是兼顾教育的社会功能和个体功能，国家通过增加教育投入和制度设计，推动教育优先发展和促进教育公平，将国家利益与个体利益协

① 迟明霞.就业形势今年仍不容乐观劳动力资源增量达高峰[N].中华工商时报,2006-02-14(003).

② 阮成武.教育民生论:一种历史发生学认识视角[J].教育研究,2017(1):20.

调统筹，将公共利益转化和释放为个体教育利益充分而公平地实现，即国家通过政策安排，提高教育的公益性，满足民众教育诉求，将国家利益更多地转换为公共利益，最终把公共利益具体落实到社会每个成员的利益获得上，达到国家利益、个体利益和公共利益的协调。

进入新时代，人民群众对美好生活的向往日益迫切，使就业成为最大民生。就业压力加剧、就业质量不高、就业不公平等问题的相继出现，实现更高质量和更充分就业成为普遍的利益诉求。高校毕业生作为就业主力军之一，关系社会稳定、经济发展、民众生活改善等多方面利益。近年来，自主择业、灵活就业、自主创业、协议就业等多元就业方式进一步协调了不同利益主体的诉求，高等教育与就业关系逻辑必然转向将教育发展成果更多更公平惠及全体人民。为此，高校毕业生就业政策在统筹国家利益、个体利益和公共利益协调的基础上进行制度安排，国家通过一系列措施鼓励毕业生流向基层、面向基层、服务基层。政府一方面充分保障毕业生个体的自由权和选择权，允许个人选择和市场介入；同时，政府不放弃国家利益并对毕业生就业实施干预和引导，以保障高等教育与就业关系的社会适应性的提高。尽管市场经济固有的不确定性给毕业生就业带来了一定的不确定性，但在国家政策的利益统筹下，不确定性总体趋于减缓，高等教育与就业的不确定性程度可控。

纵观以上，改革开放以来，高等教育与就业的关系演进是在不同社会条件下，政府按照一定的价值取向和原则通过政策工具对既有教育利益关系不断进行调整形成新的教育利益结构的过程。其演进历程既与改革开放总体进程同向同行、同频共振，也存在自身内在的关系逻辑。两者关系逻辑的嬗变昭示了新时代贯彻教育与生产劳动相结合方针正在由国民经济建设的宏观层面结合拓展到就业作为最大民生的微观层面结合，并沿着以人民为中心发展教育的道路前行。

高校毕业生就业质量影响因素及其发生机制[①]

一、问题提出

质量是高等教育的生命线。高校毕业生就业质量不仅是大学生个体获得收入的物质基础，还影响着国家教育质量的提升，直接关系我国高等教育强国战略的实现。随着高等教育规模扩张，我国高等教育毛入学率由2002年的15%增长到2020年的54.4%，实现了高等教育普及化。2022年，我国高校毕业生人数超过1000万人，达1076万人。国际上，日益严峻的就业形势加重了社会、高校、家庭的负担和压力，某些社会阶层不再相信教育是跻身社会上层和增进幸福的有效途径[②]。越来越多的岗位工作者不再只是依赖高等教育教师对其进行的知识传授与指导，更多的是靠自己去认识复杂的现象并作出决定[③]。在社会就业处于低迷态势，新一代年轻人面临的就业前景要么是推迟就业，要么是彻底失业[④]。就我国而言，在大学生就业形势日益严峻的背景下，促进高校毕业生更充分、更高质量就业仍将是我国社会面临的长期问题。近年来，随着我国经济的稳步发展，大学生年终就业率基本维持88%左右，但平均起薪不足6000元、专业对口率低于70%、就业满意度不足70%、半年离职率高于20%，就业质量总指数低于国际标准15个百分点[⑤]等问题折射出毕业生就业质量不足的特点。因

① 本节原载于《集美大学学报》(教育科学版)2023年第1期，与唐菡悄合作。

② 联合国教科文组织.反思教育：向“全球共同利益”的理念转变[M].北京：教育科学出版社，2017：50-51.

③ 泰希勒.高等教育与变化的劳动力市场[M].包艳华，郭力，译.北京：科学出版社，2019：序言.

④ 联合国教科文组织.反思教育：向“全球共同利益”的理念转变[M].北京：教育科学出版社，2017：50-51.

⑤ 王佰庆，陈永红.就业蓝皮书(2019年中国本科生就业报告)[M].北京：社会科学文献出版社，2020：10-21.

此，当前大学生就业的关键问题并非就业数量不足，而是就业质量不高[①]。不同地区、不同层次、不同类型、不同专业毕业生的就业率、就业对口率、就业收入、就业选择倾向等差异较大，即使是同一地区、同一层次、同一类型的高校也存在着较大的个体差异。因此，在我国高等教育迈入普及化阶段之际，有必要深刻审视高校毕业生就业数量、质量和结构特点，找寻提高毕业生就业质量路径，促进毕业生更充分、更高质量就业。

理论研究上，研究者多采用自编问卷的方式开展定量研究来探析毕业生就业质量的差异，研究聚焦在对就业质量差异性和失衡性表征、缘由及提升策略的探讨。研究者主要引入二元Logstic回归模型[②]或OLS回归[③]，采用最小二乘法、偏差校正的百分位Bootstrap方法[④]等对就业质量差异的影响效应，发现大学扩招、人力资本的宽度和广度、受教育年限、工作经验显著影响就业质量。随着社会科学的发展和数理统计方法的推动，主成分分析法（Principal Component Analysis）、层次分析法（AHP）、结构方程模型（AMOS）、多分类回归模型（Ordinal Regression）等更为严谨的统计方法被引入分析毕业生就业质量差异的影响要素，证实了地区经济发展水平、专业匹配、学校背景等因素对高校毕业生就业质量差异的影响。近年来，学界尝试以国家截面数据为依据，结合经济特征和政策调节等因素开展数据分析。以前沿文献和增长理论、发展经济学理论为基础，运用马尔科夫链、灰色预测模型[⑤]等数理模型开展趋势分析，提出科技进步对就业数量、就业结构和就业收入的抑制效应。国外学者综合运用数理模型，辅助于贝梅尔曼斯-维迪奇（Bemelmans-Vidic）、里斯特（Rist）和威登（Vedung）等政策工具框架，揭示出人均收入、政治经济政策对毕业生就业质量的影响作用。

---

① 袁晖光，谢作诗．高校扩招后大学生就业和相对工资调整检验研究[J]．教育研究，2012(3)：27-34.

② 钟秋明，刘克利．高校毕业生就业观影响就业质量的实证研究[J]．高教探索，2015(3)：107-113.

③ 孟大虎，苏丽锋，李璐．人力资本与大学生的就业实现和就业质量：基于问卷数据的实证分析[J]．人口与经济，2012(3)：19-26.

④ 刘涛，王德政．教育水平、工作经验与流动人口就业质量[J]．人口研究，2021(4)：85-99.

⑤ 唐菡悄，阮成武．"十四五"时期高等教育与就业关系的态势及特征：基于马尔科夫链和灰色预测模型的研判[J]．黑龙江高教研究，2021(12)：116-122.

以往对高校毕业生就业质量影响因素的探讨，更多的是采用自编问卷的方式收集数据，侧重对某一院校或某一省份内部的研究，倾向于分析区域范围内的个体差异或校际差异。随着高等教育普及化的到来，高校毕业生就业形势日益严峻，毕业生就业不仅与地区经济发展和就业形势密切相关，还受到院校办学类型、专业类型、层次规模等因素的影响。因此，本研究以全国普通本科院校的毕业生为研究对象，搜集我国827所普通本科院校毕业生就业数据，分析影响高校毕业生就业质量的地域特征、经济发展、院校层面的多重因素，探究毕业生就业质量的影响机制，明确究竟哪些因素对毕业生就业质量产生影响？是如何产生作用的？这种因素的影响效用又有多大？

二、研究设计

（一）理论框架和研究假设

I-E-O模型是亚历山大·阿斯汀（Alexander W Astin）于1970年基于大学生学习成效影响因素提出的方法模型，本研究将根据该模型构建研究框架。结合I-E-O模型，输入（Input）是影响大学生就业质量的控制变量，表示学生入学前高校的基本特征；环境（Environment）是影响大学生就业质量的干预变量，表示学生就读所在地区的基本情况；输出（Output）是大学生就业质量的结果变量，表示大学毕业生的就业水平（见图1）。I-E-O模型指出，“输入”能直接或通过与“环境”的相互作用对“输出”产生影响，而这种影响主要有两条路径：一是不同的环境对“输入”作用于“输出”的影响程度和方式不同，二是环境对不同的学生有不同的影响。可见，I-E-O模型中“产出”是“输入”和“环境”的函数。理论上，大学生入学前的院校特征，经过省域特征环境的干预，最终会带来毕业生就业质量上的差异。技术上，本研究试图分析院校特征这一输入变量究竟对大学生的就业质量会有什么样的影响？这种影响机制是否与省域特征有关？如果有关联，这种相互作用有多大？又是如何发生效用的？为此提出以下假设：

假设1：院校特征对大学生就业质量有显著影响；

假设2：省域特征对大学生就业质量有显著影响；

假设3：省域特征在院校特征与大学生就业质量的关系中起调节作用。

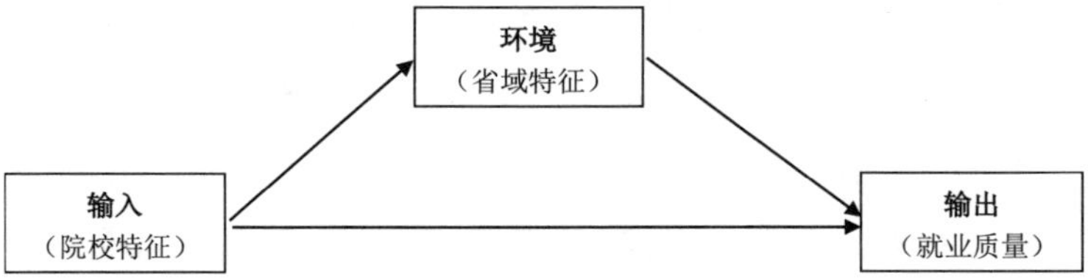

图1　分析框架和变量设置

（二）变量设置与数据来源

基于I-E-O模型构建的理论框架，本研究将就业质量设置为因变量，将院校特征和省域特征设置为自变量，并分解为可供统计的指标（见表1）。

表1　变量类型和测量指标设计

变量类型	变量内容	测量指标
自变量	控制变量(院校特征)	类型结构
		专业结构
		学校规模
		生师比
	干预变量(省域特征)	人均GDP
		城镇居民人均可支配收入
		城镇登记失业率
		常住人口数
		区域内本科毕业生总数
因变量	结果变量(就业质量)	毕业生就业率
		毕业生就业对口率
		毕业生就业收入
		毕业生就业满意率

本研究的因变量是毕业生就业质量，指高校毕业生将所学与生产劳动相结合，期间获得的就业机会、报酬福利、权益保障、岗位匹配及关系和谐的优劣程度，包括高校毕业生就业率、高校毕业生就业对口率、高校毕业生就业收入、高校毕业生就业满意率。①高校毕业生就业率是考察大学生就业程度的重要指

标，反映高校毕业生中实际参与社会劳动的人员比重。②高校毕业生就业对口率是毕业生从事与专业相关的工作的指标，反映高校毕业生所学专业与其就业行业、岗位的一致性水平。③高校毕业生就业收入是毕业生参与社会劳动所获得的报酬收入总和，反映高校毕业生运用所学提供生产性服务所得的工资收入和福利待遇等。④高校毕业生就业满意率是毕业生对工作行业岗位的价值判断，反映高校毕业生对所从事工作的主观评价。

省域特征是本研究的干预变量，是自变量之一，主要涉及三大方面。①地区经济发展状况：地区经济发展决定了地区经济发展综合实力以及区域经济发展对高校大学生的需求水平，本研究引入人均GDP和城镇居民人均可支配收入两大变量。②地区就业水平：地区就业水平直接制约着大学生就业的数量、质量和结构，本研究采用人口总量和失业率两个指标作为测量变量。其中人口总量以地区常住人口数来衡量，失业率以城镇登记数据来衡量，数值越大表明毕业生就业形势越严峻。③毕业生供给状况：就业受市场供需矛盾的制约，大学毕业生人数直接影响着高校毕业生就业的供给侧，本研究以区域内大学毕业生总人数进行衡量。

院校特征是本研究的控制变量，也是自变量之一。我国高等教育以“统一招生、择优录取”的模式录取新生，高中毕业生根据高考分数依据高校层次、类型、科类、地域等排名选报志愿，因此院校特征影响毕业生就业质量。具体而言主要包括4项指标。①类型结构：依据院校主管部门的隶属关系差异，分为部属院校和省属院校。②专业结构：依据院校学科专业建设特色，分为综合类院校、财经类院校、理工类院校、民族类院校、农林类院校、师范类院校、体育类院校、医药类院校、艺术类院校、语言类院校、政法类院校和其他院校。③学校规模：本研究以高校全日制在校生人数进行衡量，全日制在校生人数=全日制专科在校生数+全日制本科在校生数+全日制硕士研究生在校生数+全日制博士研究生在校生数。④生师比：体现出高校人力资源利用效率，高校生师比以折合在校学生人数与高校专任教师数的比值来衡量，生师比=折合在校生数/（专任教师数+0.5×外聘教师数）。

为确保数据的全面性和一致性，提高研究结论的可靠性，本研究选取国家数据平台和高校官方网站发布的数据：①高校毕业生就业质量数据选取普通高等学校《2019届毕业生就业质量报告》。②院校特征数据中学校规模和生师比来自全国高等学校《2019—2020学年本科教学质量报告》，高校专业结构源自“中国教育在线”的划分，高校类型结构源自教育部官方公布的2020年全国普通高等学校名单。③省域特征数据中的人均GDP、人均可支配收入、城镇登记失业率、常住人口数、区域内本科毕业生人数等数据来自《中国统计年鉴2020》。

（三）研究方法与样本特征

本研究从院校特征和省域特征的关联性探析高校毕业生就业质量的影响因素，即院校自身特征对高校毕业生就业质量产生影响，同时院校所在的省域经济发展、劳动力供给等内容也关系着毕业生的就业质量。这种由一个结构包含另一个结构的数据称为嵌套关系结构数据。这类数据违反了误差项独立和同方差假设前提，不宜使用普通的最小二乘法；同时又因涉及两层数据，违背方差齐性和独立分布等假设，ANOVA或者回归分析不贴切。为有效处理多层嵌套数据，本研究引入多层线性模型（Hierarchical Linear Model，简称HLM）对多层次的影响效应加以检验。多层线性模型不仅具有对数据资料要求低的优点，同时能在掌握第一层次变量的影响下，开展更高层次变量影响效应分析，因此本研究采用多层线性模型对高校毕业生就业质量差异的影响因素展开探究。研究将分步骤依次进行：①构建零模型。将所有自变量去掉，创建出没有任何解释变量的零模型，开展组内相关系数估计，验证多层线性模型的必要性。②引入第一层次变量。加入院校特征变量，构造随机系数模型，分析院校特征的截距和斜率在省域特征上的变异。③引入第二层次变量。加入省域特征变量，构造完整的大学生就业质量的多层线性模型。

根据教育部发布的2020年全国高等学校名单，全国共有本科院校1258所，本研究选取全国普通本科院校827所（去除民办高校436所，内地与港澳台地区合作办学2所，中外合作办学7所）作为样本容量[①]，因此，毕业生就业率、对口率、就业收入和就业满意率均选取本科生的数据。表2和表3呈现了样本的基本情况，可以看出：①就业质量情况：毕业生平均就业率为91.06%，平均就业

① 中华人民共和国教育部.全国高等学校名单[EB/OL].(2020-07-19)[2021-09-27].http://www.moe.gov.cn/jyb_xxgk/s5743/s5744/202007/t20200709_470937.html.

对口率为78.05%，平均就业收入是5166.56元/月，平均就业满意率为85.37%。②省域特征情况：31个省份的平均城镇登记失业率2.95%，年均本科毕业生总数12.7万人。③院校特征情况：省属院校样本最多，占比86.34%；综合类院校、理工类院校和师范类院校数量最多，占比分别为26.72%、24.55%、16.32%；在校生数平均为10610人；生师比平均为15.44。

表2　样本基本信息描述性统计

变量	指标	样本量/所	均值
因变量:就业质量	就业率/%	794	91.06
	就业对口率/%	629	78.05
	就业收入/(元·月$^{-1}$)	517	5166.56
	就业满意率/%	596	85.37
自变量:省域特征	人均GDP/元	827	71018.19
	城镇人均可支配收入/(元·月$^{-1}$)	827	3521.06
	城镇登记失业率/%	827	2.95
	常住人口数/人	827	45267061
	本科毕业生总数/(人·年$^{-1}$)	827	127328

表3　样本自变量描述性统计

变量	指标	类别	样本量/所	百分比/%
自变量:院校特征	类型结构	部属院校	113	13.66
		省属院校	714	86.34
	专业结构	综合类	221	26.72
		财经类	55	6.65
		理工类	203	24.55
		民族类	10	1.21
		农林类	34	4.11
		师范类	135	16.32
		体育类	7	0.85
		医药类	80	9.67
		艺术类	43	5.2
		政法类	35	4.23

续 表

变量	指标	类别	样本量/所	百分比/%
自变量:院校特征	专业结构	其他	4	0.48
		学校规模/人	784	10610
		生师比	747	15.44

三、研究发现

为进一步明确高校毕业生就业质量的影响因素，采用多层线性（HLM）模型，构建高校毕业生就业率HLM模型、高校毕业生就业对口率HLM模型、高校毕业生就业收入HLM模型、高校毕业生就业满意率HLM模型。为克服变量间聚集性和处理数据间的异方差性，对人均GDP、城镇居民人均可支配收入、常住人口数、本科毕业生总数、学校规模等数值型数据开展对数化处理，并依次开展零模型分析、随机系数模型分析和完全多层线性模型分析。

（一）不同省域、院校的就业质量差异

表4对比了不同省域特征、院校特征间毕业生就业质量，显示：①部属院校就业率和就业收入高于省属院校，而省属院校在就业对口率和就业满意率上高于部属院校。②不同专业结构的院校毕业生就业质量存在差异，民族类、农林类和艺术类院校就业率较高，政法类和综合类高校就业率较低；医药类和师范类院校毕业生就业对口率高，而政法类、民族类和农林类高校毕业生就业对口率低；艺术类和农林类院校毕业生就业收入较高，而民族类和师范类高校毕业生就业收入较低；民族类和医药类院校毕业生的就业满意率高于政法类和艺术类院校。③人均GDP和人均可支配收入较高的省份就业率和就业收入相对较高。④失业率与就业率和就业满意率呈正相关，而与就业对口率和就业收入呈反比。⑤常住人口和毕业生人数较多的地区就业率较高。

表4　不同省域特征、院校特征的毕业生就业质量

名称	类别	就业率/%	就业对口率/%	就业收入/元	就业满意率/%
类型结构	部属院校	93.37	76.73	6365.84	81.99

续　表

名称	类别	就业率/%	就业对口率/%	就业收入/元	就业满意率/%
类型结构	省属院校	90.07	77.16	4922.75	86.22
专业结构	综合类	89.88	76.90	5022.22	85.60
	财经类	91.18	75.01	5088.70	84.08
	理工类	90.93	75.50	5548.05	85.63
	民族类	93.31	73.95	4267.65	92.38
	农林类	91.01	73.99	5621.33	83.55
	师范类	90.05	79.17	4268.51	85.58
	医药类	90.89	81.95	4997.16	89.62
	艺术类	91.29	75.64	6826.46	82.70
	政法类	89.60	72.55	4726.44	81.78
学校规模	1万人以下	90.66	78.92	5197.99	85.75
	1万~1.5万人	90.69	79.74	5069.58	84.69
	1.5万人以上	91.39	76.90	5226.51	86.07
生师比	18以下	91.86	79.38	5204.89	85.66
	18~22	89.62	75.83	5109.43	85.46
	22以上	89.09	75.47	5269.74	84.44
人均GDP	0~5万元	86.67	72.74	4380.10	82.26
	5万~10万元	90.22	79.01	4802.04	86.24
	10万~15万元	95.24	75.40	6249.77	85.19
人均可支配收入	3万~5万元	89.39	77.49	4629.90	85.51
	5万~7万元	94.79	77.39	5748.34	85.22
	7万~9万元	95.65	74.66	7678.70	84.44
城镇登记失业率	3%以下	89.54	77.60	5202.45	84.62
	3%及以上	91.65	76.98	4909.33	85.00
常住人口	0~5千万人	89.79	76.88	5264.49	85.43
	5千万~10千万人	90.73	76.27	4759.20	83.87
	10千万~15千万人	93.81	82.18	5319.38	90.88
毕业生人数	0~10万人	88.57	75.69	4720.52	85.28
	10万~20万人	89.62	76.63	5080.43	84.71
	20万~30万人	92.59	78.39	5041.60	86.33

（二）就业质量差异的分解

1.省域特征对高校毕业生就业质量的影响

为明确不同层级所产生的就业质量差异的份额，使用零模型来分解就业质量差异，将就业质量的整体差异分解到不同层级（省域层级、院校层级）里，构建出不包含任何自变量零模型：

层1：Y_1(就业率)=$\beta_0+\gamma$　(1)

层2：$\beta_0=\gamma_{00}+\mu$　(2)

总模型：Y_1(就业率)=$\gamma_{00}+\mu_0+\gamma$　(3)

其中：层1表示院校层级，层2表示省域层级，β_0为层1截距，γ为随机效应，γ_{00}为层1截距在层2的固定效应，μ_0为层2随机效应。回归结果见表5和表6。

表5　高校毕业生就业质量零模型固定效应结果

指标	系数	标准误差
就业率	0.910	0.008
对口率	0.781	0.007
就业收入	0.085	0.031
满意率	0.854	0.008

表6　高校毕业生就业质量零模型随机效应结果

因变量	随机效应	方差成分	占总方差的份额	自由度	卡方值	*P*值
就业率	层级-2效应	0.042	40.78%	30	288.416	0.000
	层级-1效应	0.061	59.22%	—	—	—
对口率	层级-2效应	0.011	12.36%	28	46.953	0.004
	层级-1效应	0.078	87.64%	—	—	—
就业收入	层级-2效应	0.024	38.71%	29	332.895	0.000
	层级-1效应	0.038	61.29%	—	—	—
满意率	层级-2效应	0.018	16.51%	29	77.382	0.000
	层级-1效应	0.091	83.49%	—	—	—

从表5中可以得出在固定效应上，高校毕业生就业率、对口率、就业收入（对数形式）和满意率的平均数依次为0.910、0.781、0.085、0.854。随机效应显

示，高校毕业生就业质量的截距就业率、就业收入、满意率零模型的卡方检验P值均小于0.001，就业对口率P值均小于0.01，证明高校毕业生就业质量在层2省域层级水平中存在显著差异，假设2成立。进一步找寻差异影响的大小，根据方差成分在两层级的分布，计算出随机效应的大小。其中，毕业生就业率中层2占总方差的份额=0.042/（0.042+0.061）=40.78%。高校毕业生就业率的差异中省域间的效益比例为40.78%，院校间的效益比例为59.22%。即高校毕业生就业率的差异有40.78%源自省域特征变量的影响，有59.22%来源于院校特征变量的影响。同理印证出对口率、就业收入和满意率在省域特征层级上占总方差的份额分别是12.36%、38.71%和16.51%。零模型结果显示，构建多层线性回归模型不仅是必要的也是贴切的。

2.院校特征对高校毕业生就业质量的影响

在明确省域特征对毕业就业质量的显著影响后，为了解院校特征是否通过省域特征影响就业质量，在层1模型中逐步引入院校特征变量，构建随机系数模型：

层1模型：Y_1（就业率）$=\beta_0+\beta_1\times$（专业结构）$+\beta_2\times$（类型结构）$+\beta_3\times\ln$（学校规模）$+\beta_4\times$（生师比） （4）

层2模型：$\beta_{pj}=\gamma_{p0}+\varepsilon_{pj}$ （5）

其中：β_0为层1截距，β_1–β_4表示院校特征变量指标对应的回归系数；γ_{p0}表示省域变量对β_{pj}的回归截距；ε_{pj}表示省域特征的随机效应。回归结果见表7。

表7 高校毕业生就业质量随机系数模型结果

自变量	因变量				
	统计量	就业率	对口率	就业收入	满意率
截距系数	回归系数	2.875^{***}	1.982^{***}	7.624^{***}	1.779^{***}
	标准差	0.158	0.121	0.285	0.096
专业结构	回归系数	0.201^{***}	0.105^{***}	-0.102^{***}	0.090^{**}
	标准差	0.067	0.087	0.032	0.021
类型结构	回归系数	-0.216^{**}	0.209^{**}	-0.350^{**}	0.124^{*}
	标准差	0.075	0.072	0.136	0.078
学校规模（对数化）	回归系数	0.107^{**}	-0.116^{*}	0.198^{***}	0.075
	标准差	0.047	0.097	0.127	0.008

续 表

自变量	因变量				
	统计量	就业率	对口率	就业收入	满意率
生师比	回归系数	−0.19	-0.175^{***}	0.021	-0.101^{**}
	标准差	0.012	0.153	0.036	0.018

注：$^{***}P<0.01$，$^{**}P<0.05$，$^{*}P<0.1$。

从表7中可以得出：①具有显著影响的变量。以高校毕业生就业率为例，截距系数、专业结构、类型结构、学校规模的P值均在0.05以下，说明上述因变量的回归系数在省域特征下的随机效应是显著的，证明高校毕业生就业质量在院校特征中存在显著差异，假设1成立。因此，在构建完全随机模型中应保留有显著影响的变量。换言之，在层2模型的建构中分析省域特征对就业率的影响应设置随机效应进一步展开解释。②不具有显著影响的变量。生师比变量的回归系数不显著，为提高模型的信度，层2模型将生师比变量规定为固定参数，不纳入省域特征进行进一步解释。据此，设置对口率、就业收入和满意率的层2模型变量，构建完全多层线性回归模型。

（三）高校毕业生就业质量影响的发生机制

为厘清高校毕业生就业质量的影响路径，笔者提出三大假设，并证实了院校特征和省域特征对大学生就业质量的直接影响作用。为深入分析就业质量的影响机制，需进一步讨论省域特征对院校特征的调节效应。为此，在层2模型中引入省域特征变量，构建完全多层线性回归模型：

层1模型：Y_1(就业率)$=\beta_0+\beta_1\times$(专业结构)$+\beta_2\times$(类型结构)$+\beta_3\times\ln$(学校规模)$+\beta_4\times$(生师比) （6）

层2模型：$\beta_{00}=\gamma_{00}+\gamma_{01}\times\ln$(人均GDP)$+\gamma_{02}\times\ln$(人均可支配收入)$+\gamma_{03}$(城镇登记失业率)$+\gamma_{04}\times\ln$(常住人口数)$+\gamma_{05}\times\ln$(本科毕业生总数)$+\varepsilon_0$ （7）

$\beta_{03}=\gamma_{30}+\gamma_{31}\times\ln$(人均GDP)$+\gamma_{32}\times\ln$(人均可支配收入)$+\gamma_{33}$(城镇登记失业率)$+\gamma_{34}\times\ln$(常住人口数)$+\gamma_{35}\times\ln$(本科毕业生总数)$+\varepsilon_3$ （8）

$\beta_{04}=\gamma_{40}+\gamma_{41}\times\ln$(人均GDP)$+\gamma_{42}\times\ln$(人均可支配收入)$+\gamma_{42}$(城镇登记失业率)$+\gamma_{44}\times\ln$(常住人口数)$+\gamma_{44}\times\ln$(本科毕业生总数)$+\varepsilon_4$ （9）

其中：β_0为层1截距，β_{01}-β_{04}表示院校特征变量指标对应的回归系数；γ_{pj}（$p=0,\cdots,4$，$j=0,\cdots,5$）表示省域特征变量对β_{pj}的回归斜率；ε_1-ε_4表示省域特征的随机效应。回归结果见表8。

表8　高校毕业生就业质量完全多层线性回归模型结果

名称	自变量	就业率		对口率		就业收入		满意率	
	固定效应（自变量）	回归系数	标准误差	回归系数	标准误差	回归系数	标准误差	回归系数	标准误差
层1:院校特征	截距系数	8.520**	3.423	2.332*	5.295	−34.498**	17.554	1.624	8.156
	类型结构	0.091	0.075	0.105**	0.092	−0.283**	0.063	0.017	0.012
	专业结构	−0.061	0.030	0.041	0.036	−0.174**	0.082	0.088*	0.056
	学校规模	−0.807***	0.322	−0.221	0.800	−1.044**	0.925	−0.628**	0.709
	生师比	−0.152	0.092	−0.159**	0.143	0.469	0.229	−0.266***	0.137
层2:省域特征	人均GDP	2.763***	1.268	−1.025	0.961	2.763**	1.946	0.378	1.010
	城镇人均可支配收入	1.421***	0.506	0.283	1.164	6.644***	3.480	−0.553	1.761
	城镇登记失业率	−0.276**	0.166	−0.053*	0.1418	−0.136*	0.314	0.041	0.143
	常住人口数	0.042**	0.085	0.018	0.035	0.016	0.037	0.038	0.054
	本科毕业生总数	−0.267**	0.174	−0.340***	0.151	−0.155**	0.317	0.061	0.170
“院校-省域”关联性特征	人均GDP*学校规模	−0.158**	0.086	−0.037	0.077	−0.214*	0.202	−0.064	0.086
	城镇人均可支配收入*学校规模	−0.323**	0.147	−0.030*	0.115	−0.494*	0.365	0.119	0.152

续 表

名称	自变量	就业率		对口率		就业收入		满意率	
	固定效应（自变量）	回归系数	标准误差	回归系数	标准误差	回归系数	标准误差	回归系数	标准误差
“院校-省域”关联性特征	本科毕业生人数*学校规模	0.211*	0.106	0.125**	0.094	0.091	0.064	0.107	0.085
	人均GDP*生师比	−0.609*	0.086	−0.124***	0.088	−1.242*	0.124	−0.416*	0.085
	城镇人均可支配收入*生师比	−0.015**	0.111	−0.037	0.015	−0.078	0.039	−0.032**	0.025
	城镇登记失业率*生师比	0.053**	0.041	0.021	0.022	0.086*	0.075	0.005	0.003

注：***$P<0.01$，**$P<0.05$，*$P<0.1$。回归系数均不显著的解释变量未列出。

1. 院校特征对高校毕业生就业质量的影响作用

表4对不同地区、不同类型、不同专业间毕业生的就业质量差异进行了对比，表8中模型⑤-⑧进一步展示出不同院校特征对毕业生就业率、对口率、就业收入和满意率具有不同程度的显著影响。①就类型结构项：毕业生就业对口率和就业收入存在显著的差异，具体而言，省属院校的毕业对口率显著高于部属院校，而部属院校毕业生就业收入则显著高于省属院校。这一发现与表4结论一致。②就专业结构项：院校专业类型对毕业生就业收入和就业满意率的差异影响达到统计显著。③对于学校规模而言：毕业生就业率、就业收入和就业满意率与学校规模呈现出负相关，其中学校规模对就业收入的影响最大，其次是就业率和满意率。④对于生师比而言：生师比的提高对于毕业生就业对口率和满意率具有显著的反比例影响，但对就业率和就业收入不存在显著作用。即生师比每提高一个单位，毕业生对口率和满意率分别降低15.9%和26.6%。

2. 省域特征对高校毕业生就业质量的影响作用

层2省域特征展现出的截距项的回归系数是人均GDP、城镇居民人均可支配收入、城镇登记失业率、常住人口数、本科毕业生总数等省域特征对毕业生就业质量（就业率、对口率、就业收入、满意率）的影响程度。结果显示省域特征变量下的截距项对毕业生就业质量具有统计显著性，表明省域特征对毕业生就业质量具有显著的影响作用（假设2成立）。从回归系数上看，①地方经济发展状况层面：人均GDP和城镇居民人均可支配收入对省域内毕业生就业率和就业收入具有显著的正向影响，即地方经济发展水平越高，毕业生就业率和就业收入均值越高。②地区就业水平层面：城镇登记失业率对毕业生就业率、对口率和就业收入存在显著的负向作用，即失业率越高对毕业生就业率、对口率和就业收入的消极影响越大；而常住人口数对毕业生就业率具有显著的正向影响。③毕业生供给状况层面：区域内毕业生总人数与就业质量呈反向关系，其中，毕业生人数越多，毕业生就业率、对口率和就业收入呈现下降趋势。引入完全线性模型后，对比零模型、随机系数模型，发现：一是影响毕业生就业率的指标中，除学校规模倾斜度的回归系数显著为负外，类型结构、专业结构和生师比等变量的统计结果并不显著，表明院校特征变量对毕业生就业率的显著性影响较小。二是层2省域特征变量对毕业生就业满意率回归系数均不显著，可见，省域特征变量对就业满意率不产生显著性影响。三是城镇失业登记率和毕业生总人数对就业率、对口率、就业收入的倾斜度的统计结果为负值，且均通过显著性检验，显示地区就业水平和毕业生人数对高校毕业生就业质量存在一定的负向激励作用。

3.省域特征调节院校特征的影响机制

由于院校特征中的类型结构和专业结构属于分类变量，数据不满足波动性、连续性和随机性的原则，因此无法开展混合模型统计。因此，表8中“‘院校-省域’关联性特征”统计结果仅展示省域特征变量对学校规模和生师比等两大院校特征指标的测量变量的影响效应，根据斜率的统计结果发现：人均GDP和城镇居民可支配收入能够同时调节学校规模和生师比对就业质量的影响。本科毕业生人数仅调节学校规模对就业质量的影响，而城镇登记失业率仅调节生师比对就业质量的影响（假设3成立）。具体而言，①省域特征与学校规模的影响路径：一方面，人均GDP和城镇居民可支配收入弱化了学校规模与毕业生就业质量的负向关联，其中人均GDP使学校规模对毕业生就业率和毕业生就业收入的影响系数分别降低了0.158、0.241；城镇居民可支配收入使学校规模对毕业生就业率、就业对口率和就业收入的影响系数分别降低了0.323、0.030和0.494。这表明人均GDP和城镇居民可支配收入较高的地区，学校规模的上升对毕业生就业率和就业收入的缩小速度要远低于人均GDP和城镇居民可支配收入较低的地区。另一方面，区域内本科毕业生人数对毕业生就业质量具有正向调节作用，具体而言，城镇居民可支配收入强化了学校规模与毕业生就业率、对口率和就业收入的负向关联；区域内本科毕业生人数对学校规模与就业率、对口率的正向调节作用显著，回归系数揭示出学校规模对就业质量各项指标的提高程度，可见随着区域内本科毕业生人数的增加，能在一定程度上加剧不同地区毕业生就业率、就业对口率和就业收入的差距。②省域特征与生师比的影响路径：人均GDP和人均可支配收入弱化了生师比与就业率和满意率的负向关联，表明在人均GDP和人均可支配收入水平较高的省份，随着生师比的提高，地方普通高校的毕业生就业率和就业满意率的下降更为缓慢。人均GDP比人均可支配收入的影响效应大，人均GDP使得毕业生就业率、对口率、收入和满意率的系数分别降低了0.609、0.124、1.242、0.416，反映出随着人均GDP的提高，更能进一步拉大院校间毕业生就业质量的差距。然而城镇登记失业率则强化了生师比与毕业生就业质量的关联，表明城镇登记失业率的增强将扩大生师比与毕业生就业率的负向作用。

四、结论与讨论

就业是民生之本，是人民实现美好生活向往的基本前提和途径。高校毕业生就业关系千万家庭，是全社会关注的热点和焦点。本研究通过对827所本科院校毕业生就业数据加以分析，论证了院校特征和省域特征对高校毕业生就业质量的影响途径和方式：一是直接影响机制，院校特征和省域特征直接导致就业质量的差异；二是调节作用机制，院校特征对就业质量的影响受到省域特征的调节。现有的研究反复验证了院校特征的影响因子，本研究尝试揭示省域特征影响高校毕业生就业质量的双重逻辑和路径，形成如下结论和建议。

（一）研究结论

通过多层线性回归模型的分析，得出以下结论：①院校特征对高校毕业生就业质量的影响效应：学校类型结构显著影响高校毕业生就业对口率和就业收入，其中省属院校的就业对口率较高而部属院校毕业生就业收入较高。学校专业结构对毕业生就业收入和就业满意率产生显著影响，表现在艺术类院校毕业生收入高，民族类院校就业满意率高。毕业生就业率、就业收入和就业满意率与学校规模呈负相关，即在校生人数越多，毕业生就业率、就业收入和就业满意率越小。而生师比则对就业对口率和满意率具有显著的负向影响。部分学者的研究也显示高校在办学规模扩大后出现教学质量、教学资源上的负面效应[①]，导致劳动参与率下降、失业率上升、小时工资下降[②]。②省域特征对高校毕业生就业质量的影响效应：区域内毕业生人数和城镇登记失业率是影响毕业生就业质量的重要因素。具体而言，人均GDP、城镇居民人均可支配收入与毕业生就业率、就业收入呈正相关；城镇登记失业率、区域内本科生人数对毕业生就业率、对口率和就业收入存在显著的负向作用。③省域特征对院校特征的影响效应：院校特征对毕业生就业质量的影响效应受省域特征因素的制约和调整。即省域特征对高校毕业生就业质量的影响不单单是不同省份在经济发展、大学生数量、社会就业水平的差异导致各院校毕业生就业质量的差别，还表现在省域特征因素可以调节院校特征因素对就业质量的影响效应，形成对毕业生就业质量的多重影响路径和作用机制。具体表现在人均GDP、城镇居民可支配收入、区域内本科毕业生人数调节学校规模对就业质量的影响作用，人均GDP、城镇居民可支配收入、城镇登记失业率调节生师比对就业质量的影响作用。

（二）进一步讨论

高等教育在培养大批国民经济建设人才、促进经济社会发展的同时，也发挥了巨大的劳动就业功能。在严峻的就业压力下，稳定就业，促进毕业生更充

① 白薇，吕明，马玉香．地方高校办学规模、质量、结构和效益协调发展的实践性思考[J]．教育理论与实践，2006(9)：16-18.

② 吴要武，赵泉．高校扩招与大学毕业生就业[J]．经济研究，2010(9)：93-108.

分、更高质量就业，不仅是高等教育培养人才、服务社会的职能诉求，更是国家稳固、社会发展的现实需要。习近平总书记指出："受疫情影响，今年稳就业任务十分繁重，要做好高校毕业生、农民工、退役军人等重点群体就业工作。"[①]为更有效地促进高校毕业生就业，激发大学生更高质量就业的内在动力，围绕研究发现展开以下讨论。

1.稳定高校办学规模，促进高等教育内涵式发展

高等教育规模直接影响着高等教育质量，研究显示在校生人数和生师比对高校毕业生就业质量具有负向作用，表现在在校生人数越多、生师比越高，毕业生就业率、就业满意率、就业对口率越低。随着高等教育规模扩张，2016年我国高等教育在学总规模3699万人，占世界高等教育总规模的20%，迈向高等教育第一大国。大学生人数的增加，为我国现代化建设提供了有力的人才保障。然而高校扩招引发学校办学规模上升，高等教育办学质量也受到冲击。2012年教育部《关于全面提高高等教育质量的若干意见》确立了我国高等教育要坚持稳定规模、优化结构、强化特色、注重创新，走以质量提升为核心的内涵式发展道路。稳定高校办学规模，适度控制在校生、规范生师比，是提高毕业生就业质量，促进高等教育内涵式高质量发展的现实路径。

2.推进供给侧改革，缓解高校毕业生就业供需矛盾

高等教育供给侧改革强调立足劳动力市场供需实际，开展高等教育改革，激发办学活力，提高高等教育与社会发展的契合度。研究发现毕业生人数和城镇登记失业率是影响毕业生就业质量的重要因素，具有显著的负相关性。这一发现实际上是市场经济规律在毕业生就业中的体现，随着我国市场经济的建立和完善，毕业生就业由"供需见面，双向选择"转向"双向选择，自主择业"，毕业生就业走向市场，需要接受市场的考验。一方面毕业生就业受市场规律的支配，受劳动力市场就业状况影响。另一方面，市场经济影响着高等学校人才培养活动，高校招生人数和结构受经济发展和产业结构的制约。随着我国迈入高等教育普及化发展阶段，大学生人数的上涨导致毕业生总量超过劳动力市场

① 习近平.论坚持人民当家作主[M].北京：中央文献出版社，2021：307.

对大学毕业生的需求[①]，加剧了大学生就业难的严峻形势。为缓解毕业生就业供需矛盾，高校应以培养劳动力市场需求为目标，改革高等教育供给侧，建立高等教育与市场需求的对接机制，确保高等教育必须与市场相适应。为此，应进一步系统、规范、适应产业结构升级和科技发展对劳动力的诉求，建立起“招生数量—人才培养—行业需求—专业规模—课程结构”的高等教育供给侧改革动态调整控制模式。

3.关注院校内部差异，发挥省域特征的调节效应

毕业生就业质量的差异受院校特征和省域特征的双重因素直接影响，同时研究还揭示了院校特征影响毕业生就业质量的内在机制：省域特征因素的调节作用。即人均GDP、城镇居民人均可支配收入、城镇登记失业率、常住人口数、毕业生总数等因素直接影响毕业生就业质量，同时调节学校规模和生师比对毕业生就业质量的影响效应和作用路径。即当人均GDP、城镇居民人均可支配收入增长或毕业生总数和城镇登记失业率降低时，学校规模和生师比对毕业生就业质量的负向关联将被削弱。这一发现进一步证实了经济发展、劳动力市场供需关系对毕业生就业质量的重要影响作用。因此，为应对毕业生就业压力，提高毕业生就业质量，要重视省域特征的改善，从增加需求和缓解失业两方面着手。一方面，扩展毕业生就业渠道，促进大学生到基层一线、中小企业就业；另一方面，进一步发展经济，拉动经济增长，扩宽劳动力市场需求，扩大就业岗位容量。从数量和质量两方面双向发力，切实提高毕业生就业质量。

① 常进雄，项俊夫.扩招对大学毕业生工资及教育收益率的影响研究[J].中国人口科学，2013(3)：104-111，128.

新时代大学生人生际遇与高等教育使命[①]

习近平总书记多次论及青年一代的人生际遇和历史际遇。2014年5月4日，他在北京大学师生座谈会上指出："时间之河川流不息，每一代青年都有自己的际遇和机缘，都要在自己所处的时代条件下谋划人生、创造历史。"[②]在纪念五四运动100周年大会上，习近平总书记指出："青年是整个社会力量中最积极、最有生气的力量，国家的希望在青年，民族的未来在青年。今天，新时代中国青年处在中华民族发展的最好时期，既面临着难得的建功立业的人生际遇，也面临着'天将降大任于斯人'的时代使命。"[③]际遇既给人的成长发展提供资源和机会，也含有人对客体环境的担当与作为。把握新时代人生际遇，不仅为青年成长成才、建功立业提供动力和机遇，也是其成为担当民族复兴大任的时代新人的方向和引领。

随着我国高等教育普及化，新时代青年的最大群体是在校或已经毕业的大学生。2022年，我国16~24岁城镇青年有9600多万人，其中在校学生达到6500多万人[④]。充分准确地理解和认识新时代大学生的人生际遇，是高等教育立德树人和人才培养的重要出发点，也是激励广大青年成长、成才、成人的巨大动力源泉和有效方法路径。教育引导新时代大学生把握新时代人生际遇，为他们实现人生出彩搭建舞台，是各级党委和政府特别是高等学校的重要责任。

---

① 本节第二部分原载于《中国教育报》，此次有修改。

② 习近平.青年要自觉践行社会主义核心价值观：在北京大学师生座谈会上的讲话[M].北京：人民出版社，2014：3.

③ 习近平.在纪念五四运动100周年大会上的讲话[M].北京：人民出版社，2009：6.

④ 国家统计局新闻发言人就2023年7月份国民经济运行情况答记者问[EB/OL].(2023-08-15)[2023-12-01].https://www.stats.gov.cn/sj/sjjd/202308/t20230815_1942020.html.

一、关于人生际遇的哲学理解和历史认识

说起际遇，人们会想起席慕蓉那首同名小诗——《际遇》，以及从诗歌才女到哈佛女孩的田晓菲与北大的《十三岁的际遇》。两位诗人那番令人心仪和动容的际遇，让我们每个人感同身受。席慕蓉的际遇，是在花落、寂寞和幕起、灯亮的映衬下，由“你的回眸／而使我含泪唱出的／不过是／一首无调的歌／却在突然之间／因幕起／因灯亮／因众人的鼓掌”共同筑就成的。田晓菲与北大的际遇：“正是在北大，我从那个无忧无虑的小女孩，一步一步艰难地走向成熟。北大早已不仅仅是哺育我的母校，它是师长，是朋友，是我的一部分，一部分的我。”

在中国思想史上，孔子由人之生死富贵的不可知性而发出不得不接受的无奈与感叹，最早涉猎人生际遇。韩非对际遇作“自然之势”与“人设之势”的分野。虽然后世学者对其“自然之势”理解甚殊，但多指统治者的治国之道非“人设之势”，而是根据所遇合的社会时势、运命趋势而采取相应的施政之策。古代文人往往也因遭际“遇”与“不遇”的不同人生际遇，而留下许多不同思想和感情倾向的作品。即所谓“遇”是指圣主与贤臣遇合，则心怀圣君的“知遇之恩”；“不遇”则是指贤臣、能人不被重用，甚至遭到贬斥，于是有着生非其时、仕途失意的“不遇之感”。

际遇，在古汉语中有“幸、适”之意，在现代汉语中则相当于“幸亏、亏得”，表示“幸运、借助”等意思，有“遇着好机会”的意思。在哲学意义上，际遇不同于遭际、经历、境遇、机会或环境，亦不同于惯常所说的命运。所谓际遇，系指人作为主体与其所处环境遇合时所形成的一种关系及境遇状态。它包含“际”和“遇”两个方面。“际”包括主体与客体之间形成的一种特定关系，包括人与人、人与社会、人与自然的间际性关系；“遇”则表现为同代人与特定历史和社会条件遇合进而形成一代人共同遭际的人生境遇。同时，在历史发展的进程中，每一代人之间也不是孤立的和割裂的，而是相互作用和影响，代际之间承前启后、继往开来，形成不同时代或年代不同的人生际遇。

亚里士多德以“要明白主政的良规，必先学习服从的道理”来定义青年。

回顾历史，漫长的古代社会是一个等级森严的宗法社会，青年被统治阶级及成人社会所压制和统治，难以形成一个相对独立的社会群体，获得相应的社会地位，获得成长和发展的人生际遇。现代意义的青年是工业化对劳动市场客观需要的产物，青年作为工业生产的预备队从儿童社会分离出来，又同成人社会保持一段距离。生产者和边际人的二重性，决定了青年具有自身的社会角色、社会功能和社会地位，有着自身的价值立场和利益诉求。改革开放以来，社会资源的存在、获得与占有方式出现了多元化，除体制内的政府部门、事业单位、国有企业，其他各种经济形式如集体的、合作的、外资的、个体的多种经营所有制并存，社会资源占有主体多元而复杂，分化程度高，方式更加多样，并产生不同的价值导向和标准。在市场经济和开放多元的社会场域下，社会资源获得和社会流动机制发生了很大的变化。青年一代不再经由政府的统一计划和分配来进行直接的交换与分配，而是按照不同的标准和尺度，通过不同的途径和方式，从不同的来源处以获得所需要的社会资源，实现自己的人生理想。在此之下，青年人的人生际遇发生了深刻的分化。这种分化具体表现为社会资源生产、分配、占有和享用的不平衡性，既有纵向的，也有横向的。纵向上，表现为青年群体与居于主导地位的成年人社会群体的差距越来越大，两者形成一种相互认同、接纳和选择的复杂关系，青年一代面临与其他社会成员以及上一代人之间关系的重建。一部分青年虽然生理成熟了，也到了成人的生理、心理和社会年龄，却难以享有一切社会权利，产生各种形态社会化的飘忽和边缘化现象，进入不了成人社会，更难进入社会主导力量，因而产生一系列新的问题，诸如草莓族、校漂族、啃老族、蚁族、躺平族，等等。与此同时，青年一代进入成人世界特别是成为社会主导力量的门槛更高了，入场券也似乎更贵了。青年作为生产的预备队与成人社会的距离变得越来越大。他们需要接受更高层次、更加复杂的教育与培训，在就业、购房、成家立业等方面也面临更大的压力，需要更长时间准备才能完成。这虽然是高等教育得以大众化、普及化的社会动力和客观基础，但毋庸置疑，青年由“边际人”向成人社会过渡的标准更高、周期更长了，其中的矛盾和问题自然也复杂多了。青年一代在形成自身特殊和独立的价值标准、利益取向、行为方式，由此发展成为具有相对独立社会地位和代际属性的社会群体的过程中，获得通过奋斗改变自己前途命运、实现自身价值的人生际遇，但同时也面临求学、择业、娱乐、友谊、恋爱、婚姻、住房、社会保障等方面一系列具体挑战与困惑。

在纵向分化的同时，横向上的分化也不容忽视，表现为来自不同区域、城乡、行业、单位、学校以及家庭的青年之间差异日益凸显和尖锐化，并出现所谓“官二代”“富二代”“农民工二代”“穷二代”现象。新生代农民工、高校毕业生在社会融入、就业创业、婚恋交友等方面，出现很多迫切需要解决的困难和门槛，涌现出相当多身处底层的青年群体即所谓“屌丝”“蚁族”。他们承受着高学费、高房价、高生活成本、高就业门槛、高工作压力，有的甚至处于一种“青春无处安放”的蜗居状态。同时，新一代青年进入党政机关、事业单位、国有企业的机会也越来越困难。随着市场经济和社会领域的不断扩大，他们大量进入各种新社会组织、新经济组织，有的加入外卖大军、快递小哥等新就业群体，有的甚至在网络空间、虚拟社会中寻求数字化生存。

进入新时代，习近平总书记高度重视和关心青年特别是大学生群体的成长，勉励青年一代抓住历史际遇、时代际遇和人生际遇，建功立业，实现人生价值。2016年，习近平总书记在全国高校思想政治工作会议上指出：“每一代青年都有自己的际遇。现在高校学生大多是‘九五后’，再过两年，新世纪出生的青少年也将走进高校校园。他们朝气蓬勃、好学上进、视野宽广、开放自信，是可爱、可信、可为的一代。对当代高校学生，党和人民充分信任、寄予厚望。”[①]2014年，在北京大学师生座谈会上，他指出：“现在在高校学习的大学生都是20岁左右，到2020年全面建成小康社会时，很多人还不到30岁；到本世纪中叶基本实现现代化时，很多人还不到60岁。也就是说，实现‘两个一百年’奋斗目标，你们和千千万万青年将全过程参与。有信念、有梦想、有奋斗、有奉献的人生，才是有意义的人生。当代青年建功立业的舞台空前广阔、梦想成真的前景空前光明，希望大家努力在实现中国梦的伟大实践中创造自己的精彩人生。”[②]应当说，国家发展、社会变革和时代进步，为新时代青年特别是大学生

① 中央文献研究室.习近平关于青少年和共青团工作论述摘编[M].北京:中央文献出版社,2017:9.

② 习近平.青年要自觉践行社会主义核心价值观:在北京大学师生座谈会上的讲话[M].北京:人民出版社,2014:14.

提供了宽阔的人生舞台，民族复兴的中国梦也为每个青年成就自己的人生梦想提供了丰富的时代际遇。同时，高等教育也要根据际遇的理论内涵和现实特点，找准着力点，为新时代大学生把握人生际遇和成功实现人生出彩提供有效的路径策略。

二、引导新时代大学生把握人生际遇的高等教育使命

（一）引导大学生在秉承党和人民信任嘱托中把握人生际遇

在马克思看来，“人并不是抽象的栖息在世界以外的东西。人就是人的世界，就是国家，社会。”[①]显而易见，在马克思看来，人在本质上就是周围世界的产物，主体在本质上就是主体际性[②]。换言之，人的本质不是孤立的存在物，而是存在于人与人之间的社会联系之中，人作为主体在本质上就具有一种主体间性。人与人这种主体间性既表现为一种共时性关系，即每个人的生存与发展无不需要结成一定的社会关系。这种社会关系不以任何个人的意志为转移，并从根本上规定着个体的本质。同时，人与人这种主体间性也表现为一种继时性存在，即父母与子女、上一代人与新一代人的传承与接续关系。“历史的每一阶段都遇到有一定的物质结果、一定数量的生产力总和，人和自然以及人与人之间在历史上形成的关系，都遇到有前一代传给后一代的大量生产力、资金和环境，尽管一方面这些生产力、资金和环境为新的一代所改变，但另一方面，它们也预先规定新的一代的生活条件，使它得到一定的发展和具有特殊的性质。”[③]因此，人生际遇不是孤立存在的，而是存在于同一历史社会条件下的一代人之中，也存在于不同历史社会条件下的代际之间的传递之中。

新时代人生际遇是中国共产党领导全国人民长期奋斗和努力为青年一代创造形成的。青年是党和国家的未来和希望，是标志时代的最灵敏的晴雨表，时

① 马克思，恩格斯. 马克思恩格斯全集：第一卷[M]. 北京：人民出版社，1956：452.

② 俞吾金. 主体际性、客体际性和主客体际性：马克思实践唯物主义关系理论探要[J]. 河北学刊，2007(2)：1-6.

③ 马克思，恩格斯. 马克思恩格斯全集：第三卷[M]. 北京：人民出版社，1960：43.

代的责任赋予青年，时代的光荣属于青年。同时，国家的前途，民族的命运，人民的幸福，是当代中国青年必须和必将承担的重任。为此，要教育引导新时代青年秉承党和人民的信任和嘱托，走好新一代人的长征路，在建成社会主义现代化强国、实现中华民族伟大复兴的接力跑中跑出更好的成绩，在为祖国、为人民、为民族、为人类的奉献中赢得自己的人生际遇。相反，离开祖国需要、人民利益，任何孤芳自赏都会陷入越走越窄的狭小天地；任何脱离祖国和人民利益的精致的利己主义思想，投机取巧、自作聪明，最终都将无缘于新时代的人生际遇。

（二）引导大学生在实现中国梦的接力奋斗中把握人生际遇

际遇不仅存在于人与人之间的关系之中，而且不可避免地存在于主体与客体亦即人所认识、改造、占有或享用的客体对象之间的关系之中。所谓客体即指直接或间接地满足人的需要的生产和生活资料，亦即人在生存活动和其他活动中必定与之打交道的、各种各样的物品或事物。具体表现为人们需要接受一定的教育、掌握一定的知识，以及拥有一定的物质、精神生产和社会资料，如住房、就业、收入，进一步表现为一个人的工作成就、社会地位，等等。事实上，人的际遇很大程度上就是受制于这些客体，并以这些客体认识、改造、占有或享用为目的的。这些客体同样不是抽象的、孤立的和静态存在的，而是存在着复杂的相互关系，表现出一种客体间性。这种客体间性不仅表现为客体之间客观存在的相互关系，更是人与人及其形成的复杂的社会关系的表现。它们被人所需要、生产、占有和享用，进而形成人的不同生存和生活际遇，连续起来进一步形成一个人的人生际遇，不同的人也因此形成不同的人生际遇。

习近平总书记在十八届中央政治局常委同中外记者见面讲话中指出："我们的人民热爱生活，期盼有更好的教育、更稳定的工作、更满意的收入、更可靠的社会保障、更高水平的医疗卫生服务、更舒适的居住条件、更优美的环境，期盼孩子们能成长得更好、工作得更好、生活得更好。人民对美好生活的向往，就是我们的奋斗目标。"①人民对美好生活的向往反映了主体对其依赖的客体对

① 习近平等十八届中共中央政治局常委同中外记者见面[EB/OL].(2012-11-15)[2023-12-01].http://jhsjk.people.cn/article/19591246.

象的需求。这种需求及其实现受制于主体与客体之间形成的复杂的社会关系，根本上决定于一定的生产关系及其性质。新时代面临着人民的美好生活向往与不平衡不充分的发展之间矛盾，具体化为人们对生产和生活资料等客体的需要、生产、分配和享用的不平衡、不充分，进而形成不同的生存和生活境遇，带来不同的人生际遇。

诚然，我们党领导人民全面建设小康社会、进行改革开放和社会主义建设的根本目的，就是要通过发展社会生产力，不断提高人民物质文化生活水平，促进人的全面发展和实现美好生活向往。实现中华民族伟大复兴的中国梦，就是要建成富强、民主、文明、和谐的社会主义现代化强国，解决不平衡、不充分的发展给人民群众带来的生活和发展水平的不平衡、不充分问题，实现全体人民共同富裕和美好生活向往。然而，中国梦及美好生活向往的实现不是天上掉馅饼，更不是什么静待花开。习近平总书记指出："中国梦是历史的、现实的，也是未来的；是我们这一代的，更是青年一代的。中华民族伟大复兴的中国梦终将在一代代青年的接力奋斗中变为现实。"① "我衷心希望每一个青年都成为社会主义建设者和接班人，不辱时代使命，不负人民期望。对广大青年来说，这是最大的人生际遇，也是最大的人生考验。"②

为此要教育引导新时代大学生充分认识到，中国梦是国家的梦、民族的梦，也是包括广大青年在内的每个中国人的梦。人生目标会有不同，职业选择也有差异，但只有把自己的小我融入祖国的大我、人民的大我之中，与时代同步伐、与人民共命运，才能更好实现人生价值，获得新时代人生际遇。反则，任何孤芳自赏都会陷入越走越窄的狭小天地，任何视探索尝试为畏途、把负重前行当吃亏、"躲进小楼成一统"的逃避责任的思想和行为，都成不了事，也难以获得人生际遇和快乐。新时代青年只有珍惜这个时代、担负时代使命，在担当中历练，在尽责中成长，才能让人生在实现中国梦的接力奋斗中放飞青春梦想，在实现中国梦的伟大实践中实现人生出彩，创造美好生活。

① 习近平.在北京大学师生座谈会上的讲话[M].北京：人民出版社，2018：14.

② 习近平.在北京大学师生座谈会上的讲话[M].北京：人民出版社，2018：11.

（三）引导大学生在建功立业新时代的能动性实践中把握人生际遇

进一步而论，主体与主体、主体与客体之间的关系并不是抽象的和单方面的，而是一种感性的对象性存在。换言之，际遇不是我-物、我-他、主-客的二元状态，而是二者遇合激发主体的能动性实践的结果。马克思在批判从前的一切唯物主义的主要缺点时指出："对对象、现实、感性，只是从客体的或者直观的形式去理解，而不是把它们当作感性的人的活动，当作实践去理解，不是从主体方面去理解。"①换言之，主体与主体（人与人）、客体与客体、主体与客体之间的关系不是抽象的和单方面的，而是一种感性的、对象性的现实存在，这种感性的、对象性的现实存在表现为一种主客体间性，既区别于主体在状态的客体及其客观环境，也有别于主体内在需要及其主观心理活动。人作为实践主体与特定时空环境遇合形成的一种主客体间性，不是物-我、他-我、主-客的二元分离，而是每个人与所遇合的特定社会环境的淬火交融，是物-我、他-我、主-客之间的互动共生，凸显人作为在场的主体与周遭环境之间的能动性实践的作用。

诚然，人作为一种有意识的动物，实践活动在其本质形成中起着决定性作用。这种主客体间性既可能成为一个人或一代人成长和发展的资源、机会，也可能成为其成长和发展的一种限定和钳制；相反，作为实践主体的人对于际遇所提供的资源、机会或限定和钳制，既可能是积极的作为、担当和利用，也可能是一种回避、退让或是抵制、抗争。这些积极的或消极的实践性活动，正是作为实践主体的人对于人生际遇的自觉或不自觉地把握。因此，新时代青年在从主体与主体、主体与客体的社会关系中把握人生际遇的同时，还应通过主体自身的能动性实践，在改变客体世界的同时不断改变自身，创造属于自己而又无愧于社会和时代的人生际遇。

为此，要按照习近平总书记重要讲话精神教育引领青年，生活从不眷顾因循守旧、满足现状者，从不等待不思进取、坐享其成者，而是将更多机遇留给善于和勇于创新的人们。广大青年要珍惜新时代人生际遇，立足本职、埋头苦

① 马克思，恩格斯．马克思恩格斯选集：第一卷［M］．北京：人民出版社，1995：54.

干，从自身做起，从点滴做起，用勤劳的双手、一流的业绩，用建功立业新时代的能动性实践，在实现“两个一百年”奋斗目标的伟大历史进程中成就自己的出彩人生。青年时期多经历一点摔打、挫折、考验，历练宠辱不惊的心理素质，坚定百折不挠的进取意志，保持乐观向上的精神状态，变挫折为动力，从挫折中吸取教训，方能走好一生路，使人生际遇获得升华和超越。

总之，教育引导新时代大学生把握人生际遇，既要从其所处的历史和社会的现实环境、境遇来把握，也要从青年自身的现实处境、生境来把握，更要从两者的耦合所形成的互动关系来整体把握。要坚持关心厚爱和严格要求相统一、尊重规律和积极引领相统一，教育引导自觉把握新时代人生际遇，用勤劳的双手和诚实的劳动创造美好生活；同时，要积极为他们创造人人努力成才、人人皆可成才、人人尽展其才的发展条件，培养造就德智体美劳全面发展的社会主义建设者和接班人。这是事关党和国家前途命运的重大战略任务，是全党的共同政治责任。

新时代本科生如何“务本”①

《论语·学而》有云：“君子务本，本立而道生。”君子专心致力于根本的事务，根本建立了，治国做人原则就有了。《礼记·学记》也云：“三王之祭川也，皆先河而后海，或源也，或委也，此之谓务本。”时代快速发展到今天，高等教育普及化使大学生变成一个相当复杂的概念：有大本，有研究生，也有高职高专；有出国留学的“海归”，有地地道道的“土鳖”。在本科生部落中，有北大清华的，有985和211，一本的，二本的。同是本科，有第一学历本科的，有专升本的，有二学历甚至三学历是本科的；有文科的、理科的、医科的、工科的；有免费的，自费的；有自主招生的、保送推荐的、本硕连读的，还有中外合作的。这一切使“大学生”成为一个成分复杂的概念，当年的“本科”金字招牌似乎被稀释，甚至贬值了。社会对于本科生的认同与接收，也变得复杂起来，甚至出现大学生与农民工抢饭碗。于是，本科生进校后出现考证热、考研热、双本热，或是想方设法转入热门专业，也有一些出现彷徨悲观，成为躺平一族。

那么，本科生的根本究竟是什么呢？本科生如何打好基础，选准方向，为未来生涯发展“固本”？“本科”是“大学本科生”的简称，最早指“高等院校中尚未或正在修习的领域得到学士学位或者第一专业学位的学生”。在联合国教科文组织《国际教育标准分类》中，本科是高等教育的中级层次，属第三级第一阶段（授予大学第一级学位或同等学力证书）教育，本科与专科教育、研究生教育构成高等教育的三个层次。本科生如何强基固本，本科生怎样务本？以下笔者从三个方面和大家一起来探索。

一、从本科与社会发展的关系看本科生怎样务本

21世纪以来，我们经历计划经济向市场经济的转型。在计划经济模式下，

① 本节是在作者为2020级安徽师范大学新生做入学教育报告文稿的基础上整理而成。

高等学校从招生到培养、毕业分配，整个过程都是被“计划”了，人只有按照已掌握的本科阶段的课程和知识，来解决岗位上问题——以不变应不变，本科基本成为一种“老本”，够管一辈子，啃老本就行了。1992年以来，我国开始向市场经济转型，社会资源走向了市场配置，打破了部门、行业之间界限，仅靠某一方面专业知识和技能不能适应人才市场需要的；双向选择、自主择业的就业制度，使人才市场竞争更加激烈，学生必须具有较宽的知识面、多方面能力才能适应市场多样化需要。市场经济是一种“主体性经济”，要求大学教育必须主体化，培养具有高度主体性（独立性、主动性、创造性）的人才。

概括起来说，计划经济是以已知解决已知——以知识为本，重视基本知识的掌握，人与人因知识而被分化，人才是一个固化的统一标准。计划经济向市场经济转轨是“用已知解决未知”——注重学生基本知识应用能力。成熟市场经济是“以未知对未知”——重视意外情况对知识的应用，不是以不变应不变、以不变应万变，而是以变应变。用人单位对人才的要求是高素质、多能力、通用型人才，不一定是专业对口的，而是多样性、个性化、选择性和创造性的人才。

在市场经济下，本科之“本”不再是固化的学科知识，而应该形成具有宽泛知识基础、广泛适应能力、获取知识和更新知识的能力、不断适应变化的创造能力，即“以变应变”的能力。1993年7月，国家教委《普通高等学校学科门类和专业目录》设504种专业。1998年教育部公布的专业目录共11个学科门类，专业249种。2022年本科专业一共分有12个学科门类，92个学科大类，771个具体专业。总体来看，本科专业在培养目标和课程开设上，更加重视加强基础、增强适应性：教学计划上拓宽专业面，按大类培养，增强适应性，注重全面素质的培养。我校本科教育之所以成功，就是秉承“厚基础宽口径”人才培养传统。

二、从本科与知识发展的关系看本科生怎样务本

知识是高等教育的逻辑起点，大学的学科和专业都是一个个相互区隔又有一定关联的知识单元。教师通过一定的课程及教学手段，将加工整理的知识传

授给受教育者，是知识的整理和传播过程；学生在教师指导下将一定的知识转化为内在素质的过程，即知识内化过程。

随着新科技革命的兴起，大学所整理、传播、转化的知识出现新的特点：人类创造的知识呈指数级增加，知识增加1倍，在19世纪需要50年，现在只需3~5年，同时知识陈旧周期缩短，科技发展一方面继续分化，一方面又高度综合，在分化和综合中不断产生交叉学科、边缘学科和横向学科；科学技术转化生产力的速度越来越快。人类知识总量增加、更新速度的加快，使得本科生不可能像过去那样，“百科全书”式地掌握所有知识，只有学习一些基础性强和共性基础知识以及本学科较为前沿的知识和理论，才能为后续学习（包括研究生阶段学习和直接进入社会后的继续学习）打下好的基础。为了适应科技发展的要求，本科之本越来越注重宽厚的知识基础、融会贯通的能力；同时，本科生要学会学习，具有不断更新知识结构的能力。

联合国教科文组织指出21世纪教育的四大支柱：学会认知，学会做事，学会共同生活，学会生存。学会认知——掌握认知的方法（授人以渔），才能够有尊严地生活，才能形成终身与科学为伴的学习习惯与素养。学会做事——学会在不同的环境中工作，能够应付各种事情，包括意想不到的事情；一生都在不断做事和不断学习中度过。学会共同生活（共存）——有认识自己和理解他人的素养，有为实现共同目标而努力的意愿。学会生存——提高生存质量的前提是人的全面发展；全面发展的人应具有独立自主、富有批判精神的思想意识，应该具有判断能力。

三、从本科与人生发展关系看本科生怎样务本

2021年全国共有高等学校3012所，其中，普通本科学校1238所，各种形式的高等教育在学总规模4430万人，高等教育毛入学率57.8%。在此之下，本科在人生发展中发挥什么作用?

观点一：“本科是高等基础教育”——本科在高等教育中处于基础性层次，为人的进一步发展奠定基础。本科人才培养应面向基层与实际工作第一线，培养的不是高级专门人才，而是未来高级专门人才的“毛坯子”。

观点二：专业教育——本科是高等专业教育。“专业性职业”不同于一般“普通性职业”如秘书、售货员、司机、修鞋匠，而是经过特殊的教育或训练掌握了已经证实的认识（科学或高深的知识），具有一定的基础理论的特殊技能，成为专业性人才，为使人们成为专业工作者，如医生、律师、建筑师、会计师等。

观点三：本科高职——技术应用型本科教育。虽然我国目前高等职业教育以高等专科为主，但本科也应该存在职业教育，培养“技术应用型”人才。高等职业教育是一种教育类型，而不是一种教育层次，未必限定在专科层次。这种观点认为，本科教育应当着重培养应用型人才。

看来，不同类型、层次、科类，本科之“本”不同，本科定位是多样化的，每个人应根据自己的目标进行具体选择。无论你考研深造、毕业后在专业内就业，还是从事与专业有关的工作，或是与专业没有多大关系的工作或者创业，无论你成为学者大家，还是高官要员、普通专业工作者，本科之本都在供应着、滋养着、支撑着、引领着、也激励和约束着你！从我本人的切身体会看，大学毕业后职业路向、路线会不断发生转变，然而本科一直是我学习和发展的支点，在此基础上不断担任新的角色、面临新的工作岗位和环境，胜任新的工作任务，探索新的学术领域。围绕本科所确立的方向，不懈学习与研究、努力和进取，力争取得成就。无论得失、荣辱、顺逆，形成一种兴趣、一种生活方式、一种安身立命之所。

对此，2015年联合国教科文组织《反思教育：向“全球共同利益”的理念转变?》，提出所有青年都需要具有三类技能：基础技能、可转移技能和职业技术技能。

（1）基础技能。最基本的基础技能包括找到薪金能够满足日常需要的工作所需的读写和计算技能。这些基础技能同时也是接受进一步教育和培训以及获得可转移技能和职业技术技能的前提条件。

（2）可转移技能。找到工作和保持工作，需要可以转移和适应不同工作需求及环境的多种技能。可转移技能包括：分析问题，找到适当的解决办法，有效地交流思想和信息，具有创造力，体现出领导能力和责任感，以及展示出创业能力。在一定程度上，这些技能是在学校环境外培养而成的，但可通过教育和培训来进一步完善这些技能。

（3）职业技术技能。许多工作需要特定的技术专业知识，从种植蔬菜、使用缝纫机、砌砖或木工，到在办公室里使用电脑，无不如此。职业技术技能可以通过与中学教育和正规职业技术教育相联结的工作场所获得，或通过包括传统学徒制和农业合作社在内的基于工作的培训获得。

大家都知道，安徽师范大学本科毕业生在学界是名声远扬的，共涌现出5位两院院士，22位“长江学者”特聘教授，46位国家“杰青”，这是多数“双一流”大学都比不上，更是师范大学中的翘楚。67级校友王如松院士说：“机遇面前能抓住、挫折面前能挺住、荣誉面前能忍住。”81级校友韩斌院士说：“科研工作既像长跑，没有终点，又像爬山，需要坚持。从事科学研究，要打好基础，开阔视野，耐住寂寞；要善于分析，勤于归纳，不断总结，练就透过表象把握本质的本领。”83级校友汪卫华院士：“人生就像盖房子，要提前规划设计好，作为在校大学生要尽早树立人生目标，做好职业生涯规划，并为之持之以恒努力。做人要有不畏艰辛的勇气，成功之门往往是虚掩的，青年人要勇于尝试，大胆创新，多‘出去闯一闯’，开阔眼界，增长见识，丰富内涵。学生在大学期间要加强综合能力锻炼，特别要善于学习与总结、培养情商、练习写作。”如果你毕业后想就业，那就听听84级校友、今年刚刚荣获“全国教书育人楷模”的安徽省霍邱一中校长、正高级教师、全国先进工作者杨明生老师给本科生的赠言：“大学四年很重要，学习习惯、生活习惯、写作习惯、工作习惯等，务本科之本，奠未来之基！”

本科之本究竟是什么，笔者的理解是：本科之本是一种为人生发展注入成功基因并不断分化、裂变、移植和再生的能力，是一种成熟稳固的价值观，是一种自我期望、愿景并不断超越现实直至实现的旨趣与毅力。本科之本是一种在复杂社会环境和漫漫人生路上的执着追求，是一种对国家和社会需要具有广泛适应性的责任担当，是一种对多种可能性和风险的一种理性判断与选择，是一种对科学问题保持持久兴趣并勇于创新的学术旨趣，是一种不辍学习和自我超越的反省思维和进取精神。

第三章　高校教师队伍建设研究

论大学教师的地位、责任与作为

一、强教大计，重在“强师”；强师大计，重在“青椒”

教师之于教育，大师之于大学，对此意义与价值，党和国家领导人及中外教育家都有许多非常深刻的论述。每每学习和重温这些重要论述，总能让我们有新的启示。2013年教师节前夕，习近平总书记在给广大教师的慰问信中就曾指出：“教师是立教之本、兴教之源，承担着让每个孩子健康成长、办好人民满意教育的重任。”[①]2023年5月29日，中共中央政治局关于建设教育强国集体学习时，习近平总书记强调：“强教必先强师。要把加强教师队伍建设作为建设教育强国最重要的基础工作来抓，健全中国特色教师教育体系，大力培养造就一支师德高尚、业务精湛、结构合理、充满活力的高素质专业化教师队伍。”[②]在对全体教师提出期望和勉励的同时，习近平总书记特别对大学教师提出更高的要求，2018年，在北京大学师生座谈会上指出：“人才培养，关键在教师。教师

① 习近平.习近平书信选集:第一卷[M].北京:中央文献出版社,2022:10.

② 习近平在中共中央政治局第五次集体学习时强调 加快建设教育强国 为中华民族伟大复兴提供有力支撑[EB/OL].(2023-05-29)[2023-12-01].http://www.moe.gov.cn/jyb_xwfb/s6052/moe_838/202305/t20230529_1061907.html.

队伍素质直接决定着大学办学能力和水平。建设社会主义现代化强国，需要一大批各方面各领域的优秀人才。这对我们教师队伍能力和水平提出了新的更高的要求。”[①]

再来考察中外教育家关于大学教师的论述，其中一个重要共识是，一所大学有没有影响，实力强不强，最主要的是教授的素质和水平。1931年12月2日，梅贻琦校长在清华大学就职演讲中说道，办学校，特别是办大学，应有两种目的：一是研究学术，二是造就人才。一个大学之所以为大学，全在于有没有好教授。孟子说：“所谓故国者，非谓有乔木之谓也，有世臣之谓也。”我现在可以仿照说：“所谓大学者，非谓有大楼之谓也，有大师之谓也”[②]。他从1931到1948年连任清华大学校长，成为清华大学历史上任期最长的校长。期间，他始终重视教师队伍建设，发挥教授的作用，成为对清华大学的成长贡献巨大、受到所有清华人崇敬的校长。加州大学伯克利分校122年校史上也是美国历史上第一位华裔及亚裔大学校长田长霖先生曾说，加州理工学院为什么能成为著名大学，它的腾飞就是靠两个教授：一个是密立根，物理诺贝尔奖获得者，他使这个学校的实验物理迈进了世界一流；另一个是冯·卡门，钱学森先生的老师，他把美国的航空技术带动起来了。有了这两个人，加州理工学院就世界知名了[③]。田先生指出，中外高水平大学在设施上差距不大，中国有的大学的设施已超过美国的大学，差距在两条，一是师资队伍，二是校长的管理水平。该校有10多名诺贝尔奖获得者，院士有200多名。他当时不让学生开车进校园，因为弄不好，一碰就是一个诺贝尔奖获得者，一碰就是一个院士[④]。

基于历史经验和办学规律共同揭示“兴校大计，在于强师”的重要结论，我们应进一步认识到“强师大计，重在青年”的重要认识。毛泽东同志说过：“青年是整个社会力量中的一部分最积极最有生气的力量。”[⑤]邓小平同志曾指出：“青年一代的成长，正是我们事业必定要兴旺发达的希望所在”[⑥]。习近平

① 习近平.在北京大学师生座谈会上的讲话[M].北京:人民出版社,2018:7-8.

② 刘述礼,黄延复.梅贻琦教育论著选[M]北京:人民教育出版社,1993:10.

③ 刘献君.论高校学科建设[J].高等教育研究,2000(5):16-20.

④ 刘献君.关于师资建设和管理的几个问题[J].高等教育研究,2003(4):45-49.

⑤ 中共中央文献研究室.毛泽东文集:第六卷[M]北京:人民出版社,1999:466.

⑥ 邓小平.邓小平文选:第二卷[M].北京:人民出版社,1994:95.

总书记更是多次对青年和青年工作作出重要指示："建设世界一流的中国特色社会主义大学，培养社会主义建设者和接班人，必须有世界一流的大师。要高度重视教师队伍建设，特别是要加强中青年教师骨干的培养"[①]"大学教师对学生承担着传授知识、培养能力、塑造正确人生观的职责。教师要成为大先生，做学生为学、为事、为人的示范，促进学生成长为全面发展的人。"[②]

青年教师昵称"青椒"，既是青年，又是教师，是担任教师职务的那部分青年人。国家统计局规定15～34岁的人为青年，但一个人要成为教师特别是高校教师，社会化完成过程或者说职业准备要相对长一些。因此，很多文件对高校青年教师的年龄范围放宽了一些。教育部《高等学校优秀青年教师教学科研奖励计划实施办法》规定，在申报当年1月1日，自然科学类不超过40周岁，社会科学类不超过45周岁。教育部人文社科项目申报办法规定，青年基金项目申请者，年龄不超过40周岁。国家自然科学基金申请规定，青年基金项目，女性申请人的年龄限制推迟至未满40周岁，男性申请人的年龄限制维持未满35周岁不变。国家社科基金要求青年项目申请人（包括课题组成员）年龄不得超过39周岁。但无论是35岁，还是40岁，高校青年教师的年龄规定，都比一般意义的青年年龄更加宽限了。2022年，全国高等教育专任教师197.78万人[③]。其中，39岁以下的青年专任教师有949363人，占高校专任教师总数的48%[④]。这个比例结构既反映了"长江后浪推前浪、江山代有人才出"的自然规律，也有我国高等教育大众化迅速推进的社会原因。1999年，我国高等教育开始扩招，高等教育规模持续大规模增长，高校在校生人数从1998年的340.88万，一路飙升到2010年的3105万，位居世界第一。到2022年，我国已建成世界最大规模的高等教育体系，全国共有高等学校3012所，在学总人数达到4430万人，2021年高等教育

---

① 习近平.坚持党的领导传承红色基因扎根中国大地 走出一条建设中国特色世界一流大学新路[EB/OL].(2022-04-26)[2022-12-01].http://jhsjk.people.cn/article/32408765.

② 坚持中国特色世界一流大学建设目标方向 为服务国家富强民族复兴人民幸福贡献力量[EB/OL].(2021-04-20)[2022-12-01].http://jhsjk.people.cn/article/32082334.

③ 2022年全国教育事业发展统计公报[EB/OL].(2023-07-05)[2023-12-01].http://www.moe.gov.cn/jyb_sjzl/sjzl_fztjgb/202307/t20230705_1067278.html.

④ 教育部.2022年全国高等教育专任教师分年龄结构情况[EB/OL].(2023-07-05)[2023-12-01].http://www.moe.gov.cn/jyb_sjzl/moe_560/2022/quanguo/202401/t20240111_1099787.html.

毛入学率达57.8%，实现了历史性跨越[①]。

在办学规模迅速增长的同时，高校教师队伍也迅速扩大，一个十分重要的来源是大批青年教师加入进来，成为高校教师队伍的重要有生力量。在现有高校专任教师队伍中，39岁以下的专任教师占48%，也就是说，有近一半的教师从教时间不长，工作经验不足。2022年，普通本科高校教师博士学位教师占比38.21%[②]，这就是说，有60%左右的教师只具有硕士或学士、大学毕业文凭。这两项统计反映出，我国高校教师队伍整体质量是不尽如人意的。尽管出现这种状况有其历史的客观原因，但为了建设高等教育强国，我们应当尽快提高高校教师队伍的质量，特别是要加强青年教师培养。国家《教育规划纲要》提出，要“以中青年教师和创新团队为重点，建设高素质的高校教师队伍”。此后教育部颁发的《全国教育人才发展中长期规划（2010—2020年）》提出，要以中青年教师和创新团队为重点，加强高校教师队伍建设，着力建设一支适应全面提高高等教育质量需要的高等教育人才队伍。2020年，教育部等六部门出台《关于加强新时代高校教师队伍建设改革的指导意见》，提出要以强化高校教师思想政治素质和师德师风建设为首要任务，以提高教师专业素质能力为关键，以推进人事制度改革为突破口，遵循教育规律和教师成长发展规律，为提高人才培养质量、增强科研创新能力、服务国家经济社会发展提供坚强的师资保障；该指导意见还特别提出要强化青年教师培养支持，解决青年教师后顾之忧，鼓励高校对优秀青年人才破格晋升、大胆使用，根据学科特点确定青年教师评价考核周期，鼓励大胆创新、持续研究，鼓励采取多种办法提高青年教师待遇，确保青年教师将精力放在教学科研上[③]。

---

① 教育部.中国高等教育进入普及化发展阶段 接受高等教育人口达2.4亿[EB/OL].(2022-05-17)[2023-12-01].https://hudong.moe.gov.cn/fbh/live/2022/54453/mtbd/202205/t20220518_628434.html.

② 教育部:全国普通高校本科教育教学质量报告(2023年度)。

③ 教育部等六部门关于加强新时代高校教师队伍建设改革的指导意见[EB/OL].(2020-12-24)[2022-12-01].http://www.moe.gov.cn/zhengce/zhengceku/2021-01/27/content_5583070.htm.

二、坚守大学使命，担当大学教师为师之责

大学教师是专业技术人员，是国家高层次人才队伍的主要组成部分，在国家人才队伍建设中具有十分重要的地位。大学教师既有着教师职业的一般共性，也存在自身的一些特质。大学教师的社会角色和职责是什么，我们需要从大学职能的历史演变过程来认识。

中世纪大学并不完全是培养人才，而主要在于追求学术，是在探讨高深学问、追求高深知识的学术研讨中实现人才培养的。此时，大学教师首先是从事学术研究的人，是以追求知识、学问和真理为目的的，一般不大追求如何传授知识的技巧与艺术。大学教师是“学者共同体”，首先是知识的研究者和探求者，其次才是知识的传授者，集学术研究和人才培养这两大任务于一身，兼具两种社会角色——学者和教育者，发挥两方面的社会作用——发展学术和培养人才。文艺复兴后，大学之外的专门学术研究机构兴起，培养人才的职能已经取代学术研究而上升为大学的首要职能。知识生产和传播越来越服务于人才培养，大学教师身份已经由过去的学者演变为教者。教师的教学活动从无意识的摸索和经验积累发展成为一门科学和艺术——教育科学。19世纪，德国的柏林大学和美国的约翰·霍普金斯大学开始强化大学的学术和科学研究功能，强调大学要实现教学与科研的并重，注重科学研究对人的心智培养的作用；或者说，大学的科学研究是为人才培养服务的。20世纪初，查尔斯·范海斯担任威斯康辛大学校长期间（1904—1918年），正是威斯康辛州的农业由小麦转向畜牧业和以乳制品为主的转型期，对专门技术和管理人才的需求十分迫切。范海斯校长顺应这一需求，提出“大学必须为社会发展服务”的办学理念。范海斯校长有一句名言：“鞋子上沾满牛粪的教授是最好的教授。”威斯康辛大学开创的大学直接为社会服务的办学理念，被后人称之为“威斯康辛思想”。威斯康辛大学麦迪逊校区的教职员和校友至今共获17个诺贝尔奖和24个普立兹奖；现职的教职员中有53位是国家科学研究院院士，有17位是国家工程研究院院士，9位赢得了国家科学奖章。“威斯康辛思想”拓展了现代大学的社会职能，也拓宽了大学教师的社会角色。服务社会、走产学研相结合之路，既成为对大学教师的要求，

也成为大学教师发挥社会作用、实现自身价值的新舞台。

习近平总书记高度重视高等教育，对高校教师提出殷殷嘱托和期望。2018年，习近平总书记在北京大学师生座谈会上指出：“教育兴则国家兴，教育强则国家强。高等教育是一个国家发展水平和发展潜力的重要标志。今天，党和国家事业发展对高等教育的需要，对科学知识和优秀人才的需要，比以往任何时候都更为迫切。”① “人才培养，关键在教师。教师队伍素质直接决定着大学办学能力和水平。建设社会主义现代化强国，需要一大批各方面各领域的优秀人才。这对我们教师队伍能力和水平提出了新的更高的要求。同样，随着信息化不断发展，知识获取方式和传授方式、教和学关系都发生了革命性变化。这也对教师队伍能力和水平提出了新的更高的要求。”②

综上所述，随着大学职能及其与社会发展关系的变化，大学教师的社会角色及其职责不断拓展和丰富；或者说，大学职能的拓展最终是要通过大学教师角色及其职能的拓展和方法而实现的。习近平总书记在清华大学考察时指出：“大学教师对学生承担着传授知识、培养能力、塑造正确人生观的职责。教师要成为大先生，做学生为学、为事、为人的示范，促进学生成长为全面发展的人。要研究真问题，着眼世界学术前沿和国家重大需求，致力于解决实际问题，善于学习新知识、新技术、新理论。要坚定信念，始终同党和人民站在一起，自觉做中国特色社会主义的坚定信仰者和忠实实践者。”③与中小学教师相比，大学教师的社会角色更具复杂性——他们既是学者，又是教育者，还是社会服务者和文化传承创新者。大学教师要从入职之日起，深入了解大学使命及其时代要求，担当培养人才、发展科学、服务社会和促进文化传承创新的社会责任。

三、遵循高等教育规律，掌握大学教师为师之道

如果说大学教师为师之责是一种客观的规定，反映了大学的社会使命，那

① 习近平.习近平在北京大学师生座谈会上的讲话[M].北京：人民出版社，2018：4.

② 习近平.习近平在北京大学师生座谈会上的讲话[M].北京：人民出版社，2008：7-8.

③ 习近平在清华大学考察时强调：坚持中国特色世界一流大学建设目标方向 为服务国家富强民族复兴人民幸福贡献力量[EB/OL].(2021-04-20)[2022-12-01].http://jhsjk.people.cn/article/32082334.

么，大学教师为师之道则是大学教师对这种客观规定的一种主观认同与把握，体现在大学教师对大学使命和大学教育规律的认识与实践上，具体要求大学教师正确处理以下三方面的关系：

（一）正确处理教学与科研的关系

教学与科研是大学两种最基本的社会职能，也是大学教师社会责任的两个重要方面，但两者之间的关系是一个争论已久并令人沮丧的话题。现代大学教育中，没有任何问题比教学与科研之间的关系更为根本，也没有任何问题在学术界内外有如此肤浅的想法和倒退性的批评。但是，这一问题又是如此重要，使得我们必须加以研究。因为教学与科研关系的协调与否不仅决定了大学能否更好地发挥其价值，甚至关乎大学存在的合法性以及大学教师的身份认同。大学若作为纯科研建制比不上科研机构有效，而若纯粹是从事教学，就应了洪堡所说的“这样的大学与中小学无异”。

然而，很多大学教师在对学术的理解和追求上往往比较狭窄，即认为学术就是教学、社会工作以外的科研。加上现在一些职称评定、人才评价制度上的导向，使得大学教师普遍存在重科研、轻教学，重科研、轻教研，对人才培养和学校工作造成不利影响，很多教师在教学与科研关系上存在困惑与误区。对此，美国著名学者博耶关于“学术”的概念及大学教师的学术工作的重新界定，对我们理解和处理教学与科研的关系很有启示。他提出①，大学教师承担四种相互独立又互相联系的学术工作：探究的学术、应用的学术、教学的学术以及整合的学术。所谓探究的学术，是指创造、发现新知识，要求学者具有创造性、批判性思维和专业研究技能，通过论文、著作或学术报告来体现其学术水平。所谓应用的学术，是指运用学科专业知识解决重要的个体或社会面问题。这可以理解为教师运用科研成果转化和服务社会，以教师的专业知识解决现实问题（包括行政管理）的学术水平。所谓教学的学术，是指传播知识和改进教学实践的学术。所谓整合的学术，是指促成学科内和学科间建立新的联系的学术。博耶指出，教学作为一种学术性事业，需要教师能迅速掌握新的信息，要沉浸在

① 吕达，周满生.当代外国教育改革著名文献：美国卷第三册[M].北京：人民教育出版社，2004：18.

自己专业领域的知识中；教学是一个能动的过程，需要在教师和学生之间架起理解的桥梁。好的教学不仅是传播知识，同时教师还学习知识，自身也获得发展。如果没有教学这种学术，知识的连续性将中断，人类积累的知识就将面临被削弱的危险。由此，他提出了“教学学术”这一新的大学教学思想，教师的教学学术水平是大学教师专业发展的核心所在。近年来，我国高等教育理论和实践的发展，也在积极探索在中国教育体制和文化中的大学教师教学与科研互动机制和模式，如四川大学致力于在大学教学学术文化的持续浸润中，锻造一流师资队伍，强调以强化教学学术为切入点，全方位丰富卓越学术内涵，推动教师树立追求卓越教学学术和卓越学科学术有机融合的意识（见图1）①，很具有启示意义和借鉴价值。

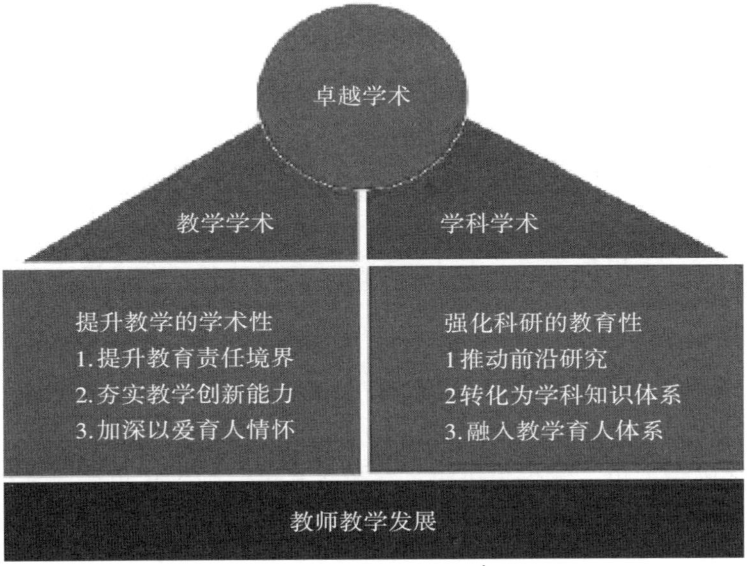

图1 卓越学术引领教师发展的理念示意

概括地说，教学学术可以理解为大学教师专业知识和教育理论知识以及在其学科领域进行教学时，通过教学研究、合作交流、反思实践等活动表现出来的发现、综合、应用的能力。这种学术是大学教师对于“如何才能更好地传播本专业的高深知识”所进行的科学研究的成果，是教师从教学实践中提取问题，通过合适的方法对问题进行研究，将研究成果应用于实践，并与同行进行交流、

① 张红伟，兰利琼．卓越学术的内涵及其引领研究型大学教师发展的策略研究与实践[J]．工程科学与技术，2023(6)：10-14.

反思及接受同行评价的过程。这大致属于我们所讲的高校教研课题、教研项目和教学成果。对于大学教师来说，教学学术与研究学术具有同等重要的意义和价值，应受到同等程度的重视，对于青年教师更是这样。相比来说，大学教师的专业化程度明显低于医生和律师，究其根源就是教学作为大学教师的重要“学术”并没有引起大学及大学教师的高度重视，而研究学术的水平又难以比得上科研机构的专门研究人员、科学家。为此，大学教师虽然归属于不同的学科，拥有不同的研究领域，但大学教师必须关注大学教学本身，必须像参与本学科的专门化知识生产与发现一样，平等地看待本学科的教学、科研与社会服务。同时，教学学术还有助于转变大学教师对于教学的态度，树立新的教学观念，扩展大学教师的科研视角，进而提高大学教师服务社会的能力，最终促进大学教师专业的全面发展。

（二）正确处理教书与育人的关系

与学者的身份相比，教育者是大学教师最基本的社会角色，培养人才是大学教师的第一要务。大学教师之为教师，最根本的在于他是人才培养者。大学教师作为教育者，担负着培养人才的重大社会责任与使命。事实上，梅贻琦先生所谓“大师”也不是那些只顾自身学术研究的学问大师，而是学问道德都好的楷模。他提出，老师不但要“以己之专长之特科知识为明晰讲授”，而且要为学生的“自谋修养、意志锻炼和情绪裁节”树立榜样。为此，他做了一个生动比喻，以老师为大鱼，学生为小鱼，学校犹水也，师生犹鱼也，其行动犹游泳也。大鱼前导，小鱼尾随，是从游也。从游既久，其濡染观摩之效，自不求而至，不为而成。这种“不为而成”，是教书与育人的最深刻、最自然的结合。

如何克服只教书不育人的倾向，关键是大学教师在教书过程中始终怀抱和抒发一种“教育爱”的情怀，包括对教育事业的爱，对学生的爱以及教育人道精神。首先，是对教育事业的爱。教育事业是人类最伟大的事业，不仅传承和创造着人类文化，而且塑造着人的思想和灵魂，其实是关乎人的事业。康德说：“人只有通过教育才能成为人。除了教育从他身上造就出的东西外，他什么也不是。需要注意的是，人只有通过人，通过同样是受过教育的人，才能被教育。”[①]这不仅彰显了人的需教性，同时也凸显了教育者特别是教师对于人的发展的不可或缺性和不可替代性。教师作为教育的重要主体，能否认识到教育事业的重要性，热爱教育事业，是衡量一个教师是否是真正的教师的标准，也是其能否履行教师责任和使命的关键。正是对教育工作的爱，千千万万的教师把自己的青春热血投注到教育事业中去，面对人生的风风雨雨，矢志不渝，乐此不疲。所以，热爱教育事业，献身教育事业，发扬甘为人梯、乐于奉献的精神，是教师最基本的职业规范。现实中，一些教师把主要精力不放在教学工作上，不研究教学，不研究教学内容的更新，不研究教学方法，与学生接触的时间明显减少，很少对学生进行学业指导，“照本宣科”和“满堂灌”盛行，或为在“学生评教”中获得好的评价而一味迎合学生、降低课程要求，以求人人通过、不敢严格要求学生。这种做法既不能教好书，更是育人的失职行为。

其次是对学生的爱。师爱来源于教师所持的学生观，即如何看待学生。热爱学生、理解学生、尊重学生和以平等的态度对待学生，是建立良好师生关系的前提。教师的劳动对象是有血有肉、有情感、有独立人格的人，学生不是教师手中的橡皮泥，任由你捏成什么样子。学生是有思想、情感的人，在人格上他与教师是平等的。教师开展教育活动的目的，是促进学生心灵世界的敞亮，提升学生的道德和精神世界，丰富学生的知识和情感，提高学生的能力和综合素质。认识到这一点，教师把发展的主动权交给学生，在教育过程中积极地为学生的发展创造条件，让学生在良好的环境中自我改造、自我建构、自我发展。中国教育中的缺陷之一，直接表现为有的教师没有正确的学生观，为了教育的外在的或教育之外的目的，扭曲了教育。教师之为教师，应该在自己所在的空间内，在自己的工作范围内，努力创造一种高尚的师生关系，一种高尚的教育爱，一种尊重、理解、关怀学生的氛围。只有这样，教师才能成为学生人生历程上的指路人和激励者。

在目前的大学教育中，师生关系并不是一直很紧密。随着高等教育大众化和普及化，学生人数增多，导致教师和学生的接触时间很短暂。这给教师关心学生全面发展，建立良好的师生关系带来了困难。这虽然对教师的“教育爱”有影响，但并不能因此而降低对教师的要求。一个好的大学教师，真正有爱心

① 康德.论教育学[M].上海:上海世纪出版社,2005:5.

的教师，是能利用各种条件，克服困难去关心学生成长的。教师与学生都要共同去营造这种纯洁的、充满爱心的师生关系，教师在其中起着更为重要的作用。

习近平总书记指出："教育是一门'仁而爱人'的事业，有爱才有责任。广大教师要严爱相济、润己泽人，以人格魅力呵护学生心灵，以学术造诣开启学生智慧，把自己的温暖和情感倾注到每一个学生身上，让每一个学生都健康成长，让每一个孩子都有人生出彩的机会。老师应该有言为士则、行为世范的自觉，不断提高自身道德修养，以模范行为影响和带动学生，做学生为学、为事、为人的大先生，成为被社会尊重的楷模，成为世人效法的榜样。"[①]这段话道出了教师的教育爱，不仅是一种责任，更是一种深邃的人间大爱。

（三）正确处理学术发展与社会担当的关系

学术研究是大学教师完整生活的重要组成部分。如果一位大学教师不开展学术研究，不能以追求学术的精神去从事自己的工作，那么他不仅不可能立足于大学，而且也不可能有效地开展教育工作，其教书育人工作便成为空中楼阁。因此，大学教师要注重自己的学术发展。这不仅是一所大学人才培养、科学研究的需要，也是大学教师特别是青年教师自身晋升和发展的核心和关键。大学教师与中小学教师还有一个重要区别，就是需要广泛的、直接的社会参与和担当。事实上，中世纪大学教师就有第三种社会角色——知识分子。大学教师还要承担知识分子所应担负的社会责任与使命，促进社会文化的进步。

知识分子作为知识、思想、价值观念、意识形态等的构造者、阐释者与传播者，一般而言，其知识、思想与价值观念在社会的各阶层中处于领先与引导的地位。因此，大学教师不能仅成为教书匠，也不能只做书斋式的学问，而应当要自觉参与社会实践，回应社会需求，促进产学研紧密融合，加快科研成果转化和产业化步伐，深入开展政策研究，积极发挥思想库和智囊团作用，努力为党和国家科学决策、民主决策作出积极贡献，以服务和贡献开辟自身发展的新空间。特别是在社会主义文化大发展、大繁荣的今天，大学教师要积极发挥

① 习近平在中国人民大学考察时强调：坚持党的领导传承红色基因扎根中国大地 走出一条建设中国特色世界一流大学新路[EB/OL].(2022-04-25)[2022-12-01].http://jhsjk.people.cn/article/32408562.

文化育人作用，加强社会主义核心价值体系建设，掌握前人积累的文化成果，扬弃旧义，创立新知，并传播到社会、延续至后代，不断培育崇尚科学、追求真理的思想观念，推动社会主义先进文化建设。要积极开展对外文化交流，增进对国外文化科技发展趋势和最新成果的了解，展示当代中国高等教育风采，增强我国文化软实力和中华文化国际影响力，努力为推动人类文明进步作出积极贡献。

高校教师职业生涯发展的场域转换及惯习重构[①]

现有关于高校教师职业生涯发展的研究普遍忽视的一个重要事实是：高校教师作为一个与学生相对应和互动的关系性存在，是一个在特定教育场域形塑一定惯习的社会行动者。换言之，高校教师[②]不是一个孤立存在的主体，而是在师生关系互动和建构过程中实现其职业生涯的延续与发展的主体。作为社会行动者的高校教师，其在不同职业生涯阶段面临的场域转换与既有惯习之间的矛盾运动，是其职业生涯发展的内在机制和重要动因。高校教师既可能通过惯习重构进而在适应新的场域转换中实现专业发展，也可能表现为惯习滞后而对场域转换适应不良，导致职业生涯发展陷入困境。

进一步言之，高校教师职业生涯的延续与发展不是孤立或抽象的过程，而是在一个由教师与学生间的各自位置构成的客观关系网络即场域中发生和实现的，其中由师生年龄差距形成的代际差异所构成的不同位置关系是一个子场域。高校教师从入职之初与学生年龄几近相当，随着职业生涯延续，师生之间年龄差距不断增大，两者之间形成的年龄夹角不断增大。随着其知识经验、情绪情感、行为方式等不断发展变化，两者在特定教育场域所处的位置关系也不断发生改变，进而导致高校教师职业生涯的场域由此发生转换。其在形成长者风范和道德权威感的同时，与学生心理、行为和文化上的差异也越来越大，距离越来越远，既有惯习与新的场域之间矛盾不断生成。基于此，本节通过对A大学教师R的教育生活史及该校相关教师的叙事研究，以师生之间年龄夹角为切入

① 本节原载于《华东师范大学学报》(教育科学版)2019年第5期。

② 本研究指称的“高校教师”，是在高等学校从事以人才培养为主要职责的教学和科研工作的专任教师，不包括研究员系列及教学辅助岗位上的教师。

口[①]，研究高校教师职业生涯中场域转换与既有惯习的矛盾运动，探寻通过惯习重构来实现其职业生涯发展的途径与策略。这不仅有利于改进和优化高校师生关系，促进教育质量提高和学生的健康成长，也有利于探寻高校教师成长规律，持续促进高校教师职业生涯发展。

一、从“哥哥老师”到“爷爷老师”：高校教师职业生涯历程的年龄夹角

关于年龄因素对高校教师职业生涯发展特别是科研能力和科研绩效的影响，已有大量研究。研究成果揭示了年龄因素与高校教师学术发展之间的关系密切，年龄与科研能力及科研成果取得之间存在高度相关性。事实上，年龄因素不仅影响高校教师的科研能力及科研成果的取得，而且对其师生关系、教学工作、职业生涯发展也有着重要影响。年龄因素一方面是指高校教师自身年龄及教龄所构成的职业发展阶段、周期；另一方面，是指教师与学生之间年龄夹角的增大而导致其在特定教育场域所处的位置变化而对惯习结构产生影响，成为其职业生涯发展的一种重要影响变量。比较而言，对于前者已经有了大量研究，后者则被研究者们忽视。

涂尔干在《教育思想的演进》一书中考察了中世纪的巴黎大学教师与学生之间的年龄关系。他发现，艺学院作为大学的预科，学生正常入学只有13岁（实际上经常必须提前一些入学），因为14岁开始就允许拿“学士学位”（baccalaureat）；而教师们自己的年纪也大不了多少，因为20岁就可能拿到硕士学位[②]。因此，学生和教师之间在道德上的距离要比日后发展的程度近得多[③]。教与被教的人之间在年龄上差不多，这也助长了这种亲密关系[④]。麦肯齐在《麦肯齐大学

① 本节所呈现个案素材，除A大学教师R以外，均来自该校教务处。安徽师范大学教务处、安徽师范大学本科教学督导团编辑出版的《三尺讲台见匠心 安徽师范大学教师课堂教学艺术与经验集萃（2010—2016）》一书，安徽师范大学出版社，2017年版。文中隐匿教师姓名，改用教师姓名首写字母代替。若姓名首写字母相同，则以编号区别。文中不再一一注明。

② 涂尔干.教育思想的演进[M].李康，渠东，译.上海：上海人民出版社，2003：143.

③ 涂尔干.教育思想的演进[M].李康，渠东，译.上海：上海人民出版社，2003：143.

④ 涂尔干.教育思想的演进[M].李康，渠东，译.上海：上海人民出版社，2003：151.

教学精要——高等院校教师的策略、研究和理论》一书中，有一段年龄因素与高校教师职业生涯发展关系的现身说法：我刚刚结束在密西根大学教授心理学的第55个年头。我已经不像50年前那么高效率，因为我现在对学生文化了解得不够，无法在课程内容与学生思想之间建立良好的联系。但我仍然乐于去上课，上完课离开时也感到很开心①。沿着这个路径进一步延伸开来不难发现，高校教师从入职之初与学生年龄相近，随着职业生涯的延续，其与学生年龄差距逐渐扩大。

A大学教师R（男，1964年生，教授，省级教学名师。以下个案首次出现介绍背景信息，重复出现则背景信息从略）这样回顾自己的职业生涯经历：

20世纪80年代初，我大学毕业分配回家乡的一所中等师范学校，成为一名教育学教师。当时中师毕业班的学生十八九岁，我的年龄是20岁。后来，进入一所专科学校工作，面对的大一新生也是十八九岁，我则是而立之年。此后，我进入一所大学任教，所面对的本科新生还是十八九岁，而我已是不惑之年。又过了10年，给2017级新生上课，他（她）们依旧是十八九岁，我已然过了天命之年。看到学生发来的邮件普遍不用实名，什么“骑着扫帚满天飞”“若为伊而陨”，还有一些根本难以辨识的网名，觉得有点不可理喻。可说来也怪，我不会下载的软件，不懂的网络用语，不会操作的电脑技术，回过头来还得向这些小字辈们求教。

回想自己这35年的教学生涯，从当年的“哥哥老师”，到后来的“叔叔老师”，再到今天的“伯伯老师”甚至几近“爷爷老师”。大学生入学年龄一直稳定在十八九岁的水平线上，我的年龄则从初为人师与学生几近相当，后来则与学生年龄的差距越来越大。看到一届届、一代代学子从初进校园到学业有成，与我们告别，放飞远行。我为他（她）们高兴、祝福。期间，自己却在一天天、一年年不知不觉中变老。

从窥“一斑”再来观“全豹”。2016年全国高校专任教师1627182万人（不含民办的其他高等教育机构数据），29岁以下212125人，30～34岁329971人，35～39岁351458人，40～44岁242015人，45～49岁189698人，50～54岁

① 麦肯齐，等.麦肯齐大学教学精要：高等院校教师的策略、研究和理论[M].11版.徐辉，译.杭州：浙江大学出版社，2005：231.

199698人，55～59岁70505人，60～64岁23629人，65岁以上10927人[①]。其中，34岁以下的“哥哥老师”占33.3%；35～54岁之间的“叔叔老师’“伯伯老师”占60.3%，55岁以上的“爷爷老师”占6.4%。对于年龄因素对高校教师职业生涯发展的影响，现有研究习惯于将教师职业生涯进行相应分段，揭示其阶段性特征，以建构一个职业生涯周期模型，以此为教师职业发展环境设置、激励措施和支持系统的建立提供依据。费斯勒和克里斯坦森在比较各种相关研究的基础上，将教师职业生涯发展分为职初期、能力建构期、热情与成长期、职业挫折期、职业稳定期、职业消退期和职业离岗期，并大致勾画出相应的时间轮廓[②]。国内高校教师职业生涯研究也大致循此思路。这些阶段划分及其特征描述只是基于教师自身年龄变化，而忽视师生之间年龄夹角形成的场域变化对高校教师职业生涯发展的影响作用。

布尔迪厄[③]在和一批从35岁到80岁不等的主教交谈中发现一个现象，与本节揭示的高校教师职业生涯中的年龄夹角导致的场域变化存在些许相似性[④]：这里，笔者以那本研究主教的书为例（Bourdieu and de Saint Martin 1982）。主教们一般都很长寿。他们中有的1936年就当上了主教，有的是1945年，而有的直到1980年才任主教，因此建构他们的宗教场域状态是极不相同的。20世纪30年代担任主教的会要求其教区的信徒们依照半封建式的贵族传统亲吻他的指环；而到了20世纪80年代担任主教，则可能成为一名激进的神职人员，积极地捍卫被压迫的穷苦人民的利益。

高校教师职业生涯中渐次增长的年龄与相对恒定的学生年龄之间形成的夹角，反映出高校教师与学生之间代沟差异的程度。这种年龄夹角及师生之间的代际差异，不仅是高校教师建立良好的师生关系和教育教学工作必须合理把握的，也是高校教师职业生涯发展无法回避和必须面对的。

---

① 2016年全国高等学校专任教师年龄情况[EB/OL].(2017-08-23)[2018-12-22].http://www.moe.gov.cn/jyb_sjzl/moe_560/jytjsj_2016/2016_qg/201708/t20170824_311811.html.

② 费斯勒，克里斯坦森.教师职业生涯周期：教师专业发展指导[M].董丽敏，高耀明，等译.北京：中国轻工业出版社，2005.

③布尔迪厄也有翻译为布迪厄，文中对该著者的引述或论述除保留翻译者译称“布迪厄”，其他均使用“布尔迪厄”译名。

④ 布尔迪厄，华康德.反思社会学导引[M].李猛，李康，译.北京：商务印书馆，2015：166.

二、场域转换与惯习冲突：高校教师职业生涯发展过程的一个解释框架

根据布尔迪厄的观点，场域的概念是从关系的角度进行思考，即在各种位置之间存在的客观关系的一个网络（network）①。这些位置的存在成为强加于特定位置的行动者之上的决定性因素，不同的行动者拥有不同类型的权力（或资本），进而把持了这一场域中的得益权及其分配结构，形成不同处境及相互之间的关系——支配关系、屈从关系、结构上的对应关系等。以此看来，高校教师在其职业生涯的不同阶段，获得和拥有的经济资本、社会资本、文化资本和符号资本不尽相同，或者说，高校教师职业生涯正是通过自身实践不断积累和拥有经济资本、社会资本、文化资本和符号资本，进而改变其在学校、学科、专业、同事和学生中的场域位置的过程。其中，包括文化资本和符号资本，如学历学位、职称、人才称号、学术职务等关键性因素（因为这些正是高校教师经济资本和社会资本获得的决定因素），此外，还有一些客观因素，如年龄、资历、资格。进一步看，高校教师职业生涯不同阶段所获得和拥有的文化资本和符号资本的多寡，不仅与其自身努力程度及其"争斗"的能力有着密切关系，同时也与年龄、资历、资格等客观因素直接相关。处在不同职业生涯阶段的高校教师与学生之间形成的年龄夹角就是这个教育场域中的一个子场域。在这个子场域中，随着教师的年龄增长，其获得和拥有的资本愈益增加，其与学生年龄、阅历以及社会化、专业化水平的差距（差异）也愈益增大，两者在知识学习、道德生活、交往活动中的地位不对称性愈益突出，在此之下，其与学生在特定教育场域中的位置关系也随之拉开了距离。掌握更多文化资本和符号资本的教师，也掌管着更多、更大的资源配置权、教学权和学生评判权，学生成了一群"沉默的无名氏"，师生之间在特定教育场域中的位置关系失衡。这不仅导致一些教授、博导和"大牛"不愿、不屑于给本科生上课，也是师生关系疏远，难以互 动和交流的内在原因。

教师C1：当下中国大学，教师行使权力是评判学生；面对教师的评判，学

① 布尔迪厄，华康德.反思社会学导引[M].李猛，李康，译.北京：商务印书馆，2015：122.

生的最后权力是保持沉默。于是乎，大学校园师生之间的关系便“渐行渐远”。在一些大学教师的眼中，校园里来来往往的学生只是一群“沉默的大多数”，学生也渐渐习惯于当一个“沉默的无名氏”。在我40年的教学生涯中，据我与所相遇学生的交往，我常常由衷感慨：每一个沉默的学生都是一个诗意的精 灵，每一个沉默的学生都是一座沸腾的火山，每一个沉默的学生又都是一个苛刻的裁判：教师学术的裁判和人格的裁判。

布尔迪厄提出的另一个与场域相关而又具超越性的概念惯习，或称习性，“条件制约与特定的一类生存条件相结合，生成习性（habitus）。习性是持久的、可转换的潜在行为倾向系统，是一些有结构的结构，倾向于作为促结构化的结构发挥作用。”[①]作为不同群体之间区别性的行为方式，惯习是行动者的一种后天获得的思想、行为和趣味模式，是一个兼具持续性与变换可能性的、可以不断重塑自我的再生产体系。它是在特定条件下生成的反映社会行动者内化于身体并对应于特定场域的性情倾向系统，为行动者潜在行为提供图式、心智结构的形塑提供机制。他试图用惯习这一中介性概念来打破主观主义与客观主义的对峙。即惯习连接着两重社会世界，成为连接社会条件与心智结构的重要桥梁[②]。根据布尔迪厄的惯习理论，高校教师既不是受外在因素决定的一个个物质粒子，也不是只受内在理性引导的一些微小的单子，其职业生涯是作为一个社会行动者的惯习不断生成、持续存在和调整重构的结果，是一个历史的产物。这个历史既是整个社会场域的变迁史，也是特定子场域下行动者在其具体生活道路中积累经验的生涯发展史。诚然，从职前准备到入职，在其后职业生涯的漫长历程中，高校教师从初为人师时热情亲和、友善平等的“哥哥老师”，到成熟老到、业务精熟的“叔叔老师”“伯伯老师”，再到德高望重、随心所欲而不逾矩的“爷爷老师”，其身上表现出不同的性情倾向、品味和偏好，亦即所谓的惯习。随着年龄、资历和水平的累积，高校教师所获得和拥有的职称、职位等资本总量不断增多，相应地也改变着其在师生关系中的位置关系，其身心图式和性情倾向系统表现出开放性的式微和封闭性的增强。现实中，一些“叔叔老

① 布迪厄.实践感[M].蒋梓骅，译.南京：译林出版社.2003：80.

② 杨可.适应与不适：论布迪厄实践理论中的“惯习”概念与社会条件的关系[J].华中科技大学学报（社会科学版），2011（5）：78-83.

师”“伯伯老师”“爷爷老师”面对“90后”“95后”“00后”大学生，呈现出沟通难、看不惯、课上互动不起来、课下沟通不起来的情况。相当多中老年及高职称教师对学生有着“一届不如一届”“真是不可理喻”的慨叹，往往萌生一种莫名的无力感。

教师Z1（男，1962年生，教授，省级教学名师）：我在课堂上竭尽所能，在和学生的谈话中循循善诱。但往往事与愿违，感到力不从心，有一种莫名的无力感。无论是在和学生的交流中，还是在大段课堂独白中，这种无力感都常常浮现。细细想来，这种无力感源自自身专业素养的不足：从哲学的角度认识教育问题的不深刻，对如何引导学生去理性思考不能艺术地把握。

布尔迪厄认为，场域形塑惯习，惯习成了某个场域固有的必然属性体现在行动者身上的产物。它根植于行动者最初性情倾向又随环境变化而不断发生改变，并对个体的人生阅历和轨迹产生影响，如同历史的年轮一般，深深印刻在行动者身上。一方面，惯习是在不同场域下生成的，具有开放性。当既有惯习与特定场域之间产生矛盾，新生成的行为倾向表现出对新的场域的适应，惯习成为一种生成策略的准则，使行动者得以应对难以预见的各种场域的变化。高校教师在与学生之间年龄夹角这个特定场域中，通过不断实践而形成新的经验，在这些新的经验影响下，其业已形成和固化的惯习得到调适和创新性转型，不断调整自己的惯习结构，在教学相长中实现职业生涯发展。

教师C2（男，1964年生，教授，校级教学名师）：由于一些特殊原因，我在教授自己并不擅长的“古代汉语”这门课程时，深感自己的不足，非常惶恐。期间同学反馈的“好的”评价不少，但我专注于差评部分“认真和蔼，有亲和力，上课语速过慢，但能使用多媒体教学，并有适当的板书”；“语速过慢，难以调动学生，没有多少激情”。“语速过慢”“没有多少激情”，这是我从教以来从未得到过的最差的评价。看了评语，我非常委屈：要是让我教“现代汉语”，那可是意气风发，滔滔不绝啊，我怎么可能语速过慢呢？再加上，大多同学已经拷贝了我的课件，不需要记笔记了；假如有些同学要记录，教师会放慢速度对待。其实语速慢的原因很简单：不熟练。此后，我精心备课，上讲台时能做到极为熟练，自此以后，这种评价再也没有了。

另一方面，在惯习滞后的情况下，一些高校教师则表现出脱域、失域或错域，对学生不适应、看不惯、管不了，教学起来不上心，管理起来没招数，油然而生一种今不如昔的怀旧情结和悲观心态。由于既有惯习与新的场域转换不相适应，一些高校教师在旧的惯习作用下而对新场域的适应不良，在教学考核、学生评教、职称评定、绩效分配和评优晋级等权力和利益因素作用下，而形成一种"弱者"的无力感，消极接受由这种不适应造成的结果，与学生的时代特征和发展需要难以合拍。于是，无所适从、进退失据，专业发展乏力，甚至产生职业倦怠和枯竭。

教师C2：我总觉得，越教胆子越小了，越教越小心谨慎了。

教师G（男，1967年生，教授，校级教学名师）：我刚走上大学讲坛时，年轻气盛，非常自信，感觉自己的教学从形式到内容，从方法到理念、从设计到效果都不错。20年后的今天，我反而感觉自己不能胜任教学，新发掘的史料、学界最新的研究成果，国内外教育教学的新理念、学生的学习需求和困惑，我都不敢准确地说自己掌握到何种程度。

就现实而言，当代高校教师不仅经历了改革开放的深刻社会变革、意识形态变革和道德转型，以互联网技术为核心的信息时代冲击，而且也经历了高等教育由精英化向大众化的发展与转型。一个非常突出的方面是教育对象——学生的深刻而巨大的变化。不少中老年教师面对"90后""95后""00后"新生代大学生，大有一番"新新人类""不可理喻的一代"之感慨。在这个由"年轻人向长者学习"的前喻文化转向"长者向年轻人学习"的后喻文化转型的年代，以及一种力图脱离和逃避长者而趋向于同辈交流的并喻文化的盛行，很多中老年教师产生一种莫名的惆怅和"越来越不会教了"的无助与无奈，出现不愿给本科生上课、不愿当班主任、无心教学的现象，也就不足怪了。质言之，这种由年龄夹角形成教师的"代沟感"，实际是师生之间代际关系变化导致的场域转换及惯习不适所致。师生之间在特定教育场域中形成的不同处境及相互之间的位置关系，会随着场域的转换而改变和转化，并因关键事件、重要他人的影响而进入其惯习系统，形成一种互动性的"临时性联结"。每一届学生都会和处在不同职业生涯阶段的高校教师结成不同的"临时性联结"，由此产生场域转换与其既有惯习结构之间的冲突，是高校教师产生"代沟感"的主要致因。

三、基于惯习重构的高校教师职业生涯发展实践路径

在布尔迪厄的理论中，惯习的概念是一种明确地建构和理解具有其特定“逻辑”（包括暂时的）的实践活动的方法①。惯习是一种深刻地存在于性情倾向系统中的，作为一种技艺（art）存在的生成性（即使不说是创造性的）能力，是完完全全从实践操持（practical mastery）的意义上来讲的，尤其是把它看作某种创造性艺术②。高校教师作为一个社会行动者，完全可以在外在场域转换的压力和挑战下，通过惯习的整合与重构，采取更具能动性的行动策略，不断重塑自我，成为一个根植于最初性情倾向系统之上又随环境变化而不断实现改变的旺盛生命体，把不同年龄夹角下的教育场域建构成一个充满意义的世界。基于此，高校教师可以通过以下三种方式进行惯习调适与重构以实现其职业生涯发展。

（一）构造更加趋近学生性情倾向系统的教学内容、方式和情境

大学是一个由学者与学生组成的，致力于寻求真理事业的共同体③。然而在讨论高校教师职业生涯时，人们往往离开师生之间关系及其形成的场域而将其作为一个孤立的“主体”开展研究。布尔迪厄提出惯习理论的宗旨，就在于清除各种意识哲学传统所偏爱的所谓“主体”④，使行动者体会到一种情境，凭借自己的惯习，酝酿出与这种情境相适应的行动路线。当然，这并不是牺牲行动者的能动作用，相反，行动者成为一个积极主动的生产者，有意无意地致力于惯习结构的再生产。因此，高校教师职业生涯发展不是一个实体化的结构，而是一个被结构化的结构，在包括年龄夹角在内的教育场域不断适应学生和重构新的惯习，实现结构的自我再生产。为此，教师需要从“学术关注”“教材关注”转向“学生关注”，伴随学生成长，主动适应学生，不断重构既有惯习，改

① 布尔迪厄，华康德．反思社会学导引[M]．李猛，李康，译．北京：商务印书馆，2015：151.

② 布尔迪厄，华康德．反思社会学导引[M]．李猛，李康，译．北京：商务印书馆，2015：152.

③ 雅斯贝尔斯．大学之理念[M]．邱立波，译．上海：上海人民出版社，2007：19.

④ 布尔迪厄，华康德．反思社会学导引[M]．李猛，李康，译．北京：商务印书馆，2015：172.

变、更新自我心理图式，构造一种更加趋近学生性情倾向系统、适应学生心理图式的教学内容、方式和情境。

教师R在一次全校示范观摩课过后，这样写道：

这次示范观摩课的内容是“新中国教育发展与改革”，我将自己的科研成果引入教学内容，以教育与人的发展、教育与社会发展的关系为线索，将新中国教育发展划分为6个阶段，把新生代大学生的人生成长和教育经历嵌入其中，故事般地展现新中国教育发展的基本脉络，使史实演绎变得生动具体，使学生身临其境。在此基础上，带领大家探究蕴含在其中的中国特色社会主义教育发展规律，将教学由历史事实引向理论思考的高度和深度。最后，采用翻转教学的方式，让学生成为追问者、求证者，共同探究教育在促进人的发展和社会发展中的重要作用。这个过程既有一定的预设性，更有较强的建构性和生成性。这次教学改革尝试，对我是一次不小的挑战，但却与“00后”的学生更贴近了。

教师Z2（女，1975年生，副教授，连续两年获评学院最受欢迎的青年教师）：新闻传播专业学生的教学特别需要与时俱进，尤其是在案例补充方面，如果每次都讲“陈年往事”，不仅学生不了解，也很难产生兴趣，教学效果较差。在这几年的教学实践中，我特别自创了“图说新闻”“以图传闻”等环节，分别在两门课上运用。我主要搜集最新热点新闻，解读媒体案例，以图片为主制作PPT，偶尔配以少量视频等与学生分享。经过几年摸索，我尽量做到主题式、板块化，“软硬兼施、内外兼顾”，述评结合。这个环节的讲授时间并不长，备课量大，会占据我很多时间，但效果好，学生较为欢迎。

（二）重构自己的经验系统并不断生成新的惯习结构

在布尔迪厄那里，惯习将社会行动者过去经验和现时经验凝结在一起。过去经验作为一种身体化的客观结构作用于实践，并在实践中得以再生产，同时，现时经验也在作用于过去经验的过程中得到修正和重构。布尔迪厄正是用“惯习”这个兼备能动性与生产性的社会学概念，以表达某种被大多数社会学家所忽略的、存在于行动者性情倾向体系中的一种生成能力——技艺（art）[①]。他认

① 朱伟珏.超越主客观二元对立：布迪厄的社会学认识论与他的“惯习”概念[J].浙江学刊，2005(3)：174-178.

为，我们应该把惯习看成一种发条，需要去发动它。完全相同的惯习，在不同场域刺激和结构中，会产生出不同的，甚至相互对立的结果[①]。既已形成的惯习包括教育观念、职业态度和教学方式与风格都具体化了，这虽然使得高校教师有得心应手之感，但“经验也会巩固惯习”[②]，形成一种偏好结构，在它所居留的那个场域，它感到轻松自在，就像在家里一样。它使那些“不得不”去做和“不得不”去说的东西，变成了“唯一”能做和“唯一”能说的了[③]。反之，对于那些超越既有经验的新信息，即面对一批批、一代代生活经验、兴趣倾向和学习方式不同的学生，则易受初始经验排斥，既有惯习趋于封闭和僵化，随着年岁的增长而变得愈益死板，对学生的变化特点及其新的要求的反应也越来越迟钝。为此，高校教师在探索和掌握教学基本规律、规则的同时，应当经常转动惯习这个“发条”，乐于接受新信息、新事物、新技术，应对新问题和新挑战，敢于进行新的尝试和改变，重构自己的经验系统、生成新的惯习结构。

教师Z1：实现教育的最高或最好的目标，需要教育具有一定的实施条件，而最重要的条件在于教育者自身的素养。教学的不足让我意识到，唯有对自己钻研的学问全力以赴，才能够在课堂教学中做到游刃有余，才能真正激发学生深刻的思考。

教师X（男，1976年生，副教授）：我教书十几年，如何保证既有的知识、思想容量不坠落，如何把课讲得更加贴近学生的理解空间，于知识、兴趣之外养成一个自由思考的习惯，一直是时时为之踌躇并加以努力的方向。正因为此，每节课于我都是一次挑战。好在我“喜欢”。因为喜欢，所以“动力”“意义”这些大词便有了着落；因为喜欢，挑战、甘苦皆成一种享受。

（三）对自身职业生涯历程进行经常性的反思性监控

惯习生成的逻辑是按时间顺序形成的一个系列结构。根据布尔迪厄的描述，惯习由两个部分构成，一部分是长期习惯养成并以无意识的方式支配着人们日常实践活动的性情倾向，即“第一反应”（亦称第一倾向），处于优先位置；另

---

① 布尔迪厄，华康德.反思社会学导引[M].李猛，李康，译.北京：商务印书馆，2015：166.

② 布尔迪厄，华康德.反思社会学导引[M].李猛，李康，译.北京：商务印书馆，2015：165.

③ 布尔迪厄，华康德.反思社会学导引[M].李猛，李康，译.北京：商务印书馆，201：159.

一部分则是通过反思对其进行控制并由行动者有意识地努力来完成的性情倾向，即“第二反应”（亦称第二倾向），这是具有能动性的部分，借以挣脱既有场域结构的限制。他指出，我们能够决定的，并不是第一反应，而只是第二反应。控制惯习的第一反应是很困难的，可是反思性的分析告诉我们，情境强加给我们的力量有一部分正是我们赋予它的，我们可以去改变对情境的感知理解，从而改变我们对它的反应。这使我们有能力在一定程度上，对某些通过位置和性情倾向之间的直接契合关系而发生作用的决定机制，进行监督和控制①。比较而言，在高度同质性的传统社会及相对固化的教育场域下，高校教师可以凭借“第一反应”在一种“不假思索”“合情合理”“如鱼得水”的状态下从事教学，而随着现代社会高度分化和快节奏发展、深刻转型，尤其是高等教育大众化所带来的教育理念、教育对象和教育模式的急速发展和深刻变革的时代，高校教师凭借“第一反应”已经无法应对这一切变化，他们时刻都有可能面临新的人和事②，而需要根据具体情境下手段和目的的符合程度来做出具体的判断和行动。在此之下，反思性监控开始居于支配地位，而难以凭借惯习的“第一反应”对现实情境做出反应。因此，面对渐趋增大的年龄夹角，高校教师不应固守自己原先习惯了的教育观念和行为模式，而需要对自己的职业生涯历程进行经常性的反思性监控，发挥“第二反应”的能动作用，加强教学研究和对学生的关注与研究，以此不断重构自己的惯习结构，推动职业生涯发展。

教师R在回顾自己教学改革和探索历程时，这样写道：

记得在20世纪80年代，在讲解教育学课程中“影响人的身心发展的因素”，我讲述当时热播的电影《大浪淘沙》中靳恭绶、顾达明、余宏奎、杨如宽四位知识青年因不满黑暗现实，逃离家乡寻求出路，四人结为兄弟，在老师引导下接触革命活动，各自走上人生不同道路的故事。后来，余宏奎叛变，靳恭绶、顾达明则跟随革命队伍，参加了秋收起义，在革命的风浪中继续锻炼成长。学生听到这个电影故事，会对环境、教育和人的能动性在人的发展中所起的作用洞若观火。

进入21世纪，面对“80后”大学生讲授同一内容，学生对这部电影及人物

① 布尔迪厄，华康德．反思社会学导引［M］．李猛，李康，译．北京：商务印书馆，2015：168．

② 潘利侠．论布迪厄“惯习”概念在现代社会中的意涵转变［J］．社科纵横，2013（4）：130-135．

故事已经非常陌生，举以上例子非但不能说明问题，反而给教学带来理解障碍。于是，我改用当时十分励志的大学生洪战辉，来讲解环境、教育和人的能动性在人的发展所起的作用，他们对与自己差不多同时代的洪战辉因父亲突发间歇性精神病，母亲受伤骨折，家里欠下巨债，随后，父亲又捡来了一个女婴。面对沉重的家庭负担，母亲离家出走了，年仅13岁的洪战辉，勇敢挑起伺候患病父亲、照顾年幼妹妹的家庭重担，一坚持就是12年。他一边坚持学业，一边做小生意、打零工、拾荒、种地、做杂工，挣钱养家。在兼顾学业和谋生之时，他牺牲了几乎所有的休息时间。考取大学后，他带着妹妹上学，四处奔波给父亲诊治，并在学校和政府的帮助下建立了教育助学责任基金，资助其他贫困学生，应邀在全国各地作了150多场励志报告。他被评为“全国道德模范”“中国十大杰出青年”“全国大学生三好学生标兵”“全国自立自强大学生”“感动中国2005年度人物”等。同学听了这个故事，不禁流下感动的泪。

可是又过了若干年，迎来了“90后”“95后”“00后”大学生，再用这个例子讲解同样的教育理论时，我发现学生根本不知道洪战辉的名字，更难用这一故事来说明问题和励志了。于是，我对教学内容和过程进行重新设计，又找来本校本专业的一些学生和校友创新创业、走向成功的真实故事，来说明自身能动性在人的成才成功中的重要作用；通过展示一些贪官的悔过书，来说明如何扣好人生第一粒扣子，如何在环境和岗位变化的情况下慎独、慎初，走好自己的人生路。同学们感同身受、反响热烈，我自己也感到被一种向上、向善的力量激发和砥砺着。

回顾30多年的职业生涯，每一次面对新生、开设新课，就像开始一次次新的探险，展开一幅幅新的画卷。在教中学、教中研、教中悟，在师生互动中不断激活新的教学灵感，绽放新的思想火花。教师的教学助推一代代学子成长、成才，也不断丰富和淬炼为师者的教育人生。

四、结语

本节所选取的样本，都是A大学近年来举行过示范观摩课的教师，不少都是校级、省级教学名师或教坛新秀。应当说，他（她）们都是职业生涯发展相对优秀和成功的教师。但作为一项研究，该样本毕竟不能反映高校教师职业发展的全貌，特别是那些惯习相对滞后的教师，尤其没有反映出那些因年龄夹角带来的困惑、曲折和冲突而导致职业生涯发展陷入困境的教师的实际情形。这成为本研究的一个不足和遗憾，不过，也为后续研究及同行的进一步探究留下空间。

无论如何，高校教师没有永葆青春不老的“妙药”，也不可能获得以不变应百变的“法术”。唯有和学生共同面对知识、面对社会、面对生活，从心底深处去感受他们的心跳、脉动，保有一颗年轻的心，一种不断学习新知识、掌握新技术、吸纳新观念、接受新事物、悦纳新生代的开放心态，一种乐于同青年学生共同活动、交流互动的激情状态，改变那种习惯于用教导、教训的口吻对待学生，那种高人一等的“端着”的姿态，才能与学生形成同理心、建立信任感，达到认识、情感和态度的共振，其与学生之间的年龄夹角才有可能趋于弥合，成为陪伴学生成长的良师益友。这一过程和状态也将成为高校教师职业生涯发展的良源沃土。

高校教师专业工作方式的反思与重建①

高校教师专业化的一个重要内涵和标志，是按照专业标准和专业规范建立与服务对象的教育关系，研究和解决专业领域内的问题，形成良好的专业工作方式，提高专业服务的质量。本节试图对高校教师的专业工作方式做一种还原分析，以此透视当下高校专业工作方式的种种误区，并根据社会发展、科技进步以及高等教育自身发展的趋势和需要，提出重建和转变高校教师专业生活方式的路向和途径。

一、高校教师专业工作方式的还原分析

对于高校教师的专业工作方式，不妨用几个最基本的体态语来描述和概括——这就是“站”“坐”“行”。这种“站”“坐”“行”的三位一体，正好象征和对应着高校教师专业工作三方面的任务和内容——教学、科研和社会服务。

（一）“站”——高校教师教学工作的基本方式

大学作为教师的讲坛有着悠久的历史，传授知识、培养人才是中世纪大学尤其是现代高校教师一项最基本、最根本的任务和职能。站在庄严神圣的讲台上侃侃而谈，系统深入地传授知识、讲授课程、阐述学术观点，启发和引领学生，是高校教师最典型的工作方式和状态。

（二）“坐”——高校教师科研工作的基本方式

基础理论研究为主的科研职能，自然决定了高校教师以“坐”为主的科研方式。于是，书斋、书房就成了高校教师最主要、最经常的工作伙伴，辨、思考、写作，研讨、交流等这些独立的工作，成了高校教师进行复杂的创造性劳

① 本节原载于《中国电力教育》2008年第2期。

动、生产知识、发展科学最主要的专业工作方式。

（三）“行”——高校教师开展社会服务的一种工作方式

自“威斯康辛思想”以来，现代高校教师又一项崭新的工作职能，就是积极开展社会服务。教师以科研为中介，走出课堂、走出学校、走出书斋，走向社会、走向经济建设和社会发展的主战场、前沿阵地，发挥自己的专业优势，进行科学研究和技术成果的转化、推广和运用，促进经济与社会的进步和发展；关注社会，实地调研，匡扶弘扬社会正义，参与政府决策咨询，呼唤社会公平和良知。

“站”“坐”“行”的有机结合，实现了高校教师传授知识、发现知识和运用知识的一体化。不论是哪种起点和背景、哪个层次和类型的高校，教师都应当努力做到“站”“坐”“行”三位一体，形成教学、科研和社会服务相辅相成的专业工作方式。

二、高校教师专业工作方式的误区透视

通过对高校教师专业工作方式的还原分析，不难发现当下高校教师教学、科研和社会服务及其关系处理上存在一些较为普遍的误区。这种误区进一步导致其专业工作的错位和专业发展的失衡。

（一）堂上“站”得多、“坐”得少

诚然，教师的教学自古以来是有“站”式和“坐”式两种的。只是到了近代班级授课制确立以后，教师更多地站在讲台上进行系统的知识传授。加之自20世纪50年代开始，我国高校的人才培养模式和课堂教学深受苏联的影响，讲授成为教学和人才培养的主要方式。在此之下，很多教师满足于或是局限于“站”在讲台上进行单纯的、单向的讲授、板书、演示，而缺少“坐”下来与学生深入平等的对话、交流、研讨，进行学术探讨。要知道，这种“坐”式教学，在消解教师及其所传授知识观点权威性的同时，也相应凸显了学生在知识获得及在教学过程中的主体地位，为学生提供了研讨、创造和实践的空间。

（二）课堂“站”得多，书房“坐”得少、校外“行”得少

现实中，一些教师满足于烂熟于胸的讲稿、娴熟例子、逗人开怀的笑话调料，或是转抄一些社会见闻传奇、实践素材什么的，而缺少深入扎实的科研和广泛的社会实践。这似乎也能够引来学生的喝彩、上座率，但缺乏知识的吸收更新和对学术前沿的及时跟进，缺乏有价值的动态信息，缺乏对社会生活、生产实践的了解和对学术发展动态的敏锐性、前瞻性。总之，缺乏“坐”的沉稳、缺乏深入思考研究并形成自己的学术观点和理论，缺乏对社会实践和生产过程的真切了解和直接经验。这样的讲台很难“站”得坚实，知识传授或许熟练，但不免有些匠气，难以适应日新月异的科学发展、社会实践对人才培养的挑战和要求。

（三）书房“坐”得多，课堂“站”得少，校外“行”得少

一些教师虽然有沉下去深入研究学问、进行科研的勤奋和毅力，并取得很高的学位、突出的科研成果和学术成就，拿到各种级别的科研项目和可观的科研经费。但他们往往对本学科的教学方法和模式、课程设计和发展知之甚少。加之当前偏重量化和硬化的高校教师管理和学术评价机制，自然诱导很多教师去片面追求论文发表、论著出版和科研项目的级别、经费的数量。教学与科研，理论教学与经济社会生活往往是两张皮，科研难以转化和促进人才培养与社会服务。

同时，由于高校科研多以基础理论为主，加之特定学科和课题性质的限定，很多高校教师因此而埋头书斋、孤军奋战，囿于自己特定的学术视野和学科领域，“两耳不闻世间事，一心只做纯学问”。这种书斋式的科研缺乏对社会生活的关注，缺乏交流合作和团队精神。做出的学问多是八股式的，充满学究气，社会价值不高。同时，这类研究成果缺乏社会应用价值，其成果的学术价值往往也有限。

（四）校外“行”得多，校内“站”和“坐”得少

有些教师利用专业优势或所取得的应用性、可转化的科研成果，积极走向

社会、走向市场，参与经济文化建设。这本来是件很好的事，但一些教师因此而忽视自己的教学和科研，不愿站讲台，承担教学任务，也坐不下来扎扎实实搞科研，而是热衷于“走穴”，办公司，成了名副其实的“儒商”或是所谓“老板式”教授。有的甚至利用本科生、研究生的廉价劳动力，以及学校资产设备和隐性学科专业资源为自己的公司所用，在校内外产生不良影响。

三、高校教师专业工作方式的转变与重建

上述例举高校教师专业工作方式的种种误区，既有我国近年来高等教育日益发展所带来的一些高校办学定位的错位的原因，也有高等学校管理体制的原因，当然也有教师自身存在的原因。为此，高等学校应当根据学校定位和自身发展的需要，在目标、制度、规范和机制上积极引导和促进教师建立相应的专业工作方式。高校教师更应当发挥主体的自觉能动作用，根据学校定位和自身专业发展的需要，实现专业工作方式的转变与重建。

（一）走向互动与实践

综观高校的教学和人才培养，一般存在两种基本的模式①。一种是苏联模式，课时多、教师讲授占主导。另一种是欧美模式，课时较少、教师讲授也很少，更多的是学生个体和小组的独立学习活动，往往是教师讲授一课时，跟着安排一二节讨论课或实验课。现阶段，包括前苏联在内的各国高等教育人才培养模式改革的共同趋向，是实践教学环节的加强，习题课、实验课、讨论课和各种形式情境教学的增多；同时，见习、实习、做论文、开展学术交流和参加社会活动等非课堂教学环节也普遍加强。此外，教育民主化浪潮的勃兴，高等教育的大众化，现代教育技术手段的发展，也在猛烈挑战传统的以讲授为主的“站”式教学方式，呼唤更加便利、灵活和民主的教学方式，把重建教学过程作为首要任务，把教育的重点由“教”转向了“学”。这一系列的改革使得教师讲授的地位下降，由单纯的“站”式教学，转变为更多的互动式教学。同时，加强实践教学环节，通过课内外师生的对话、研讨和共享，以及系统的实习与实

① 王承绪，朱勃，顾明远．比较教育[M]．北京：人民教育出版社，1982：187.

训，培养学生的自学能力、合作能力、实践能力和创新能力。

（二）走向开放与合作

现代高等学校社会服务职能的增强，已使高校科研方向、任务、内容和方式发生了重要改变和拓展。高校教师一方面应当积极打破传统的“坐”在书斋里独自开展研究工作的观念和范式，习惯于根据社会政治、经济和文化建设的现实需要来选择和确立自己的研究课题，尤其是投身为解决实际问题而进行的项目研究，特别是积极开展和参与一些横向课题和研究项目。也就是说，教师在“产学研”结合的体制环境下，进行一种实践性的、田野式的研究，并自觉地形成和加入科研团队合作中去，建立一种“以解决问题为核心”的动静结合的科研工作方式。同时，根据学科专业建设和人才培养的内在需要，倡导团队合作，以教研室、课程组以及学术团队和教学团队为载体，形成充满合作和开放的专业工作方式。

（三）走向分化与整合

不论哪种类型、层次和目标定位的高校，教师以教学为中心、以人才培养为首位，以学科建设、专业建设、课程建设、教材建设、课题与项目教学为平台，实现教学与科研、社会服务的整合，已成为大势所趋。首先，高校教师的招聘、评价和提升只是依据研究成果和学术成就的局面正在发生变革。高校对于教师与教学相关的课程设计、教学方式、教学水平等方面开始投入更多的关注。正如美国卡内基教学促进基金会主席波伊尔指出的，教师的工作有四个不同而又相互重叠的功能。这就是：发现的学术水平，综合的学术水平，运用的学术水平，教学的学术水平①。教师不断研究和改进教学方式，加强教学和人才培养方面的研究和探索，将成为衡量和评价学术水平的一个重要方面。其次，教师通过科研和社会服务，可以将最新的研究成果、市场信息和社会需求转化成为课程和教学资源，促进教学和人才培养。最后，教师在与学生的沟通、交往和互动中，自己的科研成果、创造性思维、教学态度和人格魅力以及在社会

① 吕达，周满生．当代外国教育改革著名文献：美国卷·第三册．北京：人民教育出版社，2004：18.

服务中所获得的社会资源，也能够更加深切地影响和熏陶学生。高校教师这种教学与科研、生活服务的整合与平衡，将发挥教书育人、科研育人和服务育人的综合功能。

第四章　高等教育治理现代化研究

关于大学理念的几点认识[①]

所谓大学理念，是指大学所应该秉承或追求的某种特定的教育理想、信念等观念系统。没有科学的教育理念，教育的目标必定是片面的，教育的行为必然是短期的，教育的发展必然是被动的。每个大学教师和教育工作者都应当有自己的独特的教育理念，因为我们的教育理念决定了我们的工作、学习与生活。只有心中坚守教育的理念，我们的教育才能够持续不断，源远流长。高等教育办学始终要围绕"办什么样的大学，怎样办大学""培养什么人，怎样培养人"这两个根本问题。因此，学校把开展教育思想观念大讨论作为重点工作，目的是进一步使广大师生认清教育本源和大学之道，明白哪些思想观念是要始终秉承坚持的，哪些是要与时俱进的，并通过一定的形式把讨论形成的成果固化下来，使之成为我们办学育人的指导和遵循。

一、大学有没有自己的内在逻辑：大学的本质是什么？

对于大学的本质，学术界大致有四种不同的角度和观点[②]：一是从大学运行管理的角度，认为大学的本质是学术自由。二是从大学组成要素的角度来看大学

① 本节写作于2016年。

② 孙绵涛.关于大学本质观与大学观体系的思考[J].教育研究与实验，2011(1)：69-73.

的本质，认为大学的本质是学者的社团。三是从大学功能的角度来探讨大学的本质，具体包括：认为大学的本质是探索和传授普遍知识的场所，认为大学的本质是探索和传授高深学问的机构，认为大学是培养高等专门人才的机构，认为大学是社会服务站。四是从综合的角度，认为应该用多元的观点来看待大学的本质。至于大学本质是内生固有的，还是外生赋予的？学术界争论激烈。

一种观点强调大学以知识传递和学术研究等为职能，体现大学特立独行的精神气质，坚守大学的独立性和自主性。大学的功能在于从事所能达到的最高质量的教学和研究。马克斯·韦伯在《学术与政治》一书中，也主张大学应是一个超脱宗教和党派之争的纯场所，它所应担负的唯一角色是探求纯粹客观的学问和传播纯粹客观的知识，培养学生的理智和自我判断的能力，而不是作为一个价值的评判者和裁决者。韦伯认为只有价值无涉方能维持大学作为特殊社会组织的本质特征，强调大学的学术性角色，对大学开展教学和科学研究活动、保持大学独有的精神气质、免受社会过多干扰等起到保护作用。

另一种观点则认为，大学的本质并不是其自身所规定的，而是由外在的社会需要、由大学的社会使命与责任所赋予的[①]。大学的本质或属性不是内生的，而是外发的。研究者找到一个有力证据，即从历史上看，在人类社会所创造的各种组织中，没有几种组织像大学这样能够历千年而不遭废弃，经历史变更而不被摧毁。据克拉克·克尔研究，在西方世界中，在1520年之前成立，至今仍然存活、功能相似、历史没有中断的机构约有85个，其中包括70所大学。进而认为，是什么因素使大学能这样长地“忍受”时间的冲刷而顽强地存在。大学之所以有这种历久坚韧的非凡“韧性”与“耐力”，是因为其能满足社会的特定需要，在适应社会、满足社会需要的过程中，在社会发展中稳定存在下来。由此认为，大学是满足社会需要、适应社会的产物，社会需要决定着大学的使命与责任，并以此决定大学组织的性质、属性及运行规律。大学的本质是什么来自社会要求它是什么，大学表现出什么属性来源于社会要求它具有什么属性。大学正是在接受社会对它的要求和努力满足社会需要的过程中获得它的本质和属性。离开了社会的需要，离开了大学的使命与责任，大学根本就不可能存在，

① 刘小强.关系论和生成进化论视野中的大学本质与属性[J].现代大学教育,2008(4):23-27.

也就无所谓其本质与属性了。所以，从这个意义上讲，大学本质并不是其自身所规定的，而是由外在的社会需要、由大学的社会使命与责任所赋予的。

事实上，大学正是在其与社会的双边互动中存在、发展的。大学的发展史告诉我们，大学不是游离于社会之外的封闭“孤岛”，而是与时俱进、不断适应和创新的“方舟”。大学发展可理解为一个有机体的系统动态生成过程。阿什比认为：“大学象（像）一个有机体，是遗传和环境的产物。就遗传的角度看，它表现为大学教师对‘大学意义’共同的一致的理解……形成一种强而有力的内在逻辑，而这种内在逻辑就由新的大学继承下去。就环境的角度看，那就是资助和支持大学的社会体系和政治体系。”[①]大学在发展中，既要遵循自身的内在逻辑，又要回应社会的各种需要。一方面，大学是在社会中自发形成自身发展的内在逻辑和成长机制。《世界高等教育宣言》明确指出，大学自治和学术自由是21世纪大学发展的永恒原则。大学作为学术之府，其产生及其演变发展，不是消极地顺应社会，而是对社会发挥着批判、反思、匡正和引领的作用，不断超越社会现实并不断孕育和产生新的技术、思想和文化。独立性是现代大学的重要特征之一，包括大学办学的自主权，教师教学治学的独立性，学生自主学习的独立性等[②]。但另一方面，这种独立性并不是马克斯·韦伯所谓的价值无涉，进而导致大学的自我封闭与孤芳自赏，致使大学疏离并滞后于社会发展，成为远离社会的“象牙塔”。因此，大学作为一个以学术传承和研究为职能的社会组织，既要保持和完善学术性角色的独立品格，又不应囿于传统的禁锢，而是要随着社会的发展而不断扩展各种非学术性角色，积极参与社会，服务社会。

可见，大学发展在其内在逻辑与社会参与之间有相一致的一面，但也存在诸多冲突。大学本质正是在这两者之间选择、互动和生成的。

第一，大学教师和管理者需要在一定价值观指导下，对社会需求作出一定的价值选择。大学的发展过程就是价值选择的过程，价值取向是决定大学发展的深层次影响力[③]。从历史和现实看，大学的三项职能并不是固有和不变的，二

① 阿什比.科技发达时代的大学教育[M].滕大春，滕大生.译.北京：人民教育出版社，1983：114.

② 孙绵涛，康翠萍.学术自由性与受控性的对立统一：学术自由大学本质观的重新审视[J].教育研究，2011(6)：52-59.

③ 钱强.大学发展内涵与价值取向探析[J].教育评论，2007(4)：21-23.

是大学对社会需求进行自觉选择和担当的结果，由此，大学就会增加一种新的属性和职能。当社会要求大学承担科学发展的使命，大学就增加了科研机构的属性，当社会要求大学为社会直接服务时，大学就增加了“社会服务站”的属性。然而，大学需要对社会发展和社会需要进行独立的分析、判断与选择。这种分析、判断与选择本身就体现出大学的独立品格。当下大学面临越来越多甚至充满矛盾的社会需求和压力，大学所满足的不应是一种临时性、权宜性的社会需求，或是局部性、个别性的社会需求，而应当是满足人类、历史的那些普遍性、集体性、恒久性的需要，进而承担大学对于人类、历史的神圣使命与沉重责任。这才是大学被创立并保持“生命之树常青”的最根本原因。

第二，大学并不是一味地迎合社会才能得以存续，而是依靠大学自身努力进而彰显其独特的不可或缺的价值。大学培养了社会需要的各种各样人才，大学的科学研究、技术发明和思想启蒙促进了人类社会进步与发展，由此赢得社会普遍尊重和赞誉。也就是说，社会对大学的尊重和赞誉体现了大学对社会的贡献。这是人们为什么要选择上大学、资助大学并将大学作为重要柱石、财富和荣耀的重要原因。同时，政府、社会纷纷也向大学靠拢，要求大学扮演促进政治民主、经济振兴、文化传承与创新、稳定社会秩序等各种非学术性角色。大学在社会的热切期待中扮演各种非学术性角色，促进社会的全面进步与发展，并由此焕发大学的价值与活力。

我国是发展中国家，大学在探寻自身发展的内在逻辑，遵循自身规律和彰显自身独立性的同时，理当承担更多的社会责任，对经济发展、社会进步以及民生改善发挥促进作用。同时，大学要清醒地认识到在承担各种非学术性角色，发展与经济、政治、社会等方面作用的同时，守望求真求美的传统精神气质，摒弃各种功利诱惑，保持操守，遵循自身的内在逻辑。

第三，大学的独立性并不是完全脱离政府与社会的绝对独立，而是相对独立，大学在独立的基础上仍需要政府与社会的支持和援助。大学的社会角色不是大学独自能够完成的，需要政府和社会的协作。与世隔绝的大学或许只能以牺牲专业教育质量、应用性研究、社会性批评和专家建议为代价，然而上述活动对社会来说是至关重要的。

总之，大学必须在独立性与社会性之间寻求平衡和整合，以扮演学术性角色为主，追求真理，探索新知，维护学术自由，实现大学精神；同时，又要结合时代特征，发展大学的非学术性角色，即关注社会需求，促进政治和经济发展，承担社会道德责任，为社会服务等。但大学不应也不能充当政府的分支机构和附属品，而应当承担并彰显出不同于其他社会机构的社会责任和独特属性。不管社会发生什么变化，大学总是在坚守其教学职能的基础上不断承担新的使命与责任，大学总是在保持一种教育组织的特性的基础上增加新的属性。否则，就会扭曲或丢弃大学的本质属性，大学就难以成为大学。

二、大学应该培养什么样的人：大学的使命是什么？

顾明远教授提出："我们常常说，大学的职能是教学、科研和服务。但其最本质的东西是求真育人。研究学术、创造知识都是求真，是认识世界，追求真理，然后创造新的知识、新的思维方式和价值观。培育人才无需解释，大家都理解。但是大学的育人与其他社会机构的育人不同，它是在求真中育人。"[①]然而，在大学培养什么样的人上，同样存在认识上的分歧。历史上，欧洲中世纪大学主张"专才教育"，英国大学注重"绅士教育"，德国大学力主"学者教育"，美国大学则提出服务社会的"公民教育"，等等。究其根本，焦点在于大学教育应当育"才"还是育"人"上[②]。

所谓育"才"的教育，就是把大学教育看作是高级专门人才的培养，为职业生活作准备，如欧洲中世纪的意大利萨莱诺大学、博洛纳大学和法国的巴黎大学，就是为了培养当时社会所需的医学、法学和神学高级专业人才创立的。随着社会的不断变革和发展，大学越来越成为培养社会所需要的各级各类专业技术人才的重要基地；而且，就历史和现实来看，社会现代化程度越高，大学教育越突出强调对职业性或应用型人才的培养。只是由于社会需求和时代背景的不同，人们对专业人才的内涵和规格理解有所不同：有注重学术型的，有注重技术型的；有提倡通才型的，有提倡专才型的；有的强调从个人潜能出发培养专业人才；有的强调从社会需要出发培养专业人才，等

① 顾明远.大学文化的本质是求真育人[J].教育研究,2010(1):56.

② 刘黎明.大学教育定位与大学生成长的价值取向[J].中国高教研究,2002(10):58.

等。但是，所有这一切无不突出一个核心理念，即大学教育是育“才”的教育。的确，社会发展需要各种各样的“才”，个人成长同样需要成为各种各样的“才”。所以，这种“才”的教育是人们基于社会发展和人的发展需要之上对大学使命的一种认识。

与此不同的另一种观念是，大学是培养“人”的教育，是使人的品德高尚、智慧发达、身心健康、理性健全，成为为整个人生作好准备的教育。纽曼的大学理想是将大学生培养成为具备有教养的才智，有灵敏的鉴赏力，有率直、公正的头脑，待人接物有高贵、谦恭的态度[①]。洪堡则将大学理想演变为“对科学的追求和个性与道德的修养”。其中的“修养”被看作是人之为人应具有的素质，与专门的能力和技艺无关。现代社会，以人为目的的大学教育被冠之以“通识教育”，旨在造就具备远大眼光、通融识见、博雅精神和优美情感的人的文明教育和完备的人性教育。与专业教育相比，它旨在培养健全的个人和合格公民，而非专业知识与技能的训练。这是从人出发、为了人、回归人的教育。诚然，在这种育“人”的教育中，更加强调道德、智慧、理性、人格，等等。

这两种不同的大学使命观，反映了人们对大学本质的不同认识，必须正确理解和处理，否则将会导致大学教育的错位。大学需要在两者之间寻找结合点，形成统一体。美国卡内基教学促进基金会前主席博耶在总结美国大学的本科教育时这样说道，当前的大学教学在满足市场需求和学习者需求方面是成功的，但是，如何赋予存在意义并帮助大学生正确地对待他们的人生，各大学对这些更为远大、更为超越性的问题的注意一直是远远不够的。很多学校提供了狭窄的技术性培训，发放各种职业证书，但却没有提供丰富的心智教育。他以不可置疑的事实证明，我们需要有教养的男男女女，他们不仅追求个人利益，同时也随时准备去履行社会的和公民的义务。这些优秀的品质和特性正是在本科经历的这一段时间比其他任何时间会更多地得到培养[②]。

新时期我国大学应当怎么办？大学应当树立培养一个人的精神、灵魂的价

① 纽曼.大学的理想[M].徐辉，顾新建，何曙荣，译.杭州：浙江教育出版社，2001:40.

② 博耶.大学：美国大学生的就读经验[M].徐芃，李长兰，丁申桃，译.北京：北京师范大学出版社，1993:101.

值导向，大学之道的应有之义，是促进一个人的素质的提升，本质是培养一个“社会人”。什么是社会人？就是有自己独立的人格、能够不断追求卓越，自强不息的精神。社会人就是一个保持平凡的生活态度，做生活的强者。清华大学施一公教授指出，我们为了学知识、充实自己，但一定不只是为了学知识！甚至在你这一辈子的过程中，在大学里学习的知识只是其中很不重要的一部分。我们也为了学技能、学习解决问题的能力，但也不只是为了学技能！甚至学技能也不是大学教育中最重要的一部分。那么最重要的是什么呢？我们为什么上大学呢？我以为，是学做人。学做一个健全的、有自信的、尊重别人的、有社会责任感的人，大学最重要的目标就是培养这样的人。他进一步指出："有些学生，我们的本科生、硕士生、博士生有时候会陷入一种无端的狭隘——在一些消极的舆论影响下，天天想着找工作，天天想着只为个人奋斗。其实我告诉你，为个人奋斗是很重要，但这只是你生命中的一部分，因为你生活在一个大世界中，你看看你生活的这个国家、你看看中国社会方方面面，有多少人需要你的关爱？……如果你的人生目标还只是为自己、为自己的家庭找一份工作，实在是很狭隘？天下之大，有这么多事情需要我们去做，当你把自己限制到这么小的一个圈子里的时候，你的路只会越走越窄。"①

大学阶段应当教给学生什么？不是简单地只传授毕业之后找工作的技能、能够让学生顺利就业就算完事，更加重要的是要传授让他们在未来的生活中走好每一步，完满地与社会、与人相处，实现自己的价值的东西。所以，想在学校推行改革，开设一些对学生成长发展有终生受用的课程，让每个毕业生走出校门之后不能忘怀。无论是在他们的举止还是谈吐等外化素质方面，让人家一看就知道有母校的烙印。

这么多年，我们没有人冷静下来，认真地思考大学教育到底要达到什么目标。是培养适合不同岗位的职业人，还是促进人的发展？似乎是前者。只要学生能够就业，只要学生在每一个阶段取得成就，就皆大欢喜。实际上，学生作为一个社会人，身上最宝贵、最闪光的东西，我们没有去培养。这样就会导致他们在市场经济的大潮中，容易迷失自己，不能把持自己。这样就不算真正的

① 施一公.大学的意义[EB/OL].(2015-07-16)[2018-07-20].https://www.tsinghua.edu.cn/info/1182/41658.htm

教育，就不是真正成功的教育。所以，学生走出校园之后，一是要树立积极的生活态度，走好生活的每一步。牢记生活是一生的主线，在生活中要有所担当，不要做生活的失败者；二是做解决问题的智者，使他们在国家发展、科学探究之路上，敢于披荆斩棘，为实现民族的、国家的、个人的梦想推波助澜。

三、大学何以固本守正开新：大学文化是什么?

文化是大学的精髓和灵魂。大学所以为大学，并不仅是一种物质意义的存在，更重要的是一种文化意义的存在。大学是一种文化组织，从根本上是一种文化启蒙和人文教化，所谓“文化化人”是也。大学文化是大学的核心竞争力，是大学最为宝贵的软实力。高水平大学最重要是体现为一种创新求高的精神气质，说到底，是培育和彰显一种自强不息、争创一流、追求卓越的大学文化。由此展现一种对国家、对区域、对行业、对师生、对广大校友、对社会以及高等教育同行的信任力、感召力、吸引力、引导力和辐射力。

每一所大学都有自身的起源和传承、发展过程，大学的不同起源与发展形成了不同的大学文化。根据阿什比的大学“遗传环境论”，大学文化同样是由特定的文化基因与内部及外部环境因素融合生成的产物。一所大学应从长期办学过程中总结经验和教训，梳理出能够带领全校师生走向更加美好的未来的可以流传的东西，将其固化下来，变成我们的财富。虽然我们现在还没有意识到，但是，这些思想将会为未来学校的发展提供理论武装，这是大学固本、守正、开新的根本。这些年来，大学受到外部环境的因素影响过多，以至于失去自身文化立场和价值操守，淡化了大学文化的本色、底色和主色，造成大学文化基因变异。这不仅腐化和毒化了大学的机体、细胞和器官，甚至扭曲了大学的核心价值观和灵魂。北京大学王晓教授总结大学存在的四大弊端，都与大学文化紧密联系。一是行政化，将大学办得像机关、衙门，其后果是大学没有充分的自主办学权，教师就没有充分的教学研究的主动权；二是功利化，追求市场效应和经济效益，什么事都和钱挂钩，造成浮躁、腐败现象；三是趋同化，都追求“高、大、全”，热衷于升格、改名、升博，缺少本校的定位特色和优势，所以办的结果是“千校一面、千篇一律”；四是平庸化，缺少独立思考、批判精神和创新精神、开拓精神，盛行模仿、迎合、媚俗①。产生这些弊病的一个根本原因，就是大学文化失去自身的本色、底色和主色，大学缺少灵魂，很容易走入迷途和误区。

要解决这些问题，就必须正本清源，明确大学文化的本质、价值所在，从这些偏差甚至是错误、混乱中，“回归”大学文化的本色和主色，进而回归到大学的本然状态。

第一，大学文化表现为一所学校长期积淀形成的“大学精神”。以安徽师范大学为例，在近年办学的历程中，形成了“厚重朴实、至善致远、追求卓越、自强不息”的师大精神。这股精神是全体师大人共同的思想基础和价值追求，是我们战胜一切困难的法宝，为学校建设发展提供源源不断的精神动力。正如一位老校友所言：“师大人总有那么一股劲、一股气，在困难面前从不退缩，在挑战面前主动作为，在责任面前勇于担当，就是因为我们有师大精神。”这种精神一方面体现了我们这所大学的独立性和自主性，一种追求卓越、自强不息的内在动力；同时，也体现出师大人敢于作为、抢抓机遇、不甘落后、勇于参与社会和服务社会的社会担当。这不仅与前面关于大学本质的理解是一致的，而且是大学本质力量的一种实践和外化。

第二，大学文化的核心价值就是文化化人。大学之大，乃是大智、大爱、大义与大德的结合，不是给青年学生以趋时的技能与媚俗的本钱。大学文化就是要彰显大智、大爱、大义和大德，这才是大学文化的灵魂所在。大学不单纯是提供获利的计谋和就业单位的场所，而是要激发他们理性的光辉和力量，培养他们坚持长远地和全面地看待个人、社会与历史的发展所需要的能力。现代大学最终要让学生通过接受高等教育，养成人类必须具备的最基本的科学与文明精神，从而具备理性的力量；并通过民族优秀文化的传承，最终能够寻求到全民共同的利益和价值，寻求全社会命运之根本②。大学培养的产品绝对不是工具，而是能够适应不同环境和不同岗位的社会人。他们具有一种精神，具备优良的素质，具备观察与思考的态度，具有不断追求上进的进取心与事业心。至

① 吴绍芬.视学生发展为本 铸大学文化之魂:“大学文化建设”研讨会综述[J].中国高等教育,2010(10):45-46.

② 张学文.大学理性研究[M].北京:北京师范大学出版社,2013:182.

于技能性的知识、操作方法与手段，如果在大学校园掌握得不够，在他们进入社会、踏上岗位之后，完全可以自我学习与训练。只要他们具备学习的素质、向上的品质。

第三，大学文化是一定物质和心理空间内师生积极自由的文化生活。雅斯贝尔斯认为，有三件事是大学必须要做的：职业训练、整全的人（the whole man）的教化和科学研究。因为大学以一身而兼备职业学校、文化中心和研究机构这三重身份[①]。布鲁姆认为，一所好的大学应该有另一种气氛；它告诉我们，有一些问题应该被每一个人思考，但是在日常生活中都没有人问，也不可能有答案。它提供自由探索的空气，不许不利于或者妨碍自由探索的东西在；它给出重要与不重要之间的区别，它保护传统，不是因为传统就是传统，而是因为提供在极高的水准上进行讨论的模式。大学是一个以理性为基础的国家的神殿，是奉献给纯粹理性的，它在人们心中唤起崇敬之情，只有那些将自身观念融汇为一体的人才会产生这种感情[②]。德国哲人耶士培也提出："真正的大学必须具有三个组成：一是学术性之教学，二是科学与学术性的研究，三是创造性之文化生活。"[③]

这些年来，由于外在社会诱因，包括政府拨款机制、评价机制和资源配置机制的影响，以及各种社会舆论和需求的导向，导致当前我们在工作中存在"重器、轻道""重学科、轻学生""重物、轻人""重行政、轻学术"的现象。在人才培养中存在着忽视学生成长特性和漠视学生能力素质特性的现象，用工具化、程式化、标准化的方式来培养学生；教学和管理工作中存在思想僵化，墨守成规，对大学生在青年时期所特有的激情、创造、追求和个性化表现不能理解、包容和引导。因此，加强大学文化建设，重点不是物质和符号层面的景致、口号、标牌，或是行政主导的建设方案、计划，而是在于激励"大学师生创造性的教学、研究与文化生活为中心的大学生活方式，这是大学文化之为"大学的文化"的根本所在。其余的物质与制度的文化都是为了服务、保障大学师生创造性的文化心智生活。离开了大学师生生活方式的大学文化建设，都是

① 雅斯贝尔斯.大学之理念[M].邱立波，译.上海：上海人民出版社，2007：67.

② 布鲁姆.走向封闭的美国精神[M].缪青等，译.北京：中国社会科学出版社，1994：264.

③ 金耀基.大学之理念[M].上海：生活·读书·新知三联书店，2001：5.

外加的、缀饰性的、缺少大学意蕴的文化符号。”[①]这种外在缀饰的文化符号，会随着时间流逝很快褪色、淘汰，并不能注入大学文化基因，成为大学历久弥新的文化本色、底色和主色，更不能成为大学固本、守正、开新的文化力量。当然，如何在教育思想观念、制度设计和行为实践上加以落实，还任重道远。

第四，大学文化应外化成富含大气、孕育大师的制度环境。我们都熟知梅贻琦先生那句名言：“一个大学之所以为大学，全在于有没有好教授。孟子说：‘所谓故国者，非谓有乔木之谓也，有世臣之谓也。’我现在可以仿照说：‘所谓大学者，非谓有大楼之谓也，有大师之谓也。’”他对于大师的作用这样阐述道，学校犹水也，师生犹鱼也，其行动犹游泳也。大鱼前导，小鱼尾随，是从游也。从游既久，其濡染观摩之效自不求而至，不为而成[②]。我们现在提出要“以本为本”，打造“国内一流本科教育”，学生素质、办学条件、学校管理等方面固然重要，但最为重要的是能够前导而令学生“不求而至，不为而成”的大师。大学文化建设的根本，在于有没有大师，在于大师是否真正处于大学的中心。唯有大学以学问、学术、学者、学院为中心，大学教师“各安其位，爱校胜己，历10载、50载以至一生工作如斯”[③]，大师才可能从中生成、涌现，才能发挥比“大楼”更重要的作用。这种富含大气、孕育大师的制度环境和制度支持，正是现代大学治理结构和学校综合改革所要解决的核心问题。如何改变以行政权力为中心的大学，凸显以学问、学术、学者、学院为中心，需要深刻的制度变革，从而回归大学事务以学问、学术、学者、学院为中心，回归教授治教、治学。诚然，只有“真正让大学行政事务充分体现大学师生求知问学的需要，而不是反过来让大学师生服务于行政管理体制，由此而让大学回复到大学问的本质所在，这才是大学文化建设的返本归元。”[④]

---

① 刘铁芳.大学文化建设:何种文化 如何建设[J].高等教育研究,2014(1):12.

② 刘述礼,黄延复编.梅贻琦教育论著选[M].北京:人民教育出版社,1993:10.

③ 谢世俊.竺可桢传[M].重庆:重庆出版社,1993:36.

④ 刘铁芳.大学文化建设:何种文化 如何建设[J].高等教育研究,2014(1):16.

高等教育领域中的院校漂移及其政府治理①

——基于安徽省新建地方本科院校的考察

学术漂移现象自产生已经有一个多世纪的时间，尤其是在近五十年里，已经蔓延到北美、西欧、北欧、大洋洲、非洲。乔纳森·哈吾德（Jonathan Harwood）指出，学术漂移是用来描述寻求科研及很大程度上以教学为基础或强调书本学习而轻视实践的一些职业训练机构。学术漂移也被用来描述这样一个过程——“本来被看作有用的知识逐渐失去了与实践的密切联系，而与其他形式的科学知识结合得更为紧密了。”托马斯·凯瑟弗雷德（Thomas Kaiserfeld）把“学术漂移”定义为：非大学机构竭尽全力地谋求向大学机构的转变过程。1956年，美国学者戴维·里斯曼（DavidRies-man）曾经这样描述学术漂移：高等教育系统就像是一个蛇形的实体，最有声望的大学位于等级制度的顶层，声望稍差的高等教育机构位于等级制度的中间，声望最低的院校则位于尾部。处于中间的高等教育机构总是模仿那些处于顶层的大学，位于尾部的高校则模仿那些位于中间的高等教育机构。高等教育机构的组织形式也因此变得越来越缺乏特色。尼夫（Guy Neave）通过对一些国家高等教育的学术漂移分析，提出学术漂移的类型和形态，具体分为“政策漂移”“院校漂移”“学术漂移”和“课程重点的漂移”。凯维克（SveinKyvik）则将“学术漂移”划分为六个不同层面，除政策漂移和院校漂移，还增加了“学生漂移”“教师漂移”“项目漂移”和“行业漂移”。

就我国高等教育而言，学术漂移的一个突出现象正是院校漂移，尤其是近年来大批新建地方本科院校，普遍存在院校漂移，进而导致学校办学定位漂移、政策漂移、课程漂移、教师漂移以及学生漂移。截至2016年，我国有543所新建地方本科院校，占现有高校总数的45%，招生人数和在校生总数分别超过总数的50%，成为我国目前高等教育体系的半壁江山，其对实现高等教育大众化起到了不可替代的作用，为地方经济和社会的发展以及促进就业作出了重要贡

① 本节原载于《安徽师范大学学报》(人文社会科学版)2018年第3期，与徐雪莲合作。

献[①]。就安徽省而言，从2008年开始，其中14所新建本科院校组建了“安徽省应用型本科高校联盟”（又称“行知联盟”）[②]。笔者通过对这些高校的本科教学质量报告的分析和实地考察，发现这些院校不断深化对应用型人才培养模式的探索，从调整专业布局、实行教学改革、强化实践教学、推进产学研用合作、搭建孵化平台等方面，努力践行著名教育家陶行知先生的教育思想，培养知行统一的应用型人才。但总的来说，多数新建地方本科院校存在办学定位模糊、发展目标不甚清晰、课程设置不够合理等不同程度的漂移问题。尤其在创建“双一流”目标和评价体系导向下，新建地方本科院校在高等教育体系中的院校漂移问题愈加凸显。本节以这些新建本科院校为研究样本，通过面上分析和案例剖析，探讨高等教育领域中的院校漂移现象、形成原因，并从政府治理的角度就加强对院校漂移的有效治理提出对策建议。

一、高等教育领域中的院校漂移现象

（一）办学定位与机构名称的漂移

几乎所有的新建地方本科院校都声称其办学定位是地方性、应用型。但通过对多所样本校的章程、发展规划或党代会报告等重要文件研究发现，普遍存在渴望通过升格进一步发展成为综合性大学或研究型大学，以此提高它们的文化资本并获得更多政策支持和社会认可的现象。这种对升格的渴望首先表现在对系部名称的改变上。通过对27所样本校的分析发现，其中15所院校（以下涉及具体学校名称，一律用代码指称）把校内各系部的名称改为“学院”，如“材料与化工学院”“机械与电子工程学院”等，其导致的后果是一个原本被批准设立为“XX学院”的院校，本身又包含了若干中层“学院”。这种所谓“院套院”的做法使系部与学校在名称上的关系变得暧昧不清。

① 全国200多所新建本科院校发布《成都共识》[EB/OL].(2016-11-01)[2018-02-15].http://www.sohu.com/a/117849049_115553.

② 安徽省应用型本科高校联盟简介[EB/OL].(2017-12-10)[2018-02-15].https://www.hfuu.edu.cn/aaoatu/3541/list.htm.

其中在HF学院、CZ学院、TL学院、HS学院、SZ学院已经出台的《“十三五”教育事业发展规划》中，都把学校的层次定位于以普通本科教育为主，适当发展研究生教育。作为应用型本科院校，本应向学生提供以就业为导向的专业知识和技能的教学与训练，重视实践能力培养，而不是一味追求发展学位和研究生教育。

这种竭力与大学的机构名称趋同和谋求发展学位与研究生教育的做法，是一种典型的院校漂移表征，与国外高等教育中的院校漂移现象如出一辙。例如，在美国，有许多学校在短短几十年间由原本单一的教学机构逐步升格为学校、学院、州立学院和州立大学，结果导致它们忽视了地方需求和学校原本为谁而建的问题。又如，悉尼技术学院升格为悉尼科技大学后不久，就放弃了较低水平的课程而专注于学位与研究生教育，并且涉足非技术领域的教学与科研。这种漂移导致的一个直接后果，就是在悉尼严重缺乏可以提供技术课程的院校，致使地方政府不得不创办一所新的技术学院来提供非学位教育。

（二）课程设置和教学内容的漂移

新建地方本科院校的应用型办学定位有着明显的技术应用性特征，其目的是为地方培养高水平的、具有创新和实践能力的专业技术人才。它所提供的课程不应该像大学那样具有较高的学术性和理论性，而应该通过课程学习使学生获得与就业相关的学历文凭或证书，而不是更高的学位。但从样本校的实际情形看，几乎都是在建校伊始，就在课程设置方面仿照高水平研究型大学的做法，倾向于专业理论教学和学术性课程的设置，把学术等同于科研，或者认为只有高深的专门知识才叫学术，只有进行高深专门知识的研究才能够创新、创造，进而导致应用性知识和课程研究不受重视。如BB学院几个专业的理论课程和实践课程的学时安排就是很好的证明（表1）。

表1　BB学院6个专业的理论教学和实践教学学时占总学时比率

专业名称	理论教学学时数	课内实践教学学时数	课外实践教学学时数	理论教学学时比率	课内实践学时比率	课外实践学时比率
机械设计制造及其自动化	2028	347	752	65%	11%	24%

续 表

专业名称	理论教学学时数	课内实践教学学时数	课外实践教学学时数	理论教学学时比率	课内实践学时比率	课外实践学时比率
市场营销	2100	280	688	69%	9.1%	22.4%
电子信息工程	1988	435	656	65%	14%	21%
水利水电工程	2182	281	736	68%	9%	23%
土木工程	2096	287	720	68%	9%	23%
材料物理	2142	416	584	68%	13%	19%

从表1可以看出，虽然该校以应用型定位，但依然重视理论教学而轻视实践和应用技能的训练，实践教学在课程结构中所占比率较小，而理论课占有绝对高的比率。而且，无论专业基础课还是专业必修课，课程内容更多的是理论知识，过于理论化和学术化，远离实践，校本课程匮缺，甚至有些专业明确指出把科学研究和“考研”作为主要目标。教学过程基本是教师教理论、学生记理论、考试考理论，考试结束后学生忘理论。

（三）教师专业发展的漂移

新建地方本科院校在建校伊始，新进教师只要有硕士学位，都可以被录用。现在招聘教师普遍强调学历、学位、科研成果、职称等，而不是职业能力或教学能力。一所样本校的人才招聘启事上所列出的条件是：“中国科学院或中国工程院院士、海外著名学术机构的外籍院士、国家‘百千万人才工程’国家级人选、全国杰出专业技术人才、有突出贡献的中青年专家、教育部‘新世纪优秀人才支持计划’入选者、享受国务院特殊津贴人员、国家‘973’计划课题、国家‘863’计划重大专项、国家自然科学基金重大研究项目、国家社会科学基金重大项目、国家科技支撑计划重大项目、国家科技重大专项项目负责人等高层次人才及海外高层次人才，待遇面议。”其中，虽然也有“鼓励具有相关行业或企业工作经验者应聘”的字眼，但这绝不是优先考虑的条件。除了以上类似的条件外，一些高校通常还会有一些外加的条件，比如：第一学历必须是全日制本科高校、紧缺专业人才必须毕业于“211大学”,等等。显然，在招聘教师时，科研能力与科研成果被当作最重要的选聘标准，似乎把科研工作看作教师即将从事的职业。

不可否认，对高校教师提出科研要求是正确而合理的，围绕教学、实践做科学研究也是必要的。但新建地方本科院校是教学机构而不是科研机构。在教师职称评定中，将科研产出作为硬性的决定性条件，无论讲师、副教授还是教授职称的评定，科研论文、著作、科研项目及其级别，成了硬性的量化指标，只会诱导和助长高校教师专业发展的漂移。为了评上职称，多数教师不得不花费大量时间甚至牺牲备课时间进行论文写作和项目申请。不少教师为追求职称而被动地从事科研，对教学失去兴趣和关注，偏离作为中心工作的教学，最终导致专业发展的漂移。一些教师甚至铤而走险，导致学术不端行为。

（四）学生学业发展的漂移

据教育部最新数据统计，2016年研究生报考人数达到177万，较1995年增加了161.5万，录取人数由1995年的4.0万增加到51.7万。近20年内，考研报名人数虽然在2008年、2014年和2015年出现三次下降，但2017年报考人数再次攀升，达到201万[①]。2018年报考人数继续高涨，达到238万[②]。越来越多的新建地方本科院校正在成为“考研基地”（表2）。很多学生刚一入学就雄心勃勃地定下考研目标，即使是一些对考研还没有清晰认识的学生，也会在同学和学校的引导下选择考研，从而把自己就读的本科院校当作考研的跳板。尤其是在大三、大四备考期间，学生只重视考研科目的学习，学校开设的课程基本不去参加，每天从早到晚都在学校专设的“考研自习室”里“两耳不闻窗外事，一心只读考研书”。即使有的学生到了课堂上，也是埋头在考研资料堆里，而不屑于接受应用性知识和技能，导致学业发展的漂移。

表2 部分样本校2016年考研情况[③]

院校名称	2016年毕业生人数/人	考研录取人数/人
AHXXGCXY	2177	85

① 揭秘：2018年中国有多少人考研[EB/OL].(2017-12-17)[2018-02-15].https://www.sohu.com/a/211001313_504834.

② 2018全国研究生考试招生数据调查报告[EB/OL].(2017-12-27)[2018-02-15].https://www.sohu.com/a/212997088_100005783.

③ 数据来源：样本校2015—2016学年本科教学质量报告。

续 表

院校名称	2016年毕业生人数/人	考研录取人数/人
HSXY	4317	294
CZXY	3799	251
CHXY	4022	231
SZXY	3780	313
BBXY	2789	228
AHDXJHXY	2041	118
AHNYDXJJJSXY	1864	115
AHCJDXSXY	1237	89
HHDXWTXY	2029	242
AHSFDXWJXY	2046	188
WXXY	5098	438
HFXY	3590	317

注：由于只有CHXY和SZXY两所样本校公布了2016年报考研究生人数，而其他样本校报考人数难以统计。公布报考研究生人数的样本校录取率分别为21.25%和35.36%。由此推算，其他样本校报考人数占总毕业生人数的13%~43%不等。

二、高等教育领域中的院校漂移成因

（一）利益相关者“英才教育情结”和利益期待是院校漂移的驱动力

无论中西，“英才教育”都有着悠久的历史。大哲学家、教育家柏拉图认为教育的最高目的是培养“哲学王”，其心目中理想国里的统治者和军人都是精英人才。西方最早的大学是学者研讨高深学问的场所。在中国古代，孔子的“学而优则仕”的“优”亦指培养选拔德才兼备的从政君子、精英。儒家对科技的轻视（嗤之为等而下之的“雕虫小技”）导致中国传统文化重学术轻技术，只有知识分子特别是高级知识分子才被尊称为社会精英。每个国家在制定教育政策时无不考虑到如何让优秀者脱颖而出的问题。除了政府，在寻常百姓的思想中，也深埋下了这种观念。而且无论在历史的哪个时期，也无论是在哪个国度，希望自身或后代通过教育成为优秀者，几乎成为一种普遍的理念。我们暂称之为“英才教育情结”①。在这种精英情结的驱动下，新建地方本科院校的管理者总是把跻身“名牌”行列作为理想，而家长和学生宁愿选择难就业的一些大学，也不愿选择就业率非常高的应用型院校。新建地方本科院校的学术漂移，只不过是为了满足那些未能被高水平大学录取的学生的一种替代性需要。

由于高学历、高学位代表着较高的社会地位和就业机会，科研在很大程度上代表了一个学校的实力，如果一所新建本科院校能够升格为大学，就能得到更多的资源、招收到更优质的学生，进而获得更多的拨款，教职工工作条件和收入将会由此改观，学生也由此获得更多的文化资本和符号资本，在未来就业和社会资源的获得上占据更多优势。所以新建地方本科院校的利益相关者——学生、家长、教职工和管理者无不渴望升格为大学，以期能够给自己带来诸多好处，于是竭尽全力在每一方面都模仿大学，强调理论和科研的重要性。另外，受到国家建设“双一流”战略的影响，许多新建地方本科院校也纷纷提出了“创建一流”的目标，“弯道超车”“跨越式发展”等口号不绝于耳。这些脱离现实、脱离自身办学定位的发展冲动，与其本身应负的职责背道而驰，事实上牺牲了更多利益相关者的利益。

（二）高等教育大众化带来的学历贬值是院校漂移的助推器

高等教育大众化带来了学历的快速贬值，“学历病”在全球蔓延。早在20世纪70年代，日本出租车司机都要求大学毕业学历。也就是在同一个年代，印度出现了大学毕业的公共汽车售票员。当时有6万名失业的工科毕业生，其中不少人还拥有硕士学位。在中国，随着高等学校扩招和高等教育大众化，学历贬值的速度和程度尤其明显。尽管近二十年间中国经济飞速发展，但也难以为每年几百万的大学毕业生提供充足的就业岗位。于是，像北京大学毕业生卖猪肉、南京大学毕业生当保姆等类似的报道已算不上新闻。用人单位在毕业生供大于求的情况下本能地提高自己的门槛，其招聘员工时学历要求升格的实质就是学历贬值。但无论是发达国家还是发展中国家的国民，无不认为教育是改变命运

① 王伟廉.英才教育情结与高教结构改革[J].高等教育研究,1998(3):52-55.

的一个极其重要的途径，而高学历是进入上层社会非常重要的资本。很多新建地方本科院校的学生更是只有选择报考研究生，才能提高自己将来的就业竞争力。

此种趋势进一步加快了学历贬值的速度。新建地方本科院校为了自身生存与发展，同时也为了显示自己的办学实力与水平，于是抓住这个“有利”时机，一切为学生的考研保驾护航，并制定相关的激励政策鼓励学生求得更高学位，从而取代已遭贬值的本科学历。这种做法致使许多学生对前途感到迷惘，在考研与就业之间摇摆，进而降低了对本科教学、实用知识与技能的关注度，偏离应用型人才培养目标，走上追求考研率的学术漂移之路。

三、政府治理的对策建议

高等教育领域中的院校漂移所带来的负面影响应当引起政府重视，政府应采取针对性的策略和措施，变管理为治理，改变种种政策漂移的倾向，以便院校漂移得到有效遏制，有效引导新建地方本科院校健康可持续发展。

（一）引导新建地方本科院校向应用型方向转型

新建地方本科院校作为我国高等教育体系的有机组成部分，具有自身的社会功能定位，如果试图模仿办学历史较长、水平较高的研究型或教学研究型大学，不仅暴露出一种自卑情结，也意味着他们对本校学生和对自己所教的应用性知识、技能的轻视。受此影响，学生们也会产生自卑情绪，从而对地方院校及应用性知识与技能产生偏见。

尽管高等学校的社会职能是教学、科研与社会服务，但不同类型高校间应该形成合理的分工，承担不同的职能，形成不同的生态位。高等教育的多样化是衡量高等教育质量和满足学生变化的需求的指标，多样化的高等教育结构和系统能够满足不同群体不断变化的需求[①]。2015年5月，国务院印发的《中国制造2025》指出，要加快培养制造业发展急需的专业技术人才、经营管理人才和

① 王占军.高等教育市场化下的“学术漂移”遏制：以美国密苏里州为例[J].比较教育研究，2011(9)：12-16.

技能人才，突破一批重点领域关键共性技术，把中国从制造大国转变成制造强国[①]。新建地方本科院校应当抓住这个有利时机，从对精英情结和趋上攀高的漂移中走出来，切实转向培养国家和社会所需要的各种应用型人才，转向以关注民生、改善民生为重点，促进学生更有效学习、更充分就业上来。同时，政府应加大统筹力度，从高等教育如何提高服务经济社会发展能力、促进就业和改善民生出发，加强对新建地方本科院校漂移现象的有效治理和合理引导，引导新建地方本科院校向应用型方向转型，加大对实践教学的财政投入，加强实习实训基地建设，鼓励企业参与学校学科专业建设和人才培养的全过程，设立应用型高水平大学的评估与资助政策。

（二）指导新建地方本科院校合理设置和优化课程体系

新建地方本科院校的课程设置应遵循应用型人才的培养规律，切实体现"地方性、应用型"的办学定位，真正符合"实基础、适口径、重应用、强素质"的要求，加强实践教学，增设校本课程，凸显应用型人才的技术性、职业性和复合型的特征；体现专业特色，按照"公共基础课适用、专业基础课够用、专业课实用"的思路，来构建结构合理、特色鲜明、符合应用型本科教育的课程体系；丰富选修课程资源，以整体优化学生的知识结构，适当设置一些有利于培养应用能力、与行业资格考试紧密联系以及与地方经济建设深度融合的课程，以方便学生考证与就业。

实践教学是应用型高校教学体系的核心环节，因此要合理设置实践教学环节，完善实践教学体系。培养方案要将课程实验、课程设计、实习教学、毕业设计（论文）、社会实践等进行统筹规划，构建多方面、多层次的实践教学体系。要改革实验教学的内容和方法，增加综合性和设计性实验；提高课程设计、毕业设计（论文）、实习教学、社会实践活动的质量和效益。鼓励学生积极参与实践，引导学生通过科技活动、社会活动、文体活动等来提高自身的能力和素质，最大限度地激发学生的科学探索精神和创新意识，切实提高他们的应用能力、表达能力、组织能力、适应能力和职业素养。

---

① 国务院关于印发《中国制造 2025》的通知[EB/OL].(2015-05-08)[2017-12-08].http://www.gov.cn/zhengce/content/2015-05/19/content_9784.html.

（三）深化新建地方本科院校教师选聘和职称评定制度改革

澳大利亚联邦顾问委员会曾经设想新建学院的教师们应该来自工业、商业等职业领域，并且教师要定期地往返这些领域接受新的训练。新建地方本科院校的教师选聘应该重视教师的行业经验和专业技能，而不是教师所获得的学位和学术表现。只有良好的教学能力、实践知识与技能才能满足学生的真正需求。

新建地方本科院校的教师所承担的主要任务是教学并培养学生的应用能力，这不是说教师不做学术，而是应该在主要任务完成的前提下再做科学研究，重点是做应用性学术。事实上，大量的研究工作主要应该由研究型大学来承担，而不是要强迫地方院校教师为了晋职都去一窝蜂功利性地做科研。政府教育主管部门应当引导地方院校改变教师职称评定标准，建立多元化科学合理的评定机制，改变将论文、著作以及科研项目当作硬性指标的做法，更多地强调教师的专业技能和行业业绩、教学能力、职业道德和受学生欢迎程度。同时，制定应用型高校教师职称评定、专业带头人和教学名师等专项评选政策，加强对新建地方院校教师专业发展的引导和支持。

（四）调整新建地方本科院校办学水平评估、绩效拨款的标准和指标

教育部每五年一轮的本科教学工作评估，对高等学校教师的学历、学位和职称等提出硬性指标。评估目的是提高高校办学质量和形成办学特色，不是追求同质化发展。因此，对不同性质、类型的高校应实行分类评估，探索政府评估、院校自我评估和校际评估，第三方评价机构和社会多元评价相结合的评估制度，将教师的教学质量、学生和家长的满意度、促进就业、对当地和所在社区的贡献度、社会的评价和用人单位满意度作为评判的重要参考标准，以确保学校定位与人才培养质量之间的吻合度。

此外，我国高等教育虽已采用以绩效为导向的资源配置方式，但目前高校的绩效拨款制度还不完善，拨款标准和指标体系僵硬单一，缺少多样性和灵活性。绩效拨款需要建立较为完善的指标体系，并建立在绩效评价的基础之上，政府应调整僵化单一的绩效评价指标体系，建立科学合理的分类评价指标体系。

对于新建地方本科院校，应当重点考核其在应用型人才培养目标上的达成度以及与行业和岗位要求的契合度，从教学成果、人才培养质量、服务社会、资源和文化共享等方面设立评价指标体系，以此作为拨款和各种项目资源分配的主要依据，促使新建地方本科院校向着应用型方向转型和发展。

累积公共性　克服行政化[①]

——《地方高校哲学社会科学科研管理创新研究》评析

现代国家及政府的重要职能是通过国民税赋建立公共财政制度，发展科学、教育、卫生等公共事业，兴办公共交通、公共信息等公共设施，提供公共卫生、公共安全等公共服务。以此造福于国民，保障其执政的合法性地位。随着现代社会结构的分化，发展科学技术并不是政府的专营，或者说，它当中的一部分必须通过市场需求这一引力作用而分散到市场中去，由社会、私人承担[②]。由于科研产品属性及其提供方式的不同，科学研究划分为公共产品类科研和非公共产品类科研。前者是指其成果的使用具有非排他性（一个人在消费时不能将其他人排除在消费之外）和非竞争性（一个人消费并不减少消费者的可用量），或者其成果虽然具有排他性和竞争性，但主要用于公共消费而营利机构又不能或不愿无偿生产与提供的一类研究。它主要由基础研究构成，也包括部分的应用研究和发展研究[③]。这种公共产品类科研主要是由一些公益性科研机构负责生产和提供的。例如，美国的公共产品类科研主要由政府、高校和非营利性科研机构来进行，大多由理事会来管理，理事会代表着公共的利益，负责监管、制定章程、选拔领导人、批准工作计划和预算。德国与美国有所不同，虽然公共产品类科研主要是由高等学校及非营利性科研机构来承担，而且科研管理主要是由科研机构的监事会或理事会来负责的，这些机构并不是政府直属机构，但由于这些科研机构的主要投资人和创建者是政府，因此，在大多数情况下，政府代表都具有表决权[④]。不过，从1990年开始，德国科研管理开始了系列改革，

① 本节原载于《学术界》2013年第7期。

② 王元地，刘风朝，潘雄锋.浅析科研领域公共产品和私人产品的界定与区分[J].科技管理研究，2003(2)：165-167.

③ 周莹莹，齐文春.公共产品类科研项目的分类及定价体系研究[J].产业与科技论坛，2008(7)：115-117.

④ 李健，高彤，徐雪芳，等.国外公益性科研机构管理机制对我国的启示[J].科学学研究，2009(2)：361-364.

在许多方面向美英模式并轨，扩大高校自主权，以保证合格科研人员供给，引入竞争机制，加强横向合作，强调研究绩效，鼓励研究成果的运用[①]。

与之相较，我国科研体制机制既有其一般的共性，也有自己的特点。所谓共性的一面，是指随着社会主义市场经济体制的建立和完善，我国的科研事业也从单纯的政府投入和主导，向政府之外的社会和市场拓展，科研成果除由政府、高校等公益性机构提供的公共产品类科研之外，一些通过知识产权保护和专利制度形成的具有私人产品性质的科研成果在技术市场十分活跃。这进一步成为促进科技进步和繁荣的重要动力。同样，我国公共产品类科研的机构形态上，高等院校也占据了半壁江山。据统计，我国哲学社会科学五大类型机构共有32万人，其中高等院校就占4/5。从不久前公布的国家社科基金2013年年度项目和青年项目立项看，总数为3826项，五大社科研究系统中，高校3280项，占立项总数的85.7%；社科院225项，党校149项，军队67项，各级党政机关及其他105项，上述情况与往年大体一致[②]。所不同的是，虽然市场经济发展到今天，科研体制改革和教育体制改革不断深化，但总体来讲，高等学校特别是公办高校更多是存在和运行于政府的体制之中，无论是经费来源还是招生指标以及科研项目等公共资源的获得，都来自政府，掌控在政府的手中。这就提出一个相因相连的两难课题，即政府如何对社会公共需要进行科学分析，进而通过政府分配行为，以满足社会公共需要，保障由公共财政支持下的公益性科研的公共性，包括它的使用效率、公益性与公平性；另一方面，政府部门又如何在科研活动中进行合理的职能定位，建立合理的科研管理体制与运行机制，使政府职能能够充分遵循科研活动的规律，克服科研管理的行政化呢？这一方面需要区分政府与市场的职能边界，界定好公共产品类科研和非公共产品类科研，另一方面，也有利于政府自身的职能转变与管理创新。这对于哲学社会科学特别是高校哲学社会科学研究来说更为突出。

对此，刘新跃教授新著《地方高校哲学社会科学科研管理创新研究》进行

---

① 王来武，乔传福，张幼斌．德国公共科研机构的管理、资助及改革述评[J]．现代情报，2005(11)：219-222，227.

② 全国哲学社会科学规划办公室.2013年国家社科基金年度项目和青年项目立项结果公布[EB/OL].(2013-06-17)[2013-07-02].http://www.nopss.gov.cn/n/2013/0617/c219469-21868735.html.

了有益的理论和实践探索。刘新跃教授认为①，与自然科学相比，哲学社会科学在研究对象上，研究物质世界和人类社会发生、发展、变化的规律，主要解决的是人类活动的秩序问题，存在着研究主体与研究对象的交互式的关照；在研究方法上，哲学社会科学更多依靠研究主体的思考、领悟和总结比较得出结论，需要投入更多的“智力资本”，更加耗神耗力；在成果转化上，哲学社会科学的成果往往是间接的，通过观念引领、制度革新、方法改革、思路启迪来进行，成果评价不能急功近利。而与其他哲学社会科学研究机构相比，高校的哲学社会科学研究更具有超脱性，关注民族、国家和人类社会及人自身发展的根本性、未来性问题；高校哲学社会科学研究还具有兼顾性、学科性等特点，在科研管理体制上必须恪守学术自由的原则，不能过度行政化。进一步言，我国哲学社会科学研究与国外哲学社会科学研究还有着重要区别，除了意识形态的不同、服务对象的不同、研究语境的不同，还有一个十分重要的区别就是中国科研体制的行政化倾向明显，科研机构依附于政府，缺乏独立性，高校的哲学社会科学研究也不例外。

诚然，十七届六中全会以来，推进高校哲学社会科学繁荣发展已成为繁荣发展哲学社会科学，推动社会主义文化大发展、大繁荣的重要工作抓手。高校哲学社会科学队伍之庞大、人才之集中、学科之齐全、成果之厚重，决定了高校是我国哲学社会科学繁荣发展的重要主力军。如何加强高校哲学社会科学管理，释放高校哲学社会科学的创新活力，推进高校哲学社会科学繁荣发展，能够发挥认识世界、传承文明、创新理论、咨政育人、服务社会的重要功能，这不仅事关德智体美劳全面发展的社会主义建设者和接班人的培养，也直接影响到全民族思想道德素质和科学文化素质的提高，以及社会主义文化大发展、大繁荣的实现。然而，高校哲学社会科学发展到今天，早已不再是高校教师的各自为阵、白首穷经了。在具有中国特色的现代学术体制下，学术资源的分配与获得，学术队伍的聚集与流动，学术平台的搭建与形成，学术方向的确立与调整，学术水平的评价与认定，越来越成为一种有组织的社会行为。也就是说，高校哲学社会科学研究已经由以高校教师科研人员为单一主体的非组织或自组

① 刘新跃.地方高校哲学社会科学科研管理创新研究[M].合肥:安徽人民出版社,2012:4-9.

织行为，发展到成为在政府主管部门、学校科研管理部门一定制度规约和管理下，高校教师科研人员开展的他组织行为。这种制度规约与管理，不仅出于一种科研方向和行为上的引导与控制，也是运用管理科学的理论和方法，形成既能有效整合资源，又能充分发挥各相关主体的积极性的调控机制，进而提高高校哲学社会科学水平和效能的重要途径。正如中共中央办公厅、国务院办公厅转发《教育部关于深入推进高等学校哲学社会科学繁荣发展的意见》中指出，要创新高等学校哲学社会科学科研体制机制，深化科研管理体制改革，创新科研组织形式，完善以创新和质量为导向的科研评价机制，完善科研经费投入和使用机制。教育部、财政部印发《高等学校哲学社会科学繁荣计划（2011—2020年）》中进一步明确要求："一手抓繁荣发展，一手抓科学管理，建立健全哲学社会科学管理体系，为学术发展提供良好的制度保障。"[①]可见，推动高校哲学社会科学管理创新，是高校哲学社会科学繁荣发展的重要理论和实践课题。然而，如何建立政府教育行政部门、高校科研管理机构与高校哲学社会科学研究者等不同主体之间的关系，建立合理有效的科研管理体制和机制，累积公共性，克服行政化，是高校哲学社会科学繁荣发展的制度保障。

其实，高校哲学社会科学研究的公共性降低，不仅源于教育行政部门集中统一的管理体制导致的高校哲学社会科学管理的"被行政化"，而且同样也存在于高等学校自身的"自行政化"。就高等学校自身，首先存在着高等教育的公共性与高校内部管理的行政化之间的矛盾，现代大学治理结构缺位导致大学的学术权力难以确立；高校功能定位和层级的分化与差别对待，不仅导致高校之间不公平竞争，而且在学校内部，由于行政力量的介入和政策导向，校内不同学科、教师之间也存在资源配置和地位待遇的不公平，校内科研评价用一把尺子去衡量，必然带着学术繁荣与学术泡沫并存，真正的精品力作乏见。就高校科研管理部门而言，其行政化倾向进一步加重了高校哲学社会科学的公共性式微，具体表现在：重理轻文的倾向普遍存在；以竞争性经费为资源分配的项目中心主义，导致高校科研重立项轻结果、重管理轻服务、重数量轻质量。

---

① 教育部，财政部．关于印发《高等学校哲学社会科学繁荣计划（2011—2020年）通知》[EB/OL]．(2011-11-07) [2013-05-20]. http://www. moe. gov. cn/srcsite/A13/s7061/201111/t20111107_126304.html.

以此看来，高校哲学社会科学研究的公共性式微，是与行政化倾向相辅相成的，需要联系起来分析。诚然，大学最重要的功能和价值应该是它的公共性，包括它作为社会道德的楷模，成为公共利益的代表、人类理想的寄托，以及精神与文化的家园。大学公共性的核心内容应该是体现、维护和发展社会的公共利益，而且它也应该是大学最基本的宗旨。大学虽然可以做许多事情，但其公共性和对公共利益的维护与发展，才是社会和公众对大学最根本的期望。事实上，政府对大学的干预并不意味着与大学的公共性不相容，相反政府对大学的干预包括对高校哲学社会科学研究的干预，不仅基于公共财政的责任，而且恰恰是保障大学的公共性需要。另外政府干预大学也是行政权力对大学自治的必要制衡和对学术自由的必要约束。“研究自由虽然是学者的一项基本权利，属于个人自由与私人领域，但随着科学研究公共性的提高，以及科学技术可能给人类社会带来无法想象的危险、不幸，学者必须接受一定的制约，负有拒绝能造成有害结果的学术研究的责任。……换言之，为促进科学用于公益的目的，政府必须对研究自由给予适当的约束。”①质言之，“大学行政化”的核心是利益，面对利益的共同追逐，便自然而然形成了大学中的功利化浪潮”②。前述高校哲学社会科学研究对利益的共同追逐形成功利化浪潮，进而造成的公共性式微，根源是政府在高校哲学社会科学研究的资源配置方式上过多地直接干预与把持，导致大学处于从属和追逐的“被行政化”地位；按照这种制度逻辑和思维惯性，高校自身的科研管理同样是通过“自行政化”对哲学社会科学研究机构和个体进行直接的干预与把持，进一步导致哲学社会科学研究机构和个体的“被行政化”。

围绕累积公共性、克服行政化这一旨趣，笔者在多年从事省级教育行政部门哲学社会科学领导和管理的岗位实践基础上，运用管理学、组织行为学、制度经济学、教育学、心理学、统计学、博弈论等相关理论和方法，以一个省份作为样本，深入研究三类主体和谐耦合的平台与模型，试图实现高校哲学社会科学科研管理体制机制的创新。笔者基于多元主体分析，进行多元主体和谐耦合及其政策设计的理论尝试。这种耦合是基于高校教师科研人员的科研创作自

① 朱新梅.大学的公共性与政府干预[J].复旦教育论坛,2006(1):45-50.

② 郑咏梅,等.大学行政化诊断与去行政化路径创新[J].湖南社会科学,2012(6):241-243.

由权、高校科研管理部门科研管理自主权，以及教育行政部门的科研行政管理权的相互依存与矛盾统一。在这里，笔者引入物理学中“耦合”概念，为高校哲学社会科学管理多元主体间关系的理解与处理，找到一种科学的理论模型——多元主体之间通过良好的沟通和相互作用而彼此影响以至和谐相处，为共同的目标而联合形成管理合力。通过这种多元主体的耦合，以达到三类主体共同孕育高校创新文化的社会氛围、共同推动高校创新文化形成的组织领导、共同构建高校创新文化发展的民主决策机制。站在这一理论平台上，笔者对高校哲学社会科学科研管理的多元主体之间和谐耦合进行具体的制度设计，提出相应的技术保障，包括教育行政部门与高校之间、高校与教师之间，以及三类主体之间的相互监督约束机制。以此达到教育行政部门在哲学社会科学科研管理上的“有限”与“有效”，实现控权增效、提高效能；达到高校科研管理机构的“有位”与“有为”，以扩大自主权，提高贡献度；实现高校教师科研人员的“有利”与“有力”，释放科研的主动性与积极性，多出精品力作。

最后，笔者将这一理论框架和模型运用于具体实践，以安徽省高校哲学社会科学科研管理为实践样本，具体透彻地分析了这一样本的环境、构成与结构等，揭示了2001—2006年间高校哲学社会科学科研管理中存在的突出问题。这些问题恰恰验证了本书所提出的多元主体耦合的观念与制度上存在的缺陷所导致。接着，笔者从一个研究者与管理者的双重视角，从耦合的理论模型出发，系统地提出安徽省高校哲学社会科学管理创新的对策建议。这些建议不是站在教育主管部门、高校或教师立场的相互指斥、各弹各调，而是充分体现一种耦合和谐的基本理念与思路。这些对策建议可算是下深水、接地气、摸实情、出实招。这对于高校哲学社会科学研究累积公共性、克服行政化，无疑是一种可资借鉴的实践创新。

总览细窥 鉴往启今

——《中国近代大学校长研究》评析

学者的使命是基于一定的学科基础、制度、方法与理论，结合社会需要、学科逻辑和自身的旨趣，不断提出新说，探究新知，开辟新的学科领域，推动学科融合，培育新兴学科。这需要勇气、坚守、敏锐与智慧，但从根本上说，是学者的一种历史担当、社会担当与学术担当。多年来，程斯辉教授从事着教育史研究这一本行；同时，结合社会需要和自身的旨趣，进行了大量的教育管理学方面的研究。他在这两个学科都取得了令同行称道的出色成就。近年来，他又在这两个似乎不太搭界的学科之间，开辟了一个崭新而开阔的交叉学科领域——教育管理史学研究。他在完成《中国近代教育管理史》《中国教育管理模式研究》《新中国著名大学校长（1949—1983）》《教育之道》等著作之后，进一步将视线前移、外推，深入研究中国近代大学的校长，并计划研究国外大学的校长，出版《中国近代大学校长研究》《厚生务实巾帼楷模——金陵女子大学校长吴贻芳》等专著，并发表了一批方向集中的研究论文。这不仅展现出程斯辉教授的学术勇气、坚守、敏锐与智慧，更反映出一个教育学者的历史担当、社会担当和学术担当。

《中国近代大学校长研究》（人民教育出版社2010年版）一书是程斯辉教授主持的全国教育科学“十一五”规划2007年度教育部重点课题的终期成果。这是他怀着对中国近代大学校长的一种崇尚敬仰之心，经过大量史料梳理与钩沉，精心设计研究框架，运用比较史学和计量史学等方法所形成的一项学术成果。应当说，国内关于大学校长的研究并不鲜见，对于中国近代一些大学校长的事迹特别是他们的一些言论、观点，很多研究者、管理者乃至社会公众都能熟练地引述。但作为一个专业研究者，如何基于现有研究，做到“总览细窥、鉴往启今”，是需要很大学术勇气和担当的。正如教育史学家王炳照先生对著者所认为的，对中国近代大学校长作群体研究，意义重大但难度也大！特别是在现有的偏于个体、微观、定性和纵向研究基础上，将中国近代大学校长作为一个总体，结合所处社会背景和教育体制，进行群体性、全景式的定量研究和比较研究，是一项开创性的学术工作。通读全书，笔者以为《中国近代大学校长研究》凸显了以下几大特色：

一、个案考察与群体分析相结合，开辟中国近代大学校长研究的新视野、新领域、新范式和新境界

由于政权更迭、学校类型、经费来源以及个人背景等多样性和复杂性，对中国近代大学校长这个特定人群的整体研究是一件困难的事。过于“整体”的考察会失之于笼统、空泛；过于“具体”的考察则容易淹没在纷繁杂乱的历史事实和个别现象之中，难以形成具有概括性和说服力的研究结论。对此，著者煞费苦心，进行合理规划与定位，沿着“总-分-总”的线索，将个案研究与群体研究相结合，形成一种独具特色的研究框架，由此开辟了一系列中国近代大学校长研究的新视野、新领域、新范式和新境界。首先，导论及第一、二章，从教育管理体制切入，总体考察中国近代大学校长的法律定位、数量统计、类型划分，以及大学校长的任职标准、任期、年限、待遇和离职。这种总体考察通过定性与定量研究相结合，文献分析与逻辑分析相结合，形成关于中国近代大学校长制度安排与主体实践的一系列重要的事实判断。接着，该书分国立、私立两大类型对中国近代著名大学校长的办学思想和治校方略进行个案式分析，深入考察他们在特定社会背景、制度框架和校情状况下，通过各自的能动实践，实现人才培养、科学研究和引领社会的大学使命。这些近代著名大学校长包括北京大学校长蔡元培、蒋梦麟、胡适，清华大学校长梅贻琦，武汉大学校长王世杰、王星拱、周鲠生，浙江大学校长竺可桢，南开大学校长张伯苓，厦门大学校长林文庆，复旦大学校长李登辉，金陵大学校长陈裕光，辅仁大学校长陈垣，金陵女子大学校长吴贻芳，等等。最后，该书进一步对中国近代大学校长的办学特色、成功之道以及“失败”型校长的教训进行总体概括与分析。

沿着这条“总-分-总”的线索，不同环节则基于不同视角，形成中国近代大学校长研究的一个路线图和逻辑链。如通过第一轮总体考察，分析得出中国近代大学校长的职业角色、权力结构、任用制度的外在规定性，以及大学校长

作为一个实践主体的教育理想、精神品格和个人追求的重要作用。在环境与人的相互作用中，更加彰显了大学校长作为实践主体的能动地位和作用，充分体现了马克思主义唯物史观。在著名大学校长的个案研究环节，则尽显各位校长的教育思想、人生道路、职业旨趣、精神品格的独特风采与魅力。这既是对前面“总述”和“概览”的必要深化与印证，又为后面进一步概括与评价提供了重要的准备和基奠。到了第二轮总体研究，作者则由“史”转“论”，重在对中国近代大学校长的办学特色、成功之道和失败教训进行理论分析与揭示，做到教育史学的事实研究与教育管理学的价值研究相结合、相辉映。

二、文献研究和计量分析相结合，还原中国近代大学校长制度及其治校办学的历史真实

著名史学家章开沅先生指出，在百余年中国新式高等教育发展过程中，有一大批筚路蓝缕、披荆斩棘的先驱者，他们呕心沥血，殚精竭智，为中国现代大学的奠基与成长作出了不可磨灭的贡献。我们应该永远铭记这些先驱者的功绩，特别是那些办学有成的著名校长，他们和他们所辛苦经营的著名大学，乃是中国高等教育史上的一块块丰碑①。是什么力量驱使这些大学校长为大学的创办、承续和发展而终生奋斗的？为什么一些大学校长被人们长久铭记和怀念，而其他多数校长却被淹没在历史的尘烟中呢？大学校长究竟与大学的盛衰发展有什么关系？在中国近代不同的社会背景下，对大学校长的任用和管理是如何进行制度规定的？大学校长的办学思想、治校方略和办学特色是怎样形成的？成功型校长和失败型校长各有什么样的特点？该书通过大量文献研究和计量研究，帮助我们还原历史真实，揭示蕴含其中的一些内在规律。

该书从大学的定位和办学宗旨入手，厘清中国近代大学校长的角色、职能和使命，考察不同时期政府对大学校长的法律规定。根据一定的原则和标准，作者对自中国近代大学产生到1948年底共536位曾出任各类大学校长的人进行统计，并对这些校长的任用时间、任用方式、任职次数、离职状况和师生态度评价进行科学的计量史学分析，得出一系列重要结论。如无论是国立还是私立，

① 章开沅.《中国著名大学校长书系》序言[J].高等教育研究，2004(3)：1-4.

是政府任命还是董事会聘任，都没有对大学校长的任期、任职年龄进行限定。这进一步揭示出中国近代大学校长任期长短和任职年龄与其作为、成就等方面的关系。此外，作者还考察了中国近代大学校长的待遇和离职情况，包括这个特定人群对待遇及离职的态度以及离职的原因和去向。这种考察是全景式、群体性的，而不是按照研究者某种价值前提和偏好进行取舍、裁剪的。这种客观的分析求证，恰恰反映出作者通过学科交叉所开展的中国近代大学校长研究的特色与价值，有利于还原中国近代大学校长制度运行及其治校办学的历史真实。

作者研究发现，中国近代大学无论是国立还是私立，校长任职年龄主要在35岁到50岁之间，太年轻或年龄过大，都不利于大学校长的成长和办学成就的取得。在民国时期的国立大学，35~50岁之间任职并获得长任期的校长，许多后来都成为著名的校长和教育家，如蔡元培、蒋梦麟、梅贻琦等；在私立大学，35岁以下和35~50岁任职的校长分别占43.75%和37.5%，这不仅是私立大学校长任职时间较长的一个原因，也是他们能较长时间探索成长，甚至终身以教育为职、作出突出贡献的一个重要前提。作者在考察校长的待遇和离职状况后发现，近代大学校长对待遇问题大都不予计较，他们中的多数人将手中权力当成实现教育理想的手段，很多人还将自己所得的报酬奉献出来接济贫困学子或赞助公益事业。这反映出这个特定人群总体上是以教育事业和学校发展为重，不计个人利益和得失，展现出很高的人格魅力和道德风范。

三、个体研究与类型研究相结合，揭示中国近代大学校长成功与失败、模范与平庸的经验与教训

由于环境、人以及实践的中介作用不同，要对中国近代536位大学校长的研究做到总览而又细窥，是一项艰难的学术工作。作者选择了类型学的研究范式和方法，得出对中国近代大学校长这一特定群体的深入认识，从中获得一些个体性研究难以得到、而整体性研究又欠深入的研究结论。根据所概括出的分类标准，该书将校长们划分为长任期型、中任期型、短任期型，模范型、平庸型、“失败”型，委任型、选任型、聘任型、被举荐型，被迫辞职型、主动辞职型、正常离职型，受欢迎型、可接纳型、被拒绝型，中方文化主导型、西方文化主

导型、中西文化兼容型，政教合一型（或官师合一型）、教学与校政合一型、专任型，一任型、多任型、代理型，放任型、民主型、专制型，教师学者型、社会活动家型、政府官员型，老年型、中年型、青年型，还有有党派型、无党派型，有宗教信仰型和非宗教信仰型，等等。接着，作者再对一大批中国近代著名大学校长的个案作深探细研，上述的类型分析就变得更加充实和令人信服了。在他们身上，这些类型都得到了具体的印证和体现，或者说，这些类型分析是在大量个案分析基础上进行的一种合乎逻辑亦尊重事实的概括与提炼。这为我们认识与研究中国近代500多位大学校长提供了一个可资参照的坐标系和分析框架。

基于类型分析，该书进一步对不同类型大学校长的特质作出史论结合的要素与结构的提炼，揭示出中国近代大学校长成功与失败、模范与平庸的经验与教训。首先提炼的是中国近代优秀大学校长所共有的能力结构、知识结构、性格结构和品格结构。例如，在能力结构上，近代优秀大学校长的群体性格特征主要包括敏锐的洞察分析和预见能力，及时、果断、科学的决策能力，勇于改革创新的能力，预防和处置学校事故与突发事件的能力，善于总结办学经验和提炼办学思想的能力。在性格特点上，主要包括：深谋远虑、大度宽容、守正不阿、率直诚恳、开拓敢为、坚韧执着、严慈相济。在品格特征上，主要包括：遵法守约、尊重信任、爱岗敬业、忠诚博爱、责任奉献、学而不厌、诲人不倦、以身作则、谦虚谨慎、求是求真、忧国忧民、清廉高洁。至此，作者并未止步，而是进一步探究那些“失败”型校长失败的表现及其深层原因（当然这种“失败”具有相对性）。这种分析并不是概念式的，而是有着活生生的案例和史实，并指出这些“失败”固然有着复杂的制度、政治、经济和环境等外在原因，但关键的原因还在于这些校长或失志、或失策、或失信、或失察、或失计、或失礼、或失言、或失省、或失心。这种类型研究及由此揭示出的各种类型校长的特质，显然有利于后人汲取经验教训。

四、历史研究与现实观照相结合，为当代大学校长管理专业化和造就当代教育家提供有益启示

中国近代大学校长研究主要是一项历史研究，即还原历史真实，揭示历史真相，并从中发掘一些规律性认识。但作者并未满足于此，而是进一步联系到当代大学校长治校办学及其管理专业化的现实。无疑在高等教育规模和结构大大发展、教育管理体制高度健全的当下，教育的发展难以指靠几个或者一群教育家的思想引领和实践感召，而是需要国家相关法律、法规、政策和体制的完善。然而，教育永远是实践的，是人的活动。大学校长是大学行政负责人，是大学集体的组织者，是大学法人代表，是言传身教的示范者，是大学的旗帜。在中国近代风雨如磐、民不聊生的年代，这些筚路蓝缕的大学校长为高等教育所作出的历史贡献以及他们的人格风范、治校之道，无疑是今天大学校长成长及其管理专业化的一本生动教科书。诚如《学记》所云："君子既知教之所由兴，又知教之所由废，然后可以为师也。"作为大学校长，同样应了解治校办学的兴废之道。而且大学之谓大学，除了受不同时代政治、经济、文化和社会条件的制约，总有着自身的内在逻辑和规律；大学所存在的问题和所面临的挑战，也具有跨越时空的普遍性。例如，如何克服高校行政化以及大学校长的官僚化，促进民主管理？如何克服大学所滋生的教育腐败、学术腐败，彰显大学精神？如何确立治校方略，实现教育理想？如何重视教师队伍建设，提高教育质量，造就一流人才？对于这些问题的解答，我们都能从中国近代大学校长的制度设计以及大学校长的治校办学实践中找到启示。

该书研究认为，中国近代大学校长群体中有相当一批人成了教育家，有着外在和内在两方面原因。外在原因在于：近代社会转型对教育家提出了新要求，国家民族危机赋予了教育新使命，政治管理相对松弛提供了教育改革新环境，思想文化解放运动为教育变革注入新活力，中西教育文化交流碰撞为教育发展提供新借鉴；内在原因则在于：这些优秀校长自身的能力、知识、性格和品格。

在今天这样一个教育改革的年代，国家和社会主动呼唤和积极倡导教育家办学。历史和实践向我们昭示，担任校长并不一定意味着成为教育家。上述的

客观条件和历史条件自不可能再造或复制，但中国近代大学校长群体中相当一部分人成为教育家的事实和过程，还是可以为今天造就教育家队伍、实现教育家办学提供历史经验和借鉴。该书指出，政府和社会要为大学校长施展才华、实现抱负创造宽松环境；实行大学校长选任的公开竞聘，赋予师生选择大学校长的权利；赋予大学校长充分的办学自主权；构建大学校长任期跟踪考评制，赋予师生提出撤换校长要求的权利；强化大学校长任职的专业化要求。大学校长要淡化官员意识，努力提升自己的教育家素养。特别是那些成为教育家的大学校长所展现的精神风骨，更是值得今天的大学校长们学习，具体表现为：把握大学使命，彰显大学精神，办理想、境界高远的大学；尊重学术研究规律，维护学术尊严，办兼容并蓄、思想自由的大学；重视学校管理的建章立制，办运行有序的、法治化的大学；注重教授治学与学术自治，构建富有活力的、民主的大学；严格培养过程管理，努力办高质量的大学；既重视开源，更重视节流，办节约型大学；集中力量，形成优势，办有特色的大学；通盘筹划学校发展，创建目标明确、环境优美、校风纯正的大学。

哲学家培根说：“读史使人明智。”古人又云：“以史为镜，可以知兴替。”这些箴言真的值得今天的大学校长和管理者们细细体味。

第五章　教师教育现代化研究

师范院校服务农村教育的百年历程与当代转型①

20世纪末及21世纪以来，历经百年的中国师范教育开始踏破栅栏，实现向教师教育转型。然而，无论是师范教育制度自身的发展，还是由师范教育向教师教育转型，都必须面对和立足中国作为一个以农村、农民和农业为主成分，具有城乡二元特点的发展中国家的国情实际。回顾师范教育百年历程，我们依稀可见，这既是一条制度自身不断升级、改革和完善的发展之路，也是一条不断适应国情实际的中国化过程。而由师范教育向教师教育转型所出现的种种困惑和疏躅，同样昭示一个共同的结论，师范院校在遵循其自身发展逻辑的同时，必须切合中国国情、走适合中国社会特点的发展道路——要面向农村、服务农村教育。十六届五中全会提出“切实提高师资特别是农村师资水平。”十七大报告特别指出：“加强教师队伍建设，重点提高农村教师素质。”本节试图廓现师范院校服务农村教育的办学传统形成、流变的历程，探讨师范院校为农村教育服务的职能、方式与机制的当代转型及其实现途径。

① 本节原载于《当代教师教育》2008年第4期。

一、办在农村，改造农村：乡村师范教育运动及其实践命运的幻变

1903年，清政府《奏定初级师范学堂章程》规定，初级师范学堂为小学教育普及之基，须限定每州县必设一所。其学生凡向在乡村市镇以教授蒙馆为生业，毕业后给以准充付教员之批凭照，即令在各乡村市镇开设小学[①]。1912年，民国政府《师范教育规程》规定：男子师范学校本科第一部除开设一般文化课程，都要将法制经济、手工、农业作为必修课。男子第二部要开设手工和农业，旨在习得农业之知识技能，以养成农作之趣味，勤劳之习惯，并解悟高等小学校农业教授法。不过，这一时期师范教育与农村教育的联系，带有浓厚的封建色彩，脱离当时国情实际。第一次世界大战后，中国农村经济在帝国主义和封建主义双重压迫下每况愈下，急剧萎缩，农民处于水深火热之中。如何救国救民，在当时情况下存在多种道路和选择。最具代表性的是在改良主义思想支配下的教育救国论，希望通过发展和改造乡村教育，来达到改善乡村生活，稳定和繁荣社会的目的。资产阶级改良派纷纷建立农村实验区，掀起乡村教育运动。1919年，余家菊发表《乡村教育之危机》，指出“师范教育不改良，乡村教育将无从改进。”认为乡村教育运动的方向是创设乡村师范学校，以养成适于农村生活之小学教师，指导乡村教育，改进农村社会之人才。1921年后，乡村师范教育运动相继形成。江苏省立第一、二、三、四、五师范学校分别在吴江、黄渡、洛社、栖霞山、界首设立农村分校。但这些学校除设在农村，增加一两门乡村教育、农村社会学等乡村教育课程外，与普通师范无大差别[②]。

在乡村师范教育运动中，影响最大的当推陶行知先生及其创办的晓庄试验乡村师范。陶行知把乡村师范教育同农村教育、农村社会发展乃至国家命运联系在一起，指出乡村教育关系三万万四千万人民之幸福，办得好，能叫农民上天堂；办得不好，能叫农民下地狱[③]。而要办好农村教育，必须建设好乡村师范

① 舒新城.中国近代教育史资料：中册[M].北京：人民教育出版社，1981：665-666.

② 李友芝.中外师范教育辞典[M].北京：中国广播电视出版社，1994：428.

③ 陶行知全集：第一卷[M].长沙：湖南教育出版社，1985：654.

教育。他批判当时师范教育走错了路，“只是在那里教洋八股制造书呆子”[①]。他指出：“中国今日教育最急切的问题，是旧师范教育之如何改造，新师范教育之如何建设。国家所托命之师范教育，是决不容我们轻松放过的。”[②]他认为乡村师范教育必须从乡村生活实际和乡村教育出发，与改造乡村生活、生产和办好乡村学校的实践相结合，使乡村学校成为改造乡村生活的中心。他指出，乡村师范是依据乡村实际生活，造就乡村学校教师、校长和辅导员的地方，旨在培养乡村人民、儿童所敬爱的导师——具有“健康的体魄，农人的身手，科学的头脑，艺术的兴味，改造社会的精神”[③]。乡村教师要装着一个“理想社会”，有一颗“农民甘苦化的心”，具有“生活力”，成为“改造乡村的灵魂”，所到之处“一年能使学校气象生动，二年能使社会信仰教育，三年能使科学农业着效，四年能使村自治告成，五年使活的教育普及，十年使荒山成林，废人生利”[④]。

在广泛调查基础上，他认为，中国的师范学校多半设在城里，对于农村儿童的需要苦于不能适应。城居的师范生平日娇养惯了，自然是不愿到乡间去了。就是乡下招来的师范生，经过几年的城市化，也不愿回乡服务了。所以师范学校越多，乡村学校的教员依然缺乏。他提倡：“每个师范学校在乡间设立分校以造就乡村师资之所。”[⑤]“好多师范学校，应当设在小的镇上。”[⑥]针对当时实际，他提出：“中国的农民，占百分之八十五。设立师范学校，宜顾全农家子弟。”“谁在那里教就教谁。”“他们既是在那里实施教育，自有训练的必要。”[⑦]从这一思想出发，他提出建立新的师范教育体系并大胆实践。1927年3月15日，他联络赵叔愚等人创办晓庄试验乡村师范学校。晓庄试验乡村师范学校从办学目的和培养目标、招生和入学考试、学校设施和机构设置、课程开设和教学活动，无不体现陶行知先生乡村师范教育的理论构想。

1929年国民党政府召开第三次全国代表大会，所公布的“三民主义”教育

① 陶行知全集:第五卷[M].长沙:湖南教育出版社,1985:161.
② 陶行知全集:第一卷[M].长沙:湖南教育出版社,1985:645.
③ 陶行知全集:第二卷[M].长沙:湖南教育出版社,1985:163.
④ 陶行知全集:第五卷[M].长沙:湖南教育出版社,1985:665.
⑤ 陶行知全集:第一卷[M].长沙:湖南教育出版社,1985:600.
⑥ 陶行知全集:第一卷[M].长沙:湖南教育出版社,1985:172.
⑦ 陶行知全集:第一卷[M].长沙:湖南教育出版社,1985:218.

宗旨实施方针中提出，应独立设置并尽量发展乡村师范。虽然1930年4月晓庄师范刚过三岁生日即被国民党发动政府查封，但在此影响下，全国各地纷纷创办乡村师范。1932年颁布的《师范教育法》正式确立乡村师范教育在学制中的地位。到1934年，全国各地乡村师范学校发展到百所以上。一些师范大学也分系、科或设立乡村师范学院，以训练乡村师范教师。然而，这种试图通过师范教育下乡达到改造农村、改造社会的社会改良主义主张，终究无法实现倡导者们的最初理想。

二、面向农村，服务农村：新中国师范教育在实践探索中蹉跎前行

新中国成立后，第一次全国教育工作会议提出新教育的方向“应该以工农为主体，应该特别着重于工农大众的文化教育、政治教育和技术教育。”①1951年8月召开的全国初等教育及师范教育会议，确立了要为培养百万人民教师而奋斗的目标，要求每一大行政区至少建立一所健全的师范学院，以培养高级中学教师；各省、市原则上设立一所健全的师范专科学校，以培养初级中学教师。1952年制定了《师范学校暂行规程（草案）》和《关于高等师范学校的规定（草案）》。各级师范教育在面向工农、服务工农的思想指引下，涌现很多好的典型。1956年教育部颁布《师范学校规程》，增强了劳动课程，增加了教学工厂实习、农业生产基本知识及实习课程。1964年，根据刘少奇同志“两种教育制度、两种劳动制度”指示和中央文件精神，各地积极试办和推广半耕半读师范，妥善安排教学与生产，提高教育质量。直到“文革”开始前，绝大多数师范院校（尤其是中师）为农村服务的办学方向明确、坚定，培养了一大批志在农村，既胜任农村教育工作又能参与农村经济文化建设，受广大农民信赖和欢迎的农村教师。

1978年10月，教育部颁布《关于加强和发展师范教育的意见》。此后，师范教育恢复整顿，逐步走上正轨。1980年全国师范教育工作会议提出，师范教

①《中国教育年鉴》编辑部.中国教育年鉴(1949—1981)[M].北京:中国大百科全书出版社,1984:683.

育是教育事业的“工作母机”。为适应教育事业大发展和社会主义现代化建设需要，必须建立一个健全的师范教育体系，使之成为培养各级各类中等、初等学校和幼儿园合格师资的基地。在要求中等师范学校面向农村、面向小学同时，规定师范专科学校要为地方教育事业服务，为本地区初级中学培养合格师资。教育部《关于1983年中等师范学校招生工作的通知》要求各地师范学校应招收政治思想进步、品德良好、学习成绩优秀、身体健康、志愿献身小学教育事业的初中毕业生。“为解决农村特别是山区、边远地区缺乏教师的问题，各地可……安排一定的指标，按照定向招生、定向分配的原则，从农村、边远地区招生。”①同年5月，中共中央、国务院《关于加强和改进农村学校教育若干问题的通知》指出：“建设一支稳定、合格的教师队伍，是办好农村学校的重要关键。”要“根据加强和改革农村学校教育的需要，制订师范教育的发展规划。在课程设置、教学内容、教学方法等方面逐步加以改革。高等师范学院应适当放宽专业口径，增强对农村教育工作的适应性。有条件的高师院校，还要增设一些农村教育所急需的专业。”“有关高等院校和中等专业学校，应分工承担农村职业教育的师资培训和教学辅导工作。”1986年3月，原国家教委《关于加强和发展师范教育的意见》进一步确立师范教育必须有效地为普及九年制义务教育和提高基础教育质量服务的办学宗旨，“目前师范教育的层次和分工是由基础教育需要及其发展所决定的。”②为解决农村中学一些学科师资短缺问题，该意见要求高等师范院校应适当调整专业设置，加强和发展短线专业，三年制师专和四年制本科专业可实行适合农村中学需要的主辅修制和双学科制。为确保农村学校教师的到位与稳定，实行师资来源与培养地方化，该意见明确提出师范院校坚持定向招生、提前录取，照顾边远地区和少数民族地区的原则。此后，虽然存在着一些高师院校盲目向综合大学看齐，师专追求高层次，强调学术性，淡化师范性的倾向，面向和服务农村教育的办学宗旨难以普遍落实。但总体而言，在计划经济体制的保障下，我国已初步形成适应中等和中等以下教育对师资需求的比较完整的师范教育体系与网络。

① 中国教育年鉴(1982—1984)[M].长沙:湖南教育出版社,1986:100.

② 中国教育年鉴(1985—1986)[M].长沙:湖南教育出版社,1988:1005.

三、反哺农村，建设农村：转型性变革中的师范院校当下使命与应有作为

进入20世纪90年代，师范院校长期以来坚持并不断完善的服务农村教育的办学方向及传统，遇到严重挑战。

（一）市场经济转型的冲击

1992年以后随着由计划经济向社会主义市场经济的转型，利益分配制度变革、竞争机制的引入以及主体意识的萌发，使带有计划经济典型特点的师范教育及其办学模式，受到市场经济从价值观念到运行机制各个层面的深刻冲击。农村教师不满足于现实生活现状而出现下海、跳槽、改行、经商和兼职。据北京师范大学教育学院对全国有关省市的抽样调查显示，发生教师流失现象的学校占同类学校的百分比：乡镇初中高达50%，县级高中为40%[①]。与此同时，师范毕业生也不再满足于分配到家乡农村从事教育工作，纷纷追求改行、改派和到发达地区工作。由此，师范院校面临着毕业生派往农村到位率低、稳不住的尴尬。

（二）基础教育体制变革的冲击

1997年以后，按照成本分担、缴费入学的原则和政策，师范院校逐步实现并轨收费，师范生由公费逐步转为自费，师范生与非师范生的界限开始模糊。此后，定向招生和定向分配政策也相应取消，师范生由国家分配转为自主择业。在此过程中，我国基础教育管理体制实行“以县为主”政策，由于县级财政能力的严重不均衡，很多地区压缩教师编制，关闭教师入编的体制通道，宁愿低薪聘用代课教师。于是，出现了农村中小学严重缺乏教师，而大批师范毕业生又难以就业的两难局面。师范院校服务和面向农村办学面临体制障碍，师范类毕业生就业难已成为高校毕业生就业的主要难题之一。据报道，辽宁4所师范

① 顾明远，檀传宝.2004：中国教育发展报告：变革中的教师与教师教育[M].北京：北京师范大学出版社，2004：258.

院校2006年毕业生总数为5088人，截至2007年6月17日签约率仅为11.9%①。

（三）师范教育向教师教育转型的挑战

从1999年教育部《关于师范院校布局结构调整的几点意见》颁布开始，我国师范教育开始了一场深刻而剧烈的转型性变革。主要包括：从城市向农村、从沿海向内地逐步推进，由三级师范（高师本科、高师专科、中等师范）向二级师范（高师本科、高师专科）过渡；打破原先相对封闭独立的师范教育体系，形成以师范院校为主体，其他高等学校积极参与的开放型教师教育体系，促进中小学教师来源多样化；职前职后教育贯通，以现代教育技术和信息传播技术为依托，建立开放型的中小学教师继续教育网络。在师范资源相对比较集中的大中城市积极推动师范教育资源重组，形成一批层次高、规模大和综合实力强的师范大学。通过实施教师资格制度逐步实现中小学教师补充与人才市场接轨，优化师资队伍结构。这种以教师专业化为导向的教师教育升级、开放运动，带有典型的大学偏好和城市偏好。

一方面，教育升级促使师范院校办学由“下乡”到“进城”，由“两眼向下”转向“两眼向上”。一方面，随着教师教育由“旧三级”向“新三级”的升级，向农村地区教育延伸最深入、辐射最广泛、联系最密切的中等师范教育在短短几年迅速走向体制性终结，或被合并进入地方高等院校或单独升格为师范专科学校，或被改制或撤销。这使得原先师范院校布局由县城（部分中等师范还设在乡村）、地市中心城市为主，向地市中心城市及以上集中，教师教育体系重心急速上移。对于农村教育来说，这无疑是一种退守。另一方面，这种升级也驱使各级各类师范院校竭力谋求升格、改制。要么追求学历升级、办学层次升级，要么追求合并以求规模的扩大或改制以求内涵的提升，要么热衷于学位点、重点学科、重点实验室建设，以及各种高级别课题、项目、获奖和各种国际合作等。虽然，这对于师范院校办学及发展是极为重要和必要的，但很多师范院校由此淡化或放弃服务农村教育的办学方向和传统。

与此同时，师范院校由定向服务于教育行业转而面向社会、走向市场，服

① 王莹，黄芳.辽宁4所师范院校2006年毕业生签约率仅为11.9%[EB/OL].(2007-06-17)[2009-03-20].https://news.cctv.com/science/20070617/100837.shtml.

务农村教育开始面临体制性障碍。如果说长期以来师范院校为农村教育服务的办学方向及传统主要是在计划体制及一系列保护性措施之下形成的，那么教师教育转型一举打破师范院校对教师培养与供应的垄断和专营，师范院校由此失去了面向教育行业办学的体制保障。教师教育成为一个充满开放和竞争的行业，师范院校由政策性保护走向市场条件下的平等竞争。这种转型带来一种典型的“围城”现象，即一些非师范院校甚至综合性大学参与教师培养和培训，而许多师范院校在吸引生源和提高就业率的双重压力下，放弃或改变原先的办学方向和传统，实现向多科性、综合性方向转型，以寻求更大的生存发展空间。2003年，全国师范院校师范类与非师范类在校生之比为66∶34。全国36所师范大学有师范专业801个，非师范专业达到了1039个。其中，非师范专业超过师范专业数的有25所，占69.4%，两者基本持平的有6所，占16.7%；非师范专业明显少于师范专业数的4所，占11.1%，完全没有非师范专业的1所，占2.8%[①]。师范院校外遭综合性大学对其传统优势和特色学科领域的挑战，内要花巨大人力、物力增设新学科和新专业。这势必驱使许多师范院校失去师范化，淡化服务基础教育尤其为农村教育服务的办学方向与传统。

教师教育转型及其与农村教育关系的疏离与淡化，所带来的严重后果已开始显现。2005年全国小学具有专科以上学历教师，农村为47.49%，比城市低31个百分点；全国初中具有本科以上学历的教师，农村是24.34%，比城市低约38个百分点[②]。由于多年未得到合理补充，农村中小学教师年龄老化现象严重。山东省调查发现，46岁以上的农村小学教师总体上已占据近40%。而且，20世纪末基本解决了的民师现象开始反弹。2001年，全国农村代课教师达58万人，占农村中小学教师总数的9.6%，部分省份大于20%（广西29.63%，西藏29.26%，陕西22.4%）。

城乡教师素质分化与反差的加剧，严重影响到教育公平和社会公平，与社会主义新农村以及和谐社会建设不相适应。对此，我们不可能回到原先的师范教育体制，用计划经济的办法来解决。如何适应社会转型和教育变革，建立师

① 原春琳.教育部出台多项政策力求缩小城乡教育差距[EB/OL].(2006-03-08)[2007-05-09].https://news.sina.com.cn/c/2006-03-08/04549291590.shtml.

② 张斌贤.论高等师范院校的转型[J].教育研究,2007(5):19-24.

范院校与农村教育发展相适应的人才培养模式，寻找在市场经济条件下为农村教育服务的有效途径，是教师教育的当下使命。

1. 创新师范院校服务农村教育的职能体系

一方面，师范院校应根据农村教师补充和更新的需要，加强和改进教师职前培养，以解决农村教师总量不足和结构不合理问题。第一，随着《教育部直属师范大学师范生免费教育实施办法》、“高校毕业生到农村服务计划”“大学生志愿服务西部计划”“农村义务教育阶段学校教师特设岗位计划”“农村学校教育硕士师资培养计划”的实施，师范院校要主动适应国家创新农村教师补充机制的需要，合理编制教师培养计划，确保有充足的教师来源。同时，对那些招募来的志愿到农村服务、支援西部教育及进入特设岗位的非师范专业高校毕业生，应进行必要的教师入职培训，使之符合教师专业化的要求。第二，农村教师在社会主义新农村建设中不再是传统意义的教书匠，而是赋予新的职能和社会责任，既作为农村知识的组织力量和农村教育活动的主导者，又是农村文化传播与创新的主导力量，能够动员与发动农民，组织建设与塑造一个新的农村精神[①]。师范院校应积极调整培养目标和课程体系，改革人才培养模式，积极组织学生到农村实习支教，形成新型农村教师的知识、能力和素质结构。第三，目前农村教师存在的一个突出问题是结构性缺失，如普通中小学英语、音乐、美术、信息技术教育和综合实践活动教师紧缺，以及职业中学的专业技能课程教师急缺，师范院校应主动适应这一需求调整学科专业结构。

另一方面，教师教育转型的一个重大转变，是实现职前与职后教育一体化，促进农村教师专业发展。在师范教育体制下，师范院校为农村教育服务局限在教师职前培养与学历补偿上，师资培训由地方教育行政部门管辖下的教育学院、教师进修学校负责。在教师教育体制下，如何以现代教育技术和信息传播技术为依托，开展远程教育培训，是师范院校为农村教育服务的重大课题。

2. 创新师范院校服务农村教育的实践方式

《中共中央、国务院关于推进社会主义新农村建设的若干意见》指出，我国总体上已进入以工促农、以城带乡的发展阶段。“十一五”时期，必须抓住机

① 唐松林，罗仲，尤彭兰．农村教师：新农村建设必须依靠的知识力量[N]．光明日报，2006-07-19(7).

遇，实行工业反哺农业、城市支持农村的方针，扎实稳步推进社会主义新农村建设。党的十七大报告进一步提出，要统筹城乡发展，建立以工促农、以城带乡长效机制，推进社会主义新农村建设，形成城乡经济社会发展一体化新格局。这些方针和政策向我们昭示，新时期加强农村教师队伍建设不是要把师范院校搬到乡下去，或是计划体制下的定向招生和定向分配，而是实行城乡统筹，通过工业反哺农业、城市支持农村的新方式。如2006年教育部、财政部、人事部和中央编办启动“农村义务教育阶段学校教师特设岗位计划”，中央财政设立专项资金，公开招募高校毕业生到西部“两基”攻坚县县以下农村义务教育阶段学校任教。各省市也根据各地实际情况进行一系列可贵的探索实践。如湖北省从2004年起实施“农村教师资助行动计划”，通过政府出面购买阶段性服务岗位的方式，吸引一批优秀高校毕业生到贫困县、农村乡镇学校去任教。湖南省从2006年起，实施免费定向培养农村教师计划，从本级教育经费预算中设立专项资金，免费为乡镇以下小学培养五年制大专教师。辽宁省2007年启动“县以下农村中小学一校一名师范类本科生计划”，通过政府购买岗位、待编安置方式，逐步实现农村中小学一校一名师范类本科毕业生的目标。

在农村教师职后培训方面，一个迫切的问题是转变教师进修院校的职能，使之从过去的业务培训指导转变为教育资源组织与培训管理，同时发挥师范院校辐射指导功能、网络资源的远程教育功能、中小学自身的校本研修与培训功能。教师进修院校通过上挂、横联、下辐射和网络覆盖，整合各种教师教育资源，建立适应区域内教育发展和教师实际的教师教育资源中心与管理枢纽。

3.创新师范院校服务农村教育的运行机制

在市场经济体制下，师范院校作为教师教育服务产品的生产者、提供者，国家、社会、学生及其家长作为服务的投资者、购买者和消费者，相互间的服务交换具有更大的平等性、自愿性和责权利相关性。师范院校获得更多的办学自主权，师范生也享有自主选择和利益回报的权利。然而，市场方法“只有慎重计划使全体学生的权利得到保障时，这样的模式才能引用”①。我国仍处于城乡分化的二元结构社会，农村教师还不具有与其他职业甚至城镇教师同等的职

① 吕达，周满生.当代外国教育改革著名文献：美国卷·第一册[M].北京：人民教育出版社，2004:309.

业竞争力，完全纳入市场调节只会导致市场失灵。促进师范院校为农村教育服务和师范生到农村从事教育工作，应当发挥政府的主导作用，以调动师范院校和师范生两个方面的积极性。为此，政府应当通过公共财政加大对师范院校的专项投入，成为教师教育服务产品最主要的投资者和购买者，使得为农村教育服务的师范院校具有更强的公益性。近来国家推出的师范生免费教育政策、农村教师特设岗位政策，正是政府主导作用的显现。政府主导作用的强化，为农村教育服务的教师教育进而发展成为由政府主导、市场介入、高校自主办学和师范生及其他志愿者自愿选择相互制约的公共产品[①]。为农村培养和输送教师，应当作为政府、师范院校和师范生之间的一种利益分享，是建立在协议基础上，一定的利益、权利与相应的义务和责任相匹配的。

① 阮成武.教师教育:应当提供怎样一种教育服务[J].中国高等教育,2004(10):39-40.

城乡教育统筹发展中师范院校面临的困境及对策[①]

“加强教师队伍建设，重点提高农村教师素质”，是党的十七大报告提出的今后我国教育改革与发展的重要任务。师范院校作为培养教师的基础力量，有责任在城乡教育统筹发展中发挥重要作用。然而，我国在计划体制下形成的教师人事制度和教育管理机制等对师范院校服务于农村教育造成了种种限制，需要我们深入认识，并采取有效措施。

一、城乡教育统筹发展中师范院校面临的现实困境

在计划经济体制下，我国建立了一套完备、有效的师范院校为农村教育服务的体制框架和运行机制，即由政府主导师范教育的发展规模、布局结构和服务方向；师范院校作为师范教育体系的关键部分，受到一系列政策的保护；师范生享受免费教育待遇，国家根据需要将部分毕业生分配到包括农村在内的广大地区从事教育工作；同时，为有效调控师范院校为农村教育服务，国家还建立了相应的定向招生和分配政策。但进入20世纪90年代后，随着市场经济的建立、教育体制改革的深化以及师范教育向教师教育的转型，新中国成立以来形成的师范教育为农村教育提供服务的体系存在以下五个方面问题。

（一）终身制下的教师人事制度使农村不合格教师“出不去”

我国形成的教师任教终身体制主要表现为：教师的进入与补充主要由师范院校培养师范生，教育行政部门按计划对师范毕业生进行分配和派遣；师范生一旦成为教师就终身享用有关待遇并终身服务于教育工作。这一体制使教师职业处于封闭和过于稳定的状态，缺乏合理的流动和退出。那些分配到广大农村地区任教的师范毕业生，就得一辈子“献身”农村教育。许多优秀中学毕业生

① 本节原载于《教育发展研究》2008年第20期。

因此而不愿报考师范院校，一些师范毕业生也不愿去农村任教。在这种体制下，为应对工农办学需要大量农村教师而师范院校培养力量有限的问题，国家从第一个五年计划开始实行“两条腿走路”方针，即从当地招收有一定文化基础的农民来当教师。他们不被列入国家教师编制，劳动报酬主要由乡镇或村负责，成为与公办教师同“工”不同酬的民办教师。在这一时期，民办教师在极低待遇下支撑在那些难以派进公办教师的教学岗位上，为农村教育作出了历史性贡献。后来，国务院办公厅于1997年下发了《关于解决民办教师问题的通知》，对民办教师实施“关、转、招、辞、退”的方针，要求2000年基本解决民师问题。据统计，20世纪80年代中期以来，共约有212万名民办教师经考核考试转为公办教师。然而，终身制、铁饭碗的教师人事管理制度也使民办教师转为公办教师这一政策带来了一些“后遗症”，即有大量人员长期占据了教师编制和岗位，直到法定年龄退休，造成所谓的“爷爷、奶奶教小学”现象。这是当前农村教师老化，不合格教师难以退出而师范毕业生又被阻隔在教师岗位之外的历史原因和重要的体制原因。

（二）基础教育分级管理和负责的体制使师范毕业生“进不来”

为发展以义务教育为主体的基础教育，我国从1985年起实行基础教育的“分级负责，分级管理”。在“普九”的强力推动下，这一体制充分调动了各级地方政府发展基础教育的积极性，但同时也加大了农民的经济负担。按照1986年《义务教育法》规定：“实施义务教育所需事业费和基本建设投资，由国务院和地方各级人民政府负责筹措，予以保证。”然而，上级政府在确定目标和下达计划时并没有提供相应的手段和条件。各级政府将举办农村义务教育的职责层层下放，最后演变成乡、村举办义务教育，形成了“农村教育农民办”的局面。

2000年税费改革后，取消了农村教育费附加和教育集资，义务教育多元化投资渠道变为单一的财政投入，而乡镇财力十分薄弱，根本没有多少钱来办义务教育和增加教师编制。以安徽省为例，2000年税费改革取消的农村教育费附加和教育集资总计11亿，而当年预算内教育事业费拨款为26.24亿元，相比之下，拨款总数虽比1999年的22.9亿增加3.3亿元，但比税费改革前减少7.7亿元[①]。以此开始，拖欠农村教师工资的现象日益严重，各地县级政府则纷纷关闭了教师入编通道。据笔者对皖南某县调查，该县农村小学、初中50%以上的教师是“民转公”教师，2000年以来全县小学、初中连续7年没进一个新教师。2001年全国基础教育工作会议提出，要进一步完善农村义务教育管理体制，“实行在国务院领导下，由地方政府负责、分级管理、以县为主的体制”。2002年国务院《关于完善农村义务教育教育管理体制的通知》则提出要实现两个重大转变：把农村义务教育的责任从主要由农民承担转到主要由政府承担，把政府对农村义务教育的责任从以乡镇为主转到以县为主。然而，在很多地方尤其是中西部经济欠发达的县，却难有足够财力来保证教师工资足额发放和补充新教师。农村教育对教师的客观需求既被一些地方政府阻隔在计划体制（入编）之外，也没有纳入教师人才市场来进行调节。笔者对皖北某地区调查发现，多数乡镇中小学班级的人数都在100人以上。某乡镇义务教育在读学生8860名，326名教师，生师比达27.2%，小学教师平均年龄56.6岁，而该县中小学教师编制却存在相当数量的闲置或用作其他部门。2005年，国家建立了农村义务教育经费“新机制”，但教师工资主要仍由县负责。一些地方政府为节省财政支出，要么有编不补，要么将教师编制挪作他用，宁愿低薪聘请代课教师或合并学生班级也不愿接收师范毕业生。与此同时，师范类毕业生就业难已成为高校毕业生就业的重要难题之一。据报道，辽宁4所师范院校2006年毕业生总数为5088人，截至2007年6月17日签约率仅为11.9%[②]。

（三）高校招生和就业政策改革导致师范院校为农村教育服务出现“圈层断裂”

长期以来，在计划经济体制的保障和调控下，师范院校成了各级政府尤其是教育主管部门的“嫡系部队”，招生及毕业生就业都依据政府计划实施。同时，师范院校也按照政府及教育主管部门的需求培养教师，并将毕业生派遣到

① 胡平平，张守祥．农村义务教育投入保障机制及管理体制问题研究［M］．北京：科学出版社，2007：40．

② 王莹，黄芳．辽宁4所师范院校2006年毕业生签约率仅为11.9%［EB/OL］．(2007-06-17)［2009-03-20］．https://news.cctv.com/science/20070617/100837.shtml．

最需要的地方尤其是广大农村任教。1997年以后，高等教育开始推行成本分担、缴费入学和双向选择、自主择业的政策，师范院校也逐步实行并轨收费，师范生由公费转为自费，师范生与非师范生的界限开始模糊，师范生服务教育的义务性规定相继被取消，面向农村的定向招生和定向分配政策也不复存在。师范生由国家包分配，转向面向市场自主择业。与此同时，农村教师“民转公”政策的实施，使大批编制被“民转公”的教师占用。加之税费改革后，很多地方政府纷纷关闭教师入编通道，农村中小学对教师的需求没有被纳入市场。于是，师范院校与政府及教育主管部门之间开始脱钩，师范院校为农村教育提供服务面临体制上的“圈层断裂”，即由面向教育行业办学转而面向市场办学。在这个转型过程中，师范院校毕业生失去了就业的体制保障，“出口”不畅也导致“进口”不旺，带来恶性循环，办学优势不断被弱化。

（四）城乡二元结构和体制造成师范毕业生“不愿去”农村就业

师范院校毕业生到农村任教不仅面临“进不去”的体制障碍，也广泛存在着“不愿去”的思想困惑。我国长期以来存在的城乡二元社会结构，不仅造成优质教育资源集中在城市，也造成城乡教师在经济待遇、职称评定、工作和生活环境上有明显差别；而且，城乡学校教职工编制标准及生师比严重倒挂①，农村教师工作任务重，教育培训无经费保障，专业发展机会少、资源缺乏。农村教师因此出现大面积无序流动。据北京师范大学教育学院对全国有关省市的抽样调查显示，在发生教师流失现象的学校占同类学校的比例上，乡镇初中高达50%，县级高中为40%②。2005年农村义务教育经费新机制虽然规定了中央和省级政府对财力薄弱地区进行转移支付的力度，但教师工资主要还是由县级财政承担，不少地方县级财力依然薄弱。这导致部分地区教师的实际收入下降，“三险一金”（医疗保险、养老保险、失业保险和住房公积金）得不到保障③。教师

① 按照2001年《关于制定中小学教职工编制标准的意见》规定，城乡教职工与学生的比例为：城市初中1∶13.5；县镇初中1∶16；农村初中1∶18；城市小学1∶19；县镇小学1∶21；农村小学1∶23.

② 顾明远，檀传宝.2004：中国教育发展报告：变革中的教师与教师教育[M].北京：北京师范大学出版社，2004：259.

③ 本刊编辑部.2007中国教育研究前沿与热点问题年度报告[J].教育研究，2008(3)：3-17.

待遇偏低，尤其是城乡教师同工不同酬的现象，使师范毕业生回乡从教的意向不强。

（五）师范教育转型性变革导致师范院校的“去师范化”和“去农村化”

1999年教育部下发《关于师范院校布局结构调整的几点意见》后，我国师范教育转型性变革由此拉开序幕。变革从城市向农村、从沿海向内地逐步推进，由三级师范向二级师范过渡，目的在于打破相对封闭独立的师范教育体系，形成以师范院校为主体，其他高等学校积极参与的开放型教师教育体系，促进教师来源多样化；同时，通过实施教师资格制度逐步实现中小学教师补充与人才市场接轨，优化师资队伍结构。这场转型性变革带来了一种典型的“围城”现象，即一些非师范院校甚至综合性大学参与教师教育，而许多师范院校放弃或改变原先办学方向和传统而向多科性、综合性大学转型。2003年，全国师范院校师范类与非师范类在校生之比为66∶34。全国36所师范大学有师范专业801个，非师范专业达到了1039个。其中，非师范专业超过师范专业数的有25所，占69.4%，两者基本持平的有6所，占16.7%；非师范专业明显少于师范专业数的有4所，占11.1%，完全没有非师范专业的有1所，占2.8%[①]。很多师范院校谋求升格、改制，要么追求学历、办学层次升级，要么追求规模扩大或改制以求内涵的提升等。这种“大学偏好”虽然对提高学科建设有促进作用，但也由此导致许多师范院校的发展呈现“去师范化”。

而且，这场转型性变革还带有典型的“城市偏好”，这进一步弱化了师范院校为农村教育提供服务的认识。随着教师教育由“旧三级”向“新三级”的升级，向农村教育延伸最深入、辐射最广泛、联系最密切的中等师范教育在短短几年迅速走向体制性终结。师范院校布局由县城（部分中等师范还设在乡村）、地市中心城市为主，迅速向地市及以上的中心城市集中。对于农村教育来说，这无疑是一种疏离。加之，农村教师待遇低，工作条件差，缺少职业竞争力，往往并不是人们追求的就业目标，这驱使许多师范院校走向“去农村化”。

① 张斌贤.论高等师范院校的转型[J].教育研究,2007(5):19-24.

二、城乡教育统筹发展中师范院校面临的对策思考

对师范院校面临的困境，既不能用计划体制的办法，也不能单靠市场机制或师范院校自身。我们需要重建政府、市场和师范院校之间的关系，进行体制与机制的创新。

（一）建立、完善合理的农村教师补充机制和退出机制

当下重要的不是用感情而是要通过制度建设来合理解决潜在矛盾。首要任务是打破教师“终身制”和“铁饭碗”，通过提前退养和教师资格再认定，使接近退休年龄的“民转公”教师群体退出，使不合格教师通过制度途径合理退出并得到妥善安置。与此同时，积极创新农村教师的补充机制，使师范毕业生及其他志愿到农村从教的合格候选人进得去、愿意去。一是，继续实施和逐步扩大师范生免费教育，结合“农村义务教育阶段学校教师特设岗位计划”“农村学校教育硕士师资培养计划”，通过政府提供岗位和服务的方式为农村输送高水平的新教师，为新一代农村教师队伍注入新生力量。二是，政府通过与师范院校签订委托合同，从老少边穷地区定向招收一定数量的高中毕业生，或选招一批有一定文化基础和教学经验的现任代课教师进行委托对口培养，毕业后由财政转移支付定向派遣到生源地学校任教，培养一批本土化农村教师，打造新一代农村教师队伍的基本力量。三是，发挥教师人才市场的供求调节功能，安排一定比例的编制面向社会公开招考，招选一批具有专业教育背景的大学毕业生（含非免费师范生）和其他社会人员，加入农村教师队伍中来，这应是造就新一代农村教师队伍的辅助途径。

（二）革新师范院校为农村教育服务的经费投入体制

在市场经济体制下，如何促进师范院校为农村教育服务是一个十分复杂的政策问题。市场方法“只有慎重计划使全体学生的权利得到保障时，这样的模

式才能引用。”[①]我国社会长期处于城乡二元结构，农村教师还不具有与其他职业甚至城镇教师同等的职业竞争力，完全纳入市场调节只会导致市场失灵。要促进师范院校为农村教育服务和师范生到农村从事教育工作，应当发挥政府的主导作用和市场的辅助作用，来调动师范院校和师范生两个方面的积极性。为此，应加大对师范院校为农村教育服务的专项投入。

“中小学教师资源和教师教育属于公共服务领域，是国家的事业和政府的责任，教师资源的配置不能市场化。”[②]为农村教育提供服务的教师教育应成为政府主导、市场介入、高校自主办学和师范生及其他志愿者自愿选择和相互制约的公共产品。具体而言，政府应通过公共财政或专项经费的方式对有关师范院校进行投入，使师范院校具有更强的公益性，如上文所提到的地方定向招生、师范生免费教育等。实践中，湖南省从2006年起实施免费定向培养农村教师计划，从本级教育经费预算中设立专项资金，免费为乡镇以下小学培养五年制大专教师，是一项有意义的探索。同时，农村教师编制管理及工资保障应与农村教育经费保障新机制相适应，由中央财政为主，省级统筹，加大公共财政投入，县级政府具体实施和管理，并接受中央和省的监督。

在发挥政府主导作用的同时，应积极发挥市场在教师资源配置中的辅助作用。目前，在实施中央提出的“农村义务教育阶段学校教师特设岗位计划”“农村学校教育硕士师资培养计划”“高校毕业生到农村服务计划”“大学生志愿服务西部计划”，面向社会吸引高校毕业生（含非免费师范生）和社会上的优秀人才到农村最需要的岗位担任教师的过程中，有关省市已根据实际需要进行了探索实践。如湖北省从2004年起实施“农村教师资助行动计划”，吸引一批优秀高校毕业生到贫困县农村乡镇学校去任教。此外，辽宁省2007年也开始启动“县以下农村中小学一校一名师范类本科生计划”等。

（三）创新师范院校职能体系

在为农村教育提供服务，加强农村教师队伍建设上，师范院校应当担当使

① 吕达，周满生.当代外国教育改革著名文献：美国卷·第一册[C].北京：人民教育出版社，2004：309.

② 管培俊.在科学发展观指导下推进教师队伍建设[J].中小学校长，2007(12)：1.

命和责任，发挥自身的能动作用。第一，随着《教育部直属师范人学师范生免费教育实施办法（试行）》、“农村义务教育阶段学校教师特设岗位计划”等一系列支持农村教师队伍建设政策的实施，师范院校应主动适应国家创新农村教师补充机制的需要，合理编制教师培养计划，确保有充足的教师来源。同时，对那些志愿到农村服务、支援西部教育及进入特设岗位的非师范专业高校毕业生进行必要的教师入职培训，使之符合教师专业化的要求。第二，按照本文所提出的培养本土化农村教师的思路，师范院校应积极接受政府的委托，通过定向招生等方式，为老少边穷地区培养一批本土化的农村教师；随着师范生免费教育试点的扩大及其制度化，积极探索免费师范生、非免费师范生双轨并行和合理转换的教师教育新模式。第三，农村教师在社会主义新农村建设中承担着新的职能和社会责任，既要作为农村知识的组织力量和农村教育活动的主导者，又要作为农村文化传播与创新的主导力量，能够动员与发动农民，共同塑建新的农村精神。师范院校应积极调整培养目标和课程体系，改革人才培养模式，积极组织学生到农村实习支教，使学生形成新型农村教师需要的知识、能力和素质结构。第四，师范院校应根据农村中小学英语、音乐、美术、信息技术和综合实践活动等课程的教师紧缺，职业中学专业技能课教师急缺的需求情况，积极调整学科专业结构，进行有针对性的培养和培训。第五，充分发挥师范院校的主导和引领作用，创新以现代教育技术和信息技术为依托，县级师资培训机构为节点，以校本培训、研修为主要形式的农村教师继续教育途径和形式，实现农村教师职前与职后教育一体化。

中介性教师教育的理论探索①

从师范教育产生起，教育理论与教育实践相脱节的问题就相应伴生。教师学非所用、用非所学的困惑使人们常常怀疑教育理论还有没有开设和学习的必要，并由此产生师范性和学术性历久难消的争论。究竟是教育理论还是教育实践的问题？是师范教育制度还是教师本身的问题？这种相互间的批评和哀怨从来没有停歇过。历史和现实昭示我们，应当跳出从理论和实践两极出发寻找对策的习惯思维，开展教师教育的中介研究。以期在教育理论与教育实践之间建立相互联通的中介系统，使之成为两者相互转化、双向建构的轴心和桥梁。

一、中介性教师教育的提出

近年来，随着教育的国家化，初等教育的普及需要大量合格师资，师范教育应运而生并成为现代教育的“工作母机”。在国家对义务教育严格掌控之下，教师作为预定课程标准的传递者、政府教育计划方案的执行者，教什么、怎样教，是按照既定课程标准和教育理论提供的方法技术贯彻运用和操作的。教师的工作被看作是学科专业、教育学，以及心理学知识、原理和技术的熟练应用。师范教育正是在一定学制年限内根据特定的目标规格、课程内容来形成一套从理论到方法技术的程序并通过“教”的方式传授给教师的。教育理论总是被要求能提供一整套切合实际的教育方法和技术，否则便视为空洞无用。教师由此而放弃了主动思考和反思探究的责任，成为按照固定模式和方法操作的“技术员”。20世纪60年代兴起的以微格训练为标志的“能力本位师范教育”将这种胜任型教师教育推向了高潮。20世纪70年代起，建立在工业化基础上的现代学校制度受到后现代主义的批判。在后现代主义看来，现代学校制度把人当作“工具”来塑造，师范教育也只是强调教师教学技术行为训练而轻忽对教学行为

① 本节原载于《皖西学院学报》2002年第3期。

的理性思考和价值评判，不能解释教学行为背后的理论基础。由此提出，教育不应是冷冰冰的工具主义的技术操作，而应是充满爱心、平等对话、相互理解的过程；教师不再是知识权威的代表，而是各种教育教学理论和政策报告的解构者。教师的专业性不是建立在严格、科学和确凿的一般性原理之上，而是以教师个体化、缄默式的“实践性知识”来保障的①。教师这种实践性知识有着不可替代的功能。它是主体在教育科学理论的观照下通过长期而复杂的实践反思和行动研究形成的个体化的教育理念和见识，是教师对教育情境和问题解决进行价值评判和取向的结果。正是在这一背景之下，反思型教师教育自20世纪80年代蓬勃兴起并成为一种国际性运动。反思型教师教育并不是要为教师提供可操作的规则、指令，而是通过提供思考、探索教学问题的知识和方法，以促进教师观察、分析、解释和决策等反思能力的提高。反思型教师教育也把教学技能作为重要任务目标，但应包括探究的技能，且被置于能够使教师决定如何使用这些技能的理论框架之中，也就是教学技能与反思型教学判断能力的培育同时进行②。

显然，这两种对立的教师教育模式是与国际教师专业化的两种不同模式相因应③。前者是一种技能熟练模式，体现着技术理性；后者是一种反思实践模式，体现一种价值理性。两者的重要区别在于教育理论与教育实践转化的过程和方式上。前者主张理论向实践的转化过程是一种直接的技术化过程，毋须通过中介环节；后者则是在教育理论观照下通过反思探究这一中介环节由实践向理论的提升过程。两者各有合理之处，但反思型教师教育更加适应了新一轮教育改革和教师专业化对教师提出的挑战和要求，其对教师形成反思探究能力、获得实践性知识，实现专业发展从而成为专家型教师起到重要的促进作用。因此，新一轮教育改革和教师专业化运动对反思型教师教育起了重要的推波助澜作用。比较而言，我国教师专业化和教师教育发展相对滞后，但在一定程度上也反映着国际教师专业化和教师教育发展的总体取向和态势。我国多年来形成的师范教育制度基本上是一种胜任型教师教育，反映了技术理性的某些特征。

---

① 钟启泉.教师“专业化”：理念、制度、课题[J].教育研究，2001(12)：12-16.

② 饶从满，王春光.反思型教师与教师教育运动初探[J].东北师大学报(社科版)，2000：5.

③ 钟启泉.教师“专业化”：理念、制度、课题[J].教育研究，2001(12)：12-16.

它试图描绘一幅理想化的教师素质“标准像”，并通过封闭定向的师范教育制度、内容和方法来培养胜任中小学教育的“合格教师”。

1999年以来“园丁工程”启动的新一轮师范教育改革和中小学教师继续教育标志着我国教师教育进入新的发展阶段。但在教师教育目标、重点和方式的确定上同样存在两种不同的取向和选择。一种是在现行模式基础上对教师教育目标和课程作一种新的诠释、补充和扩展，通过行政力量、计划调节和硬性措施等外控手段来促进教师教育观念的更新、专业知识的扩充和教育技术的掌握。另一种是力图改变原先模式，积极引进、吸取国际上“反思性实践者”的专业模式和反思型教师教育，使教师专业发展建立在教师反思实践和行动研究基础之上，实现教师教学和研究和专业成长的一体化。相形之下，前一种取向立足于现行教师教育模式，实现一种“量”的改变，以“充电”“进修”“提高”为主流话语；后者旨在谋求对现行教师教育模式“质”的改变，形成以反思探究、行动研究、自我更新和专业发展等全新的话语体系。从实际情况看，前者来自外部掌控，教师是一种被动的专业化过程，强调教育理论传授和方法技术的训练，但由于脱离教师教学实践而难以转化为教师的实践性知识；后者来自自身的反思，教师是一种自主的专业化过程，强调教师深思熟虑和行动研究，但并没有创造出多少教学操作技术，实际教学又依赖于前一种模式[①]。因此，加强两种教师教育模式的互动与整合，建立教育理论与教育实践相互转化、双向建构的中介系统，这将是解开当代教师专业化两难问题的关键。

二、中介性教师教育的理论界说

“中介”理论作为黑格尔哲学的合理内核之一，在马克思哲学中得到吸收和改造。所谓“中介”，一是指发生联系的对方和矛盾的对立面在相互转化时互为中介；另一种含义是指相互联系或对立的双方互相转化时所需要的中间环节——一定的工具、方法、手段等[②]。中介概念及其理论有着十分重要的方法论意义，它从对立面之间的关系入手，使之由二元分离和对立的两极建立起相互

① 熊川武.反思性教学[M].上海:华东师范大学出版社,1999:223.

② 毛祖桓.中介研究:高等教育理论向实践转化的桥梁[J].教育研究,1998(12):41-45.

渗透和互相联结的中间阶段、中间环节，保持一种“必要的张力”。从而实现一种动态平衡，达到促进事物发展的目的。近年来，开展中介研究在解决教育理论向教育实践转化问题上取得了可贵的进展。事实上，中介不仅存在于一般的教育理论和教育实践之间，同样也存在于教师教育中的教育理论与教育实践之间。在传统的师范教育体制下，教育理论与教育实践的二元分离和对立，正是由于教育理论与教育实践的成为相互隔离和歧化的两极，缺乏一种中介环节和必要的张力。加强教师教育的中介研究，对于推动教育理论与教育实践的相互转化、双向建构，促进教师专业发展将起到不可低估的重要作用。教师教育的中介系统包括以下四种：

（一）中介思维

中介思维就是一种“关系思维”，即不是从孤立的两极出发，不是从甲事物到乙事物或从乙事物到甲事物，而是从两者的关系或联系来分析看待事物①。由此可以发现，教师教育中教育理论与教育实践的联系和转化是借助一定的中介环节而建立起的一种居间联系。由于教育理论与实践有不同的性质和类型，中介也必然是多类型、多层次的。它好比联结教育理论与教育实践之“河”的由若干各具功能和特点的“桥墩”组成的“桥梁”，是一个系统的连续体②。运用中介思维有助于消解教师教育中教育理论与教育实践的隔离和脱节，突破“决定论”和“指导论”的思维定式，形成教育理论与教育实践互相转化、双向建构的新型关系。

（二）中介环节

一般说来，教育理论是教育现象的本质及其规律的抽象和概括，是一种超越了个别状态的普遍原理，具有严密性、科学性、确凿性和普适性；相反，教师的实践性知识则是与具体情境和问题相联系的，具有以下五个特征③：其一，

① 张应强.教育中介论：关于教育理论、教育实践及其关系的认识[J].教育理论与实践，1999(2)：20-24.

② 宋秋前.行动研究：教育理论与实践相结合的实践性中介[J].教育研究，2000(7)：42-46.

③ 钟启泉.教师“专业化”：理念、制度、课题[J].教育研究，2001(12)：12-16.

它是依存于有限情境的经验性知识，比起理论知识来说缺乏严密性和普遍性，却是一种鲜活的、功能灵活的知识；其二，它是作为一种“案例知识”而积累并传承的；其三，它是以实践性问题解决为中心的综合多学科的知识；其四，它是作为一种隐性知识发挥作用的；其五，它是一种拥有个性性格的“个体性知识”。这些知识是通过日常教育实践的创造与反思过程才能形成的。可见教育理论与教育实践的联结和转化不是直接实现的，需要一种多级助推的中介环节和装置。一方面是理论性中介，如教育理论课程的研究与开发、教学方法模式的改革与试验、教学手段技术的更新与变革等。另一方面是实践性中介，如以教师反思探究为核心的校本教师培训、行动研究和课程开发等。中介环节不同于教育理论与实践本身，它具有理论和实践的双重品格，即理论性中介具有实践性的一面，实践性中介也有理论性的一面。它们同属于中介环节但又是不可相互替代和或缺的，构成教育理论与教育实践相互转化、双向建构之桥相互联结和支撑的“桥墩”。

（三）中介组织

中介组织是为达到特定的教育理论为实践服务和转化的目的，根据一定的规则和联结方式而建立起来的实体。它是教师教育中介系统的物化形态，为中介环节的运行提供一种实体性保障。中介组织可以是常设的、专门性的机构，也可以将某种中介职能赋予有关机构；可以将有关机构转换成中介组织，也可以是一种非常设的中介性工作组织和联系方式。近年来，发达国家教师教育已不再局限于大学教育机构，而是将教师教育相关的人流、物流、信息等资源进行统筹协调和综合开发利用，形成一种以伙伴合作关系为核心的教师教育中介组织。如20世纪70年代以来英国建立的“教师中心”，从教师实际需要出发吸收各种教育资源，由大学教授和富有成就的专家型教师及地方高级视导员共同参与，集短期课程教学、业余进修、经验交流和推广、课程开发和教材编写、教育设备资料展览交流于一体，取得了很好的成就，被誉为“教师之家”[①]。美国于20世纪80年代建立的教师专业发展学校（PDS学校）同样具有很强的中介职能，它并不是建立一所新的学校，而是中小学与大学合作产生一种旨在促进

① 陈永明.国际师范教育改革比较研究[M].北京：人民教育出版社，1999：99.

教师专业发展的新的职能。1990年霍姆斯小组在《明天的学校——建立PDS学校的原则》报告中把PDS看作大学与公立学校之间形成伙伴关系的一种新型机构。它不仅是供大学教育研究的实验学校和示范学校，而且是培养新教育专业人员的学校、供有经验的专业人员继续发展的学校[①]。

（四）中介机制

长期以来我国形成的高度集中的教师教育管理体制依靠自上而下的计划调控和行政手段，条块分割、难以统筹和沟通。教师教育机构与中小学校更是属于两个不同职能的教育系统，造成教育理论与教育实践的结构性分离和脱节。中介机制的建立就是发挥政府职能部门的主导作用，通过制定具有约束力、指导力的教师教育政策、法规和制度，依托中介组织并充分调动和统筹各种教育资源，进而形成一种以合作为核心的教师教育新型运行模式。这为教师教育相关的环节和组织发挥信息沟通、组织协调、资源开发、咨询服务、效能评议、鉴定认可、决策研究等中介作用提供了一种有力的制度保障。如美国20世纪80年代建立起来的教师职业阶梯制度，将提高教师收入、地位与对不同级别教师参与专业进修或教师指导结合起来，既保障了师范生和新教师从专家型教师那里获得宝贵的专业指导，也促进了专家型教师实践经验和专业成就的提升和推广。

综上所言，中介性教师教育并不是离开现行的教师教育而另搞一套，也不是现行教师教育的花样翻新，而是以一种中介思维研究和解决问题，在现行教师教育体系基础上形成一种不可或缺的中介系统。它作为教育理论与教育实践相互转化、双向建构的趋动装置和中心环节。

三、中介性教师教育的基本架构

中介研究打开了教师教育研究的新视界。它不过多去关注教育理论和教育实践本身，而是在两者之间的“中间地带”建立一种居间联系和环节，以此显示其特有价值。也就是说，中介研究的本质实际上是一种系统分析，它把教育

① 教育部师范教育司.教师专业化的理论与实践[M].北京：人民教育出版社，2001.

理论向实践转化的过程作为研究对象，因而是一种过程分析①。它不仅会带来教育思维方式和思想观念的更新，也使教师教育中教育理论与教育实践相互转化的促进方式由课程和教学层面扩展到了制度和组织层面，从教师教育机构“单枪匹马”扩展到整个教师教育体制和模式的革新。因此，中介研究是一般教师教育研究所不可替代和等同的。它可以从以下三个层面来展开研究：

（一）剖面研究

教师教育中教育理论与教育实践的脱节，既表现为一种结构性断层也表现为一种功能性瓶颈。剖面研究正是从教师教育组织结构和过程出发，对教育理论课程、教学以及教育实践环节进行一种结构连接，构建理论性中介与实践性中介连贯汇通的桥梁。首先是理论性中介的建设。长期以来，我国师范院校和教师培训的教育理论课程习惯性地建立在“理论决定和指导实践”的假设之上，教师必须先学习教育理论再到实践中操作应用。这在一开始就将理论与实践断开来。只有推倒这道理论屏障才能使教育理论课程成为主动链接教育理论的“桥头堡”。发达国家在这方面探索出不少成功经验，如英国以中小学为基地的“六阶段培训模式”以地方教育主管部门为中介，中小学与大学培训部洽谈教师培训的课程方案。大学培训部在调查并了解中小学教师需要的基础上研制一份详细的课程方案协议交中小学教师修改认可后进行培训，受到了教育行政部门的好评和中小学教师的欢迎②。就我国而言，亟须成立由教育行政部门、教育行政机构、教育研究专家和中小学专家型教师组成，集教师教育课程研制、开发、培训于一体的中介性组织（也可依托大学和研究机构），进行教师需要、教育改革、教育科研信息采集和研究，在此基础上通过科学论证研制教师教育课程开发的中长期规划，再结合具体情况制定阶段性或区域性教师培养或培训的课程计划方案。此外，教学方法、模式和教学手段也是一种重要的理论性中介。为了改变在课堂上直接传授的教学方法和模式，人们正积极将案例教学引进教育理论教学。通过提供包含丰富而复杂矛盾冲突的教育案例（也可通过录像和实

① 毛祖桓.中介研究:高等教育理论向实践转化的桥梁[J].教育研究,1998(12):41-45.

② 田爱丽.中英美三国教师培训”校本”模式的比较研究[J].中小学教师培训,2001(8):59-61.

际教学）引导师范生、教师分析解读和反思探究，以此帮助他们澄清、修正和提升既有的缄默教育认识，进而形成对教育实践的科学认识和正确理念。同时，通过组织学习共同体，使师范生和教师在相互支持的集体讨论中质疑反思，实现对个体经验的重组和与他人经验的共享。这种持续性讨论也会成为师范教育计划的一部分①。

另一方面是实践性中介建设。通常，师范生和教师在系统学习教育理论知识后进入教育实践领域（含教育实习）还是困惑乏术，只得退回到个体原有的认识上并以此为支点重新摸索实践经验。教育理论与教育实践的联系在最后关头中断了，其症结在于实践性中介的缺失。实践性中介是指师范生和教师的主体性实践，即对教育实践的理性反思和探究。美国心理学家波斯纳提出著名的教师成长公式：教师成长=经验+反思。实践性中介建设就是要使师范生和教师在实践中对所学的教育理论进行思考、判断和检验，运用教育理论对教育实践进行反省、问诊和细致深入的行动研究，从而形成个体化的实践性知识。师范生和教师由此实现教育理论知识与实践性知识的相互转化、双向建构，发展成为主体的实践智慧，勃发巨大的现实力量。

（二）层面研究

随着终身教育和学习化社会的到来，教师的角色和作用正发生深刻的变化。“由于一般知识以及教育活动的持续变革和发展，所以不大可能为师范生提供其终身生活需要的知识和技能……需要一种综合性政策来确保把教师教育组成一个持续的协调过程，从职前准备开始并继续于教师的整个职业生涯。”②社会的发展使教师已不再是一种固定职能的知识传递者，而必须通过终身学习和专业发展成为教育的专家。这一过程是不断演进、奋争和提升的过程。新手与专家型教师的比较研究表明，新手教师与专家型教师无论是陈述性知识还是程序性知识都存在重大的结构差异。尤其是舒尔曼提出专家型教师具备的七种知识中，有关课程的知识、教学法的知识、关于学生及其特点的知识、教育环境的知识

① 瞿葆奎，马骥雄．教育学文集：美国教育改革．北京：人民教育出版社，1990.

② 全球教育发展的历史轨迹：国际教育大会60年建议书［M］．赵中建，译．北京：教育科学出版社，1999：248.

是新手教师普遍缺乏的。因此，在教师教育的不同阶段，教育理论与教育实践的结合和转化各有其质的特点。

就职前培养而言，一方面，师范生在进校前的生活经历和学习实践中，已经形成了大量习俗化水平的缄默教育认识。当作为正式课程的教育理论以传授和灌输的方式告知师范生时往往受到这种既有的缄默教育认识过滤和排斥。他们虽然获得了许多教育理论和思想，但其实际思想和行为仍受着缄默教育认识的支配，造成学与用脱节①。因此，教育理论教学不能将师范生看作对教育一无所知而简单灌输，而是要引导其挖掘、显化这些既有的缄默教育认识，使之通过反思实现与教育理论的对话和互动，使缄默教育认识得到改造、澄清、修正和提升，也使教育理论顺利内化和建构。另一方面，应加强和改进教育实践环节，使之不是作为“检验”和“应用”教育理论的辅助手段，而是作为独立本体意义的教师教育活动。师范生通过教育临床实践和反思，获得在课堂和书本上无法学到而又弥足珍贵的“实践性知识”。英、美等国家近年探索以中小学为基地的校本教师培训、建立教师专业发展学校正是着眼于此。尤其是英国研究生教育课程（PGCE）中，小学课程有24周在小学进行，14周在大学进行；中学课程有24周在中学进行，12周在大学进行。这对于我国教师教育模式改革应有所启示。

教师职后培训面临的问题则大不相同。一方面，教师从入职到形成教学专长，是一个持续奋争的专业成长过程。教师应成为终身学习者，通过不断进修和更新来适应日益变化和发展的教育情境，实现自主的专业发展。另一方面，教师所处专业环境不再是虚拟的而是现实的、具体的、各不相同的。教师不再寄希望教育理论提供可以直接操作的教学方法和技术，而是要通过自身的反思探究和研究，将教育理论转化为自己的教育理念和实践智慧，从而创造性地研究解决复杂变化的教育实践问题。因此，教师在职培训应改变以大学为本、脱离教师专业环境和教学实践的集中统一的培训模式和单纯的理论传递，积极研究和开发适应教师不同成长阶段和个体需要的教育理论课程，并通过大学和中小学的伙伴合作，尤其是要依托中小学校通过校本培训、行动研究和课程开发，从而使学校成为教师专业发展的重要基地和场所。大学则在新知识、新技术、

① 石中英.知识转型与教育改革[M].北京：教育科学出版社，2001：248.

新成果等方面提供课程资源服务和培训指导。

（三）综合研究

教师教育中介系统的不同环节与不同层面交汇整合，以及它们所共同依赖的中介组织、机制的建立和运行，都需要我们作一种综合性研究。综合研究的对象和范围可以是全国性的，也可以是某一区域或某一教育阶段。目前应从以下领域来开展中介性教师教育的综合研究：(1) 教师教育政策研究。运用中介思维将教师教育中联结教育理论与实践的中介环节、机构和机制转化为具有行政或法律指导作用的教师教育政策、制度、法规、方案。以此实现教师教育要素、环节、运行过程的重组、协调和整合，形成具有中介职能的教师教育体制和框架。(2) 教师教育模式研究。教育模式是在一定的教育理念支配下对教育过程及其组织方式作出简要的特征鲜明的表达。教师教育模式研究就是要舍弃教育过程中非本质部分进而抽离出基本构成要素，概括出具有范型意义的教育活动类型和操作样式，以此实现对现行教育模式的改造，形成具有中介职能的教师教育模式。(3) 教师教育理论研究。立足于现实实际对中介性教师教育的目的、价值、功能、制度、过程、评价及教师教育者本身进行哲学意义或实践意义的反思、论证和探究，以期实现教师教育理论和实践的创新与发展。

论教师教育的“U-S合作模式”及其中介[①]

我国日益勃兴的教师教育在学历升级、体系的开放多元、学术性与师范性的统整、职前与职后教育一体化等方面已成为基本共识，并开始进入政策的视野和实践形态。与此同时，教师受教学校（大学）和任教学校（中小学）由二元分离走向整合，形成教师教育的“U-S（University-School Joint）合作模式”。这将从宏观的体制和结构上建立起教育理论与实践的相互转化和双向建构的机制，联通教师专业化发展的桥梁。本节拟在《中介性教师教育的理论探索研究》[②]一文基础上，运用中介思维，对国际上兴起的教师教育“U-S合作模式”进行理论论证，进而探讨这种模式在我国教师教育专业化发展中的现实取向。

一、历史透析：教师受教学校与任教学校的两极歧化

教师教育的“U-S合作模式”，是针对传统上教师受教学校（师范院校）与任教学校（中小学）两极歧化和隔离的弊端而形成和发展起来的。

（一）价值取向的悖离

工业化基础上产生的师范教育一直是在科学主义和技术理性主导之下，教师的教育实践被看作是教育理论知识和操作技能的熟练运用。师范院校特别是教育理论课程就是给教师提供一种公共化、普适性的教育原理和规律。人们总是相信理论知识和操作技术的力量，深信“教育理论指导教育实践”，即教育理论是正确的、普遍适用的，总是具有指导实践的巨大现实力量；理论居于上位，实践则处于下位，总是需要理论的指导。相比之下，中小学作为传递基本的普通文化知识、培养公民基本素质的教育，更为重视知识传授和文化传播功能；

① 本节原载于《皖西学院学报》2000年第1期，第四部分实践应用是本次增加的。

② 阮成武.中介性教师教育的理论探索研究[J].皖西学院学报，2002(3)：90-94.

教师在接受过职前的师范教育走上工作岗位后，便成为“蜡烛”“春蚕”“园丁”而不断地“燃烧”“吐丝”和“浇灌”，充当一种工具角色，依赖着具体的、可操作的和行之有效的“工具性指导”。显然，这种教育实践是以重复、消耗和经验主义为特征的。这样便形成两种相互悖离的价值取向：师范院校习惯于以理论知识为本，注重教育理论的“客观性”“普适性”“指导性”价值；中小学校和教师则总是抱怨师范院校尤其是教育理论课程和教学严重脱离实际、空洞无用，而更为相信实践经验的力量，期盼着教育理论能够给以“工具性指导”。在这两者之间，师范院校往往总是占据优势的地位，中小学则处于无权、无奈的从属地位，进而形成一种潜在的价值冲突。

（二）系统功能的歧化

随着师范教育的产生，师范院校与中小学就一直维系着一种传统分工：师范院校作为教师的受教学校，负责培养和输送合格的教师；中小学作为教师的任教学校，则负责接收和使用。这是由于，一方面，近代以来工业化基础上兴起的义务教育对教师的大量需求，导致教育体系的职能分化——教师养成从教育实践中个体式的经验模仿和“艺徒制”，发展成为由专门机构系统化、制度化和批量化的“生产”。另一方面，义务教育追求的是标准化、统一化、效率最大化的价值目标，学校成为知识传授的“流水线”“造就人的工场”①。这种教育实践作为工业化社会“制造”文化的一部分，教师成了国家义务教育课程标准的传递者、程序化教育方法模式的执行者和技术员。教师在师范院校接受一种终结性教育而成为“合格”教师，走上工作岗位以后就“锁定”教育者的权威角色，发展是已经完成了的事。由此，教师受教学校（师范院校）与任教学校（中小学）逐步演绎成为体制和功能相互歧化的两极。这种两极性虽然不是“非此即彼”的对立和排他式的，但功能的歧化势必造成教师职前与职后、教育理论与教育实践严重脱节。

（三）体系结构的断裂

由于价值取向和功能的歧化，教师受教学校（师范院校）的教育理论教学

---

① 夸美纽斯.大教学论[M].北京：人民教育出版社，1979：51.

与任教学校（中小学）教育实践之间形成严重的结构性断裂。师范院校总是试图通过书本知识和系统的理论传授，使教师从中获得一套具有普遍指导作用的教育理论和操作方法，并通过教育实习对所学的教育理论和操作方法进行验证，以期完成教师养成的全过程。结果是，教师在职前教育阶段虽然形成了一套关于教育教学的理论认识和一般方法，而进入中小学教育具体的实践情境却往往陷入严重的现实冲突。在这种“生存危机”之中，他们只得从任教学校及与同事的相处中获得一些习俗化水平的实践知识和经验，即被阿吉里斯和舍恩称为“使用中的理论”①。教师因此而踯躅在低起点、低水平的摸索之中，专业发展缓慢。师范院校与中小学教育实践的这种二歧现象以及由此而造成的弊端，很多实证研究都给予了明证。上海师范大学对768名中学优秀教师的大样本调查研究表明，他们的七种主要教学能力（对教学内容的处理能力、运用教学方法和手段的能力、教学组织和管理能力语言表达能力、教学科研能力、教育机制、与学生交往能力），形成于大学入学前平均占21.95%、12.74%、65.26%（根据分享数据得出的平均值）。在对师范类与非师范毕业的中学优秀教师比较研究中发现，两者在上述七种教学能力的数值上几乎完全相同，其中，师范类毕业的中学优秀教师普遍认为师范院校课程与教育实际需要严重脱节，缺乏对中学教育实践的有力指导②。

二、走向整合：教师教育“U-S合作模式”的理论建构

应当说，师范教育自产生开始就一直试图建立与中小学的联系。由于目的和职能的不同，与师范院校挂钩的学校至少有过五种名称，即模式学校、实习学校、培训学校、示范学校和实验学校。尤其是杜威和贺拉斯·曼等建立和领导的实验学校，使教师教育机构与公立学校的联系进一步制度化。但由于种种原因，这种关系的实际职能只是简化为师范生提供见习和实习的场所。20世纪60年代以来，随着新科技革命和教育改革对教师专业提出了全新的要求，传统

① 邓金.培格曼最新国际教师百科全书[M].教育与科普研究所，编译.北京：学苑出版社，1989:636.

② 王邦佐.中学优秀教师的成长与高师教改之探索[M].北京：人民教育出版社，2001:81.

上教师的“教书匠”角色和工业化以来形成的教师作为“技术员”“工程师”角色面临消解，教师的职业性质和素质水准发生了质的变化。在此之下，传统的师范教育制度面临终结和转型，教师教育在通过结构升级、体系开放进而实现“大学化”的同时，开始越过师范院校与中小学长久以来的观念性和体制性障碍，由两极走向整合，实现结构和功能的一体化，形成“U-S合作”的教师教育模式。

20世纪70年代开始，英国著名的《詹姆斯报告》最早提出了“培养、任用、培训”三阶段教师教育的设想。着眼于教师的持续、终身性的专业发展和成长，以任职学校为中心的教师进修和培训被提到了教师教育重要的议事日程。1974年世界经济合作与发展组织就围绕“师范教育的连续性和教员的阶段性成长”，提出“教师的在职教育比就职前的教育更为重要”“以学校经营为中心的教员进修”，“现场教师要参与有关发展师范教育的决策，把它看作专门职业教育的一种新方式，要重视加强师范教育与学校教育实践的协作”①。20世纪80年代，随着教师专业化运动的不断发展，英、美等国家大规模开展校本教师教育。英国的这种伙伴关系是以学校为中心的，由此建立了以学校为基地的校本教师教育模式。美国则通过大学与中小学合作建立“临床学校”“教师专业发展学校”，将教师职前教育的见习、实习指导与职后的专业发展同时进行，使教师教育和中小学教育建立在一种共生关系之上。

以校为本的教师教育是对传统的以大学为本教师教育的一种超越和革新。它的基本特征是大学与中小学之间建立伙伴合作关系。这种伙伴合作关系的建立，打破了教师受教学校与任教学校传统的两极状态，建立一种“U-S合作”的人才培养模式。正如霍姆斯小组成员、美国教育家古德莱德指出的：“大学若想培养出更好的教师，就必须将模范中小学作为实践的场所。而学校要想变为模范学校，就必须不断地从大学接受新的思想和新的知识，若想使大学找到通向模范学校的道路，并使这些学校保持其高质量，学校和教师培训院校就必须建立一种共生的关系，并结为平等的伙伴。”②

---

① 筑波大学教育学研究会.现代教育学基础[M].钟启泉，译.上海：上海教育出版社，1986：457.

② 教育部师范司.教师专业化的理论与实践[M].北京：人民教育出版社，2001：148.

建立教师教育“U-S合作模式”的实质，是教育知识的生产主体、方式和途径的改变和更新。研究表明，教师专业所特有的教育知识是由条件性知识（涉及教师如何教的知识，即教育学、心理学科的理论知识）和实践性知识（教师在实现有目的的行为中所具有的课堂情境知识，即教学经验的积累）构合而成的传统的师范教育制度通过教育基本理论或原理的呈现、教学技能的示范训练和反馈指导，内化为教师的教育信念和行动指南——条件性知识。然而，直接指导教师教育实践的并不是这些严密性、科学性、确凿性、普适性的和可以编码的条件性知识（尽管这些显性教育知识是教师非常必需的），而是那些与具体教育情境和问题相联系、难以编码和进行直接传授的实践性知识（缄默教育知识）。因此，所谓教育理论与教育实践结合和转化，不是教育理论直接转化和指导教育实践，而是条件性知识（显性教育知识）与实践性知识（缄默教育知识）相互统整和双向建构的复杂过程。这种相互统整和双向建构不是通过直接传授所能实现的，必须通过一定的中介，即教师的主体性实践。具体包括：在教育实践中教师之间的交流和分享经验而将个体的知识“社会化”；教师共同体成员间的对话和集体反思，以实现隐性知识向显性知识的“外化”；通过“做中学”的实践体验，实现显性知识向隐性知识的“内化”；把所学理论知识、经验与已有的知识经验进行碰撞和系统化而实现“合并”①。

“U-S合作模式”的建立，正是要通过大学与中小学的伙伴合作为教师的主体性实践创造条件。教师通过自身的主体性实践而纳入教育知识的生产过程，即不再只是教育知识的接受者和消费者，同时也是教育知识积极的生产者、创造者；中小学也不再只是教育理论知识的“试验场”，而成为教育实践性知识生产和创造的源头活水。建立在这种伙伴合作关系之上，教师的条件性知识与实践性知识由此实现统整和同构，教师的专业性才能得以形成和凸显。

三、张力保持：教师教育“U-S合作模式”的中介取向

虽然发达国家教师教育的整合趋势并未用“中介”这一概念来标示，但这种由两极向一体化方向发展的中介取向是可以确证的。教师教育专业化的中介

① 陈振华．论新的教育知识生产观[J].华东师范大学学报(教育科学版)，2001(3)：88-96.

取向，就是运用中介思维，即不是从孤立的两极出发，而是从两者的关系或联系来分析和看待事物，建立一种居间联系和中介系统，在两极之间保持必要的张力——相关融合、动态平衡。这种中介系统具有理论和实践的双重品格，是连通两者之间的桥墩和桥梁。

（一）两种学校文化的价值统整

大学与中小学的伙伴合作，首先应体现在两种学校文化的沟通融合和价值统整，在学术知识为本与学生发展为本之间寻求一种契合，形成以教师专业发展为本的价值取向。一方面，大学文化对教师专业发展具有十分重要的作用。我国正在推动教师教育开放化正是要在整个大学多学科平台上加强学科和专业建设，从根本上提升中小学教师的学术品质和教育理论水平。同时，大学应加强对学术为本的文化传统的改造和对中小学文化的关注与吸收，积极开展对基础教育的调查研究、实验研究和行动研究，变被动适应为积极参与、引导和推动基础教育改革发展；改变凌驾于基础教育之上的层级关系，充分尊重中小学教育工作者的话语权和创造性，尤其是要充分尊重实践工作者及实践性知识对于教师教育的重要价值，建立教育理论工作者与实践工作者优势互补、平等合作的共建关系。与此同时，中小学也应更新职能，强化其在教师教育和教师专业发展中不可或缺的作用和责任，将教师教育和促进教师专业发展纳入学校组织目标和发展战略中去，作为“科研兴校”的重要依靠力量、评价学校管理和办学水平的重要指标。为此，中小学应积极加强对大学文化的吸收，培育一种以学习、交流、研究和创新为核心的新型学校文化，强化教师的学习者、研究者角色。这样，大学的新思想、新理论和新的研究成果同教师的教育实践以及学校各项工作有机地融合和交汇，不仅能促进教师专业发展，也必将推动教师教育和中小学教育、大学教师和中小学教育实践工作者的共同发展。

（二）两种教育系统的功能整合

教师教育的“U-S合作模式”是对大学原有的主体性地位的消解，大学为本的“机构化”教育模式难以完成教师教育的全部过程。这种合作一方面能发挥双方各自独特的、不可替代和或缺的功能，同时也能够整合和产生各自所难以发挥的新的功能。首先，为师范生创造了最理想的教育临床实践的机会。大学教师和中小学教师组成合作小组，共同负责师范生的培养。师范生在大学系统学习教育理论获得条件性知识的同时，得以在中小学伙伴学校深入教育实践。师范生既可以在大学教师的指导下学习一些有针对性的教育理论知识，也能从中小学教师的教学过程中获得丰富的实践性知识。而且，师范生在大量独立的主体性实践中，通过相互间的交流和分享经验、成员间的对话和集体反思、“做中学”的实践体验，以及把实践经验与已有的知识经验进行碰撞和系统化等方式，从中获得大量的实践性知识。其次，“U-S合作”促进了在职教师的专业发展。随着终身教育浪潮和学习化社会的到来，中小学也应在大学教师的参与和指导下校本教师培训。此外，在指导实习生的实习中，教师也进一步提高了专业水平。因为这不仅要求教师掌握深厚的专业知识、丰富的教学原理和精深的实际教学技能，而且也激发了教师学习、提高的愿望，促使他们反思自己的教学，进一步提高教学水平。最后，“U-S合作模式”也促进了教育理论研究与实践研究的结合和共同繁荣。这种参与和合作不仅促进了教师有意识的专业发展，使教师进修立足于学校的改革和自身的教学实践，而且能够更好地为学校改革服务，为学校教学改革注入了活力。同时，通过这种合作，大学教师也得以深入教育实践，提高了理论研究的针对性和实效性。

大学与中小学的功能整合，在我国教师教育中已经开始了有益的实践尝试并取得可喜的成就。如首都师范大学在丰台教育试验区建立了4所“教师发展学校”，以对原有学校功能进行拓展，从而促进教师专业化发展。华东师范大学教育系与上海市杨浦区打虎山路第一小学开展“超越规范的学校管理”“班级小主人行动”的合作研究。这些都反映出在我国文化背景和教育体系下教师教育实施“U-S合作模式”的必要性和可行性。

（三）两种教育体系的结构链接

“U-S合作模式”的实施有宏观、中观和微观不同层面。在宏观上，教育主管部门的政策导向、经费分配、评估制度对促进这种合作有重要的作用。在中观层面上，大学与中小学之间建立一种合作的领导机构和相应的运作机制，共同制订方案目标、进行工作分工与资源共享、确定指导教师和成立工作组，共同制订活动计划和进行课程开发，并负责各自的工作及相应的管理和协调。在微观上，通过“U-S合作”积极开展教师（师范生和在职教师）的主体性实践活动。首先，大学应着力教育理论的课程和教学改革，加强理论教学的实践性中介，促进师范的条件性知识与实践性知识相互统整和提升。如通过案例分析、个人生活史和小组讨论等有效的方式，引导师范生在进行习得性学习的同时开展反思性学习、研究性学习和合作性学习；按教育部《关于“十五”期间教师教育改革与发展的意见》的要求，大学要吸收一部分中小学优秀教师担任教育类课程的教学和教学实践的指导工作。其次，通过大学和中小学的合作加强教师教育的实践课程开发，开展以学校为基地的教师教育，教育实践的教师养成功能的增强和发挥，有赖于大学和中小学发挥各自优势，加强学校的重建和改组。使教育实践不再是传统意义上只是作为教学理论教学的辅助手段，而是具有独立本体意义的教师教育活动，成为师范生获得在课堂和书本上无法学到的实践性知识的重要课堂。此外，中小学还可以充分利用大学的各种智力资源，进行学校的重建和改组，使学校逐步发展成为学生、教师和学校自身改革与发展相互促进的统一体。如在大学积极支持和指导下，根据学校实际开展富有针对性和实效的校本教师培训；大学的理论研究者和中小学实际工作者开展面向学校实际的合作研究，尤其是开展解决教育实际问题的行动研究，以理论创新为主要目的的课题研究、教育实验，面向实践需要的校本课程开发等。

由此，学校发展成为融知识传递、交流、研究和创新为一体的学习型组织，成为教师和学生发展的共同体。

四、协同创新：教师教育“U-S合作模式”的探索实践

在国家大力加强教师队伍建设的新的政策环境下，注入教师教育发展动力，需要政府、中小学和师范大学三者的协同创新。协同创新是多主体、多因素围绕创新目标共同协作、相互补充和配合协作的创新行为。协同创新理念的提出，给师范大学的发展指出了新的方向，同时也赋予了师范大学新的发展使命。新的发展方向是指师范大学要与地方政府、中小学校开展深度合作，建立战略联盟，使师范院校得到显著与持续的提升。新的发展使命是指师范大学应明确自

己的职责，在明确职责的过程中要努力做好教学、科研、社会服务和文化引领四个方面的任务。

动力是发展的源泉，有动力才有发展。“U-S合作模式”的教师教育的重要实现路径是建立协同创新的体制机制。近年来，安徽师范大学牵头成立教师教育省级协同创新中心，师范大学和中小学校等教师教育实施主体联合起来，双方共同遵循目标一致、责任共同、利益分享、资源优化的原则，以培养卓越教师为目标，在师范生实践教学、教育研究、在职教师培训和数字化资源平台建设等工作中开展系统性合作，实现共赢与共同发展，是教师教育协同创新的未来发展方向。

（一）协同培养师范专业学生，增强未来教师的实践能力

实践能力是卓越教师应该具备的基本素质和能力。以前的师范生实习主要由大学一方负责，全权包揽了实习的规划、组织和实施等程序。实习生实习存在“走过场”、浪费资源的弊端。“U-G-S”协同创新将师范大学教育研究优势、中小学校教育实践优势、地方政府行政管理优势有机整合，实现校校协同与校府协同。“U-G-S”教师教育新模式实施后，安徽师范大学与芜湖市教育局签署协议，率先在芜湖市弋江区建立“教师教育协同创新实验区”，选择弋江区部分区属中小学和幼儿园作为“安徽省教师教育协同创新实验学校”，先期在信息技术教育、心理健康教育、品行规范教育和学前教育等方面开展改革项目试点，师范大学、地方政府、中小学校共同参与实施教师培养全过程。师范大学成立实习（见习）工作领导小组，制定实习（见习）教师规范化标准，遴选学科教学论教师作为实习指导教师，并建立领导定期寻访制度，适时指导实习工作；地方政府参与制定实习方案，在食宿条件、课题研究等方面保障经费投入，在安全保证、指导过程等方面强化组织管理实习学校建立实习保障制度，改善实习指导教师和实习学生的生活和工作条件，并配合遴选本校指导教师，对实习生实行“双师型”指导。上述试点项目所在专业优秀毕业生，经校长实名推荐，实验区在同等条件下优先录用。

（二）协同开展教育研究，培养未来教师的创新能力

开展教育科研是培养未来教师创新能力的有效源泉。通过实地调查、实验研究、筛选经验、科学论证等为主的教育研究方法，教师一方面能够提炼自己的成功经验，并使之升华为对教育规律的科学认识，进而运用到实际工作中，推进教育理论的创新和教育改革的实施；另一方面，教师通过投身教育科研，以探究的眼光审视在教学实践中遇到的问题，通过深入探讨解决的途径和方法，从而不断改进教育教学实践，提高育人能力和自身的专业发展水平。

在这一过程中，教师的教育教学实现了由“经验型”向“科研型”，由“教书匠”向“教育家”的转变。安徽师范大学与协同创新实验区的中小学联合开展教育科学研究，打造高校和基础教育教科研协同创新的新平台。大学选派优秀教师和研究生，参与实验区各学科工作站的教科研活动，开展教研理论与实践的支持指导。同时，实验区选派优秀校长和骨干教师加入安徽师范大学相关领域的教学研究团队，参与课题实验、课程教学和学生指导。这种双向互嵌和互构，实现教师教育者和中小学在职教师的共同成长，特别是教育创新能力的显著提升。

（三）协同强化在职培训，促进教师专业发展

教师发展存在“补缺”和“成长”两种主要模式。前者主要是为了弥补教师存在某些“缺陷”而开展的“培训”活动，促进教师客体性发展；后者主要指教师对其自身教学实践进行“持续性探究”相伴随的各种发展活动，促进教师的主体性发展。“U-G-S”协同创新可以实现两种模式的融合与互补。此前，教师培训一般多采用是的客体性的发展方式，由于时间、空间、经费等条件的限制，一线中小学教师特别是农村地区的教师职后培训得不到有效实施。教师教育协同创新实验区的建立，改变了以往教师培训中存在的培训相互脱节、各自封闭和低水平重复等问题，实现了教师培训的三大转变：首先，培训对象从以面向一线教师为主拓展到进修学校，培训领域由通识到学科，培训方式由集中向个性化。相对于教师培训这种客体性的发展方式，高校教师在实验区教育教学一线面临着实际问题，通过对这些问题进行经验总结、调整和反思，发现

自己以往教学活动中存在的缺陷并进行弥补，形成了一种主体性的发展方式。安徽师范大学在实验区开展了送教下乡、校本研修、双向挂职、同课异构等多种形式的教师培训，促进实验区教师的专业发展。下一步，我们还将根据实验区教师培训需要，通过订单培训、培训者培训和校本培训等方式，抽调骨干教师到“协同创新实验学校”挂职锻炼，任科研副校长，帮助解决基础教育教学和管理中的一些实际问题，为实验区学校发展和教师专业发展服务。

（四）协同共建教育资源，提升教师可持续发展能力

教育资源建设是基础教育发展的保障，也是促进教育模式和教育手段变革的重要途径。“U-G-S”办学模式通过大学与实验区中小学合作，共建教师培训、网络课程等教育教学资源，既加快实验区中小学教育信息化建设进程，又为当地教育发展提供了更为优质的教育资源。安徽师范大学依托教育技术系、网络信息中心，创建高校与基础教育信息技术教学示范点，在芜湖市繁昌区第一中学成立“安徽省教师教育协同创新中心网络协同教研基地”，利用“智慧教室”同步在线课堂，开展高校课堂与实验区的课堂互动对接，实现实验区教师与师大师生资源共享与互动，用以指导教学、研究教学，提升教师培训和学生培养的针对性。

当然，以协同创新激发教师教育“U-S合作模式”的动力和活力，还需要进一步完善相应的体制机制。一是地方政府及教育主管部门是教师教育协同创新的拉动力。在教师职前教育方面，政府及教育主管部门进一步扩大免费师范生的规模，借鉴当前免费师范生政策的成功经验，采用自主招生、笔试和面试相结合的录取方式为师范院校提供优质生源。在教师职后培训方面，地方政府应统一管理，明确职责，突出师训，“管培分离”，对于地方政府而言，参与协同合作在于打造地方教育名牌，培养名师、名校、名校长；办好地方教育，推动教育改革及学校改进以及推进区域内义务教育均衡发展，广泛影响当地教育水平。二是中小学是教师教育协同创新的推动力。中小学在课程改革、教师队伍素质提升等方面迫切需要师范院校的合作与支持，中小学与师范院校的协同可以增强自身科研实力，有效促进教学改革和项目申报，对其师资队伍建设有着直接的帮助。而师范院校只有与中小学合作，才能准确把握基础教育改革与

发展的脉搏，保障师范生有充分、高质量的教师实践机会。重视师范生的从教技能，建立见习教师规范化培训制度，安排实习教师到教师专业发展学校进行规范的、统一的内容与标准的培训，重视师资培训的过程性评价。三是师范大学是教师教育协同创新的内生力。

原教育部部长袁贵仁指出，师范院校必须坚定不移地坚持师范性，这是师范院校的优势、特色和立校之本。为了推进教师教育体系创新，推进教师教育人才培养模式改革，构建职前职后一体化的多元开放教师教育终身学习体系，促进教师培养培训、教师教育和基础教育研究，充分利用校内外教师教育优质资源，师范院校应加强教师教育协同体系建设。

走向共生：教师教育与基础教育关系的重构①

一直以来，我国的师范教育及教师的专业化水平落后于基础教育改革和发展的现实需要，是一个不争的事实。可以预期的是，当下启动的教师教育和新一轮基础教育课程改革，不仅是对各自的体制、结构、功能和模式的深刻变革，也将带来两者关系的根本改变。教师教育人才培养模式的创新，不仅应进行培养目标、专业设置、课程结构和教学方法等方面面向基础教育新课程改革的适应性变革，而且要打破体制隔离和职能分化，建立与中小学实质性、制度性的合作关系，发挥基础教育在促进教师专业化发展中不可替代和或缺的作用和功能。由此，教师教育与基础教育将从传统上的隔离、分化、矛盾和冲突，走向整合、共建、衔接和互动，实现共生发展——相辅相成、相伴相生、互利共赢。

一、大学文化与中小学文化的共生，形成教师专业化发展的价值导向

教师教育与基础教育共生发展的基础和关键，是以价值导向为核心的两种学校文化的整合。传统上，师范院校主要遵循着高等教育的一般规律和原则，崇尚学术本位的“大学文化”，注重教师学科专业知识的纵深发展和良好的学术熏陶，而为基础教育服务的价值和功能往往处于次要位置，甚至把面向基础教育的有关课程、研究和工作，置于学术范畴以及重点学科建设的视野之外。这种学术本位的大学文化，强化了“掌握知识就能够当教师”的习俗观念，使教师一直只是一种以学科知识为本、容易被替代的“半专业”，导致教师偏重学科知识的传递，轻忽对教育规律的探求和对学生个性的尊重，成为“传授型教师”。此外，师范院校学术本位的专业设置和学科划分，使教师知识结构和教学能力难以适应基础教育新课程的均衡化、综合化和个性化要求。

① 本节原载于《安徽教育学院学报》2005年第2期。

相比而言，基础教育作为国民素质的基本教育，是以人的培养和发展为本位的。尤其是基础教育新课程改革，力图改变注重知识传授、学科本位、偏重书本知识和接受学习的倾向，强调知识与态度、能力和价值观的统整，关注学生个性发展，倡导课程结构的综合化、课程管理的民主化，注重生活经验和建构学习，提升学生的主体性。这种以人为本、以学生发展为本的“中小学文化”，要求教师成为一个学习的组织者、学习的引导者、反思性实践者、课程开发者和研究者[①]。有学者这样概括课程教材改革要求教师角色实现以下一系列的转变：由知识的传授者转向学习的参与者、促进者、指导者，由“教书匠”转向科研型、创造型教师，由单一型转向综合型教师，由传统教学方式转向现代教学方式，由面向全体学生转向面向全体与面向个体相结合。自不待言，这将对传统的教师角色以及以学术为本位的师范教育提出严峻挑战，并直接反映在教师培养与需求的尖锐矛盾中。

为此，教师教育与基础教育应当在学术本位与学生发展为本之间寻求整合，创生一种以教师专业为本的教师教育文化。一方面，教师教育文化是对学术本位的大学文化的改造和拓展。首先，应当进一步凸显学术能力和学科专业对教师专业化发展的重要作用。我国正在积极推行的教师教育层次升级和体系的开放化，正是要在整个大学教育的平台上加强学科建设和专业建设，提升中小学教师的学术品质和学科水平。只有像综合性大学那样，把学科建设摆在学校工作的重要地位，才有可能从根本上提高人才培养的质量，才有可能为培养适应新时期基础教育发展需要的、高素质的教师打下坚实的基础。其次，应加强教育学科的专业建设、科学研究、课程建设、教学和实践环节，使之成为教师教育的重要组成部分和显著优势。大学与中小学两种教育文化的整合，不再是传统上课程结构和课时比例的调整，而应通过人才培养模式的创新。如综合性院校创办教育院系、改造和发展师范院校的教育系，实施“3+1”培养模式等，在多学科平台上实现学科专业与教育专业的共建，或通过“4+1”“4+2”模式，在学历教育基础上进行教师专业教育，从而在体制上打破学术性与师范性的对立和两歧，使教育学科发展成为教师专业教育，并作为教师教育的标志和核心。

① 钟启泉.新课程师资培训精要[M].北京:北京大学出版社,2002:201.

与此同时，教师教育文化应加强对中小学文化的关注与吸收。虽然大学文化对于教师专业化发展具有越来越重要的作用和功能，但这种作用和功能又是有限的和特定的。换言之，教师专业化发展不是大学及大学文化所能够包办完成的，必须延伸和依托教师所任职的学校和所从事的教育实践。中小学文化是教师教育文化的重要组成部分。因此，一方面，教师教育文化还应当积极涵摄和吸收中小学文化。承担教师教育的高校，应积极开展基础教育的调查研究、实验研究和行动研究，充分尊重教育实践工作者的话语权和创造性，发挥实践工作者在教师教育中的重要作用，以基础教育的实践来改造、丰富和提升教师教育的研究、课程和教学水平。另一方面，应当运用大学文化来改造和提升现行的中小学文化。当前基础教育新课程改革正在通过开展校本研修和校本培训，推动学校文化的重建，积极发挥学校在教师专业化发展中的重要作用。无疑，在这一过程中，建立大学与中小学的伙伴合作关系，积极引进大学文化，促进中小学建立和形成以学习、交流、反思、研究和创新等为价值取向的学校文化，对于改造和提升现有的中小学文化、创生以教师专业化发展为核心的教师教育文化是十分关键和有效的。

二、教育理论与教育实践的共生，重塑教师专业化发展的知识基础

大学文化与中小学文化的价值整合，需要通过一系列具体措施来体现和实践。重要的在于，教师教育和基础教育之间应建立制度性、实质性伙伴合作关系及相应的运行机制，以促进教育理论与教育实践的共建和共生，重塑教师专业化发展的知识基础。

这是基于，师范教育制度的产生使教师养成从教育实践过程中剥离出来，进入制度化培养阶段，形成以理论知识教学为主的学院化模式。然而，这种学院化模式使师范教育一直受到教育理论与实践脱节的困扰。师范院校尤其是教育学科总是通过书本、课堂和教师的系统传授，使师范生获得关于教育的系统的、公共的理论性知识。相反，20世纪中叶以来，后现代思潮正涤荡着教师专

业化的传统模式，教师专业化的知识基础由“客观性”“普遍性”和“公共性”的教育理论知识转变为教师个体在教育理论的基础上，通过实践反思和行动研究获得的“实践性知识”和所形成的“实践性思考方式”。这种实践性知识往往带有一种经验性、案例性、综合性、隐性化和个性化的特点。这种“实践性思考方式”具有以下五个特征：（1）实践过程中的即兴性思考；（2）对于不确定状况的敏感；（3）实践性问题的表象和解决多元视点的综合；（4）临床地建构实践情境中所产生的问题现象相互关系的语脉化的思考；（5）基于教学展开的固有性不断地重建问题表象的思考方略[①]。这种实践性知识和实践性思考方式往往存在于教育实践情境和行动之中，在实践中通过实践体悟获得和形成。因此，教育理论性知识与实践性知识相辅相成、不可替代、共生共存，共同奠定教师专业化发展的知识基础。

对实践性知识的确认和关注，预示着教师教育人才培养模式的转变。即教师专业化发展不可能是师范院校单一主体能够实现的，教师教育与基础教育应当由两歧走向合作，促进教育理论与教育实践的相互转换和建构，促进教育理论的实践化和教育实践的理论化。首先，教师教育应突破院校本位和理论知识本位的思想观念、办学模式和人才培养模式，强化和改进教育实践环节，努力实现教育理论实践化。如在职前和职后的教育学科课程和教学中，积极开展案例教学、小组教学、临床实践、校本研修等，引导师范生和在职教师在教育临床实践中进行教学反思和行动研究，成为“反思型实践者”。其次，教师教育应改变凌驾于基础教育之上的层级关系和指导者角色，建立优势互补、平等合作的关系，形成由大学、中小学共同参与的教师教育课程开发和培养模式。近年来，国外蓬勃兴起的教师“专业发展学校”、教师“校本培训”“行动研究”正是教师教育与基础教育伙伴合作的一种制度创新。美、英、法等教师专业化水平较高的国家，本科和研究生层次教师教育及其课程和学分，接近一半是在中小学教育实践中进行和完成的。我国近年来教师教育正在对这一国际潮流进行积极回应。

同样重要的是，教师教育对于教育实践的关注，也有赖于基础教育转变办学观念和办学模式，积极承担在教师教育上的职责并发挥自身的优势和独特功

---

① 佐藤学.课程与教师[M].钟启泉，译.北京：教育科学出版社，2003：228-229.

能。工业化以来建立起的学校组织及其制度，是以标准化、统一化和效率最大化为典型特征的。学校是“造就人的工场”、是教师的“工作坊”，是人才培养的车间“流水线”。这种组织结构使教育实践原本的教师养成功能渐行渐退，成为一种简单重复的技能操作。教师成为按固定教学计划、教材和教育方法模式进行知识传授的“教书匠”。发达国家20世纪80年代来兴起的“学校重建运动”，正是对传统的“工场化”学校组织的改造和革新。在大学文化的参与和推动下开展校本培训和研修，建设一种以学习、交流、反思、研究和创新为核心的新型学校组织和教育实践，强化教师的学习者、研究者角色，促进教育实践的理论化——成为师范生和在职教师获得和形成实践性知识和实践性思考方式的实践课堂。这种经过改造和提升的教育实践，才能实现与教育理论的相互转化和共生，为教师专业化发展奠定实践基础。

三、职前教育与职后教育的共生，建立教师专业化发展的支持系统

长期以来，人们一直信奉这样一种逻辑预设：只要通过师范教育这条“生产流水线”，获得合格的学历，师范生就能够成为一名合法、合格的教师。这种封闭定向的师范教育体系以学历教育为旨归，强调职前教育的终结性，将教师作为既定课程标准的传递者这一固定角色来塑造。它不仅忽视了教师专业化发展的可能性、长期性和阶段性，也使教师职前教育难堪重负，造成教师专业化发展的中断。与此同时，在传统的“工场化”学校，师范生一旦成为教师，就意味着学习的终结和职业生涯的开始，要求按照固定教材、参考书、课程标准和考试范围进行知识传授，而不再有学习与发展的动力和空间，因为这是入职前已经完成和准备好了的。

随着终身教育浪潮和学习化社会的到来，“工场化学校”逐步解体，学校从一个“告诉性组织”发展成为“学习型组织”。社会发展和文化多元化，使教育问题日趋复杂、层出不穷、充满不确定性，教师只有在不断学习、研究、反思和创新过程中才能够应对和胜任。由此，教师不再是至高无上的知识权威和既定课程标准的传递者，而是集教育者、学习者和研究者于一身。教师专业化发

展不再是一次性完成的，而是一个长期的、持续的实现过程。教师必须挣脱终结性师范教育和“工场化”学校的桎梏，在终身教育和充满学习与研究的专业生活中获得专业上的解放与发展。

据此，教师教育与基础教育应当重新进行职能分工和沟通衔接，使教师由接受终结性的职前教育扩展为伴随职业生涯的终身教育和学习，为教师专业化发展拓展空间、连通桥梁。首先，必须打破传统观念，突破体制障碍，加强教师职前教育和职后教育资源的整合、机构及其职能的一体化。进而用终身教育理念、基于教师专业化发展的过程规律和阶段性特点，将教师职前培养、入职教育及职后培训衔接起来，实现持续教师职业生涯的专业化发展。其次，随着教师教育重心的后移，教师教育应由大学本位的学院化模式，扩展、延伸和辐射到中小学校；教师教育的主体也由教师教育机构的单一主体，扩展成为由大学、中小学及其他相关机构广泛参与的协同主体。教师教育机构通过教育实验、课题带动、网络服务以及指导校本培训、校本研究和校本课程开发等形式，进行专业引领和服务支持，直接参与和推动基础教育的改革实践。

与此同时，中小学校应当成为教师教育和教师专业化发展的重要环节和基地。为此，中小学校应在教育教学、教书育人的同时，积极转变和拓展职能，开展以学校为基础并着眼于学校发展和学生发展的校本培训和研修。使学校从单纯的知识传授场所发展成为知识传递、学习、交流、研究和创造的文化中心，从学生成长的摇篮发展成为教师和学生共同发展的学习化社区。在这种新型的学校组织中，教师既作为教育者又作为学习者和研究者，与学生同作为“学习共同体”成员，并不断对自己的教育行为进行反思和探究，对自己的教育实践进行研究革新。这种充满学习、交流、反思、研究和创新教育实践，充盈着教师的专业生活，成为提升教师专业素质，实现专业化发展的良源沃土。

四、教师教育与教师市场的共生，创新教师专业化发展的动力机制

教师教育与基础教育关系的重建，还包括双方作为教师资源的生产与使用、供方与需方，应当形成一种良性的互动关系和体制。一般而言，教育功能的实

现是一个经由功能取向、功能行动、功能发生到功能释放的动态过程。教师教育功能的释放，既包括教师人才资源的生产和输出，也包括社会为教师人才资源的配置、开发、利用建立与形成良好的条件和机制。在计划经济下，师范教育一直是由政府通过指令性计划和分配的方式，保障着基础教育以数量需求为主的教师培养和供应。至于教师培养的目标、过程、质量以及分配录用，师范教育占据着教育者、指导者和垄断供给的优势地位；基础教育则处于受指导、被动接收和使用的无权、从属地位。师范院校办学是面向政府，而不是面向基础教育。这种体制隔离、供求脱节和关系的不对等性，使师范教育自身的办学缺乏动力和活力，对基础教育需求和发展进程反应迟缓，也使基础教育常常面对“新教师、老教法”的无奈与尴尬。

随着我国社会主义市场经济的初步建立，带有计划经济特征的教育管理体制尤其是师范教育体制开始打破。一方面，政府对师范教育逐步由直接管理转向间接管理，由学校管理转向事业管理，对师范院校的诸多保护性政策相继取消，师范教育正在向多元开放的教师教育转型。另一方面，基础教育管理体制和教师人事制度的改革，以及教师资格和职业准入制度的实施，使教师人才资源成为由政府、市场以及教师个体共同参与调节的一种重要的教育要素。“教师教育不是面向政府而是面向市场，这是教师教育发展的根本趋势。”①在政府相关政策及有关法律的规范指导下，教师教育与基础教育同作为教师市场的主体——“卖方”和“买方”，在自主、竞争、公平和开放的市场机制下合理配置教师人才资源。教师教育只有根据基础教育改革的发展走向以及教师人才的市场需求，及时调整和革新办学理念、培养目标、专业结构和课程设置，培养能主动适应基础教育需要的新型师资，才能获得更大的市场竞争力和发展空间。尤其是基础教育新课程确立综合课程及综合实践活动的重要地位，改变学科本位，更多体现知识的综合性、选择性、均衡性，注重教师的信息技术素养、课程开发能力、综合实践能力、创新能力和合作能力。这将从根本上动摇师范院校长期以来的专业设置、课程结构及人才培养模式，促进教师教育在教师市场竞争中深化改革、结构优化和提高教育服务的质量。

以此，教师市场的建立和运行，将成为促进教师专业化发展重要的动力机

① 黄崴.教师教育体制:国际比较研究[M].广州:广东高等教育出版社,2003:387.

制。在市场的驱动下，教师教育与基础教育进一步走向良性互动，合理配置、有效开发和提升优质教师人才资源，培养和建设一支能够适应和推动基础教育课程改革的高素质专业化的教师队伍。

探索地方师范大学的特色发展之路①

近年来，我国高等师范教育的开放化和综合化，进一步拓宽了学科专业领域，大幅度提高了办学层次、水平和综合竞争力。然而，在新的高等教育体系格局中，高等师范教育既不应抱守传统、作茧自缚，也不应迷失方向、自我丢弃和边缘化，而应在探索开放灵活的教师教育体系进程中，立足自身的历史传统和比较优势，以开放化和综合化为动力通过自主创新，走特色发展之路。本节基于安徽师范大学的探索实践，从理论路基、实践路程和制度路向三个层面，探索地方师范大学特色发展的路径选择。

一、地方师范大学特色发展的理论路基

从理论上说，高等师范教育首先是高等教育；其次，高等师范教育是以“师范”为优势和特色的高等教育，两者是可以统一和融合为一体的。而在实践中，师范大学与一般大学尤其是综合性大学在教育理念和传统上有着明显差异，呈现不同的学术气质和风格，进而存在着潜隐的价值冲突。比较而言，师范大学注重道德特别是“师范精神”或“师范人格”的养成，且以整合的方式对待知识体系的各个基本领域；而一般大学尤其综合性大学则按照专业把知识体系分隔开来，强调价值中立、学术自由和开放式的学理性研究。温家宝同志在2007年9月9日与北京师范大学免费师范生座谈时也指出：“师范大学和一般大学有共同点，也有不同点。一是师范大学学习的综合性更强。一般大学的学生学习重点在于知识本身的研究，为学问而学；而师范大学的学生学习还包括知识关系的研究，为教育而学。一般大学的学生可以‘独善其身’，而师范大学的学生则要‘兼善天下’。二是师范大学造就的应是堪称人师的教育家，要学为人师，行为世范。因此，对师范生的道德要求就更高。教育，不仅要言教，还要

① 本节写作于2010年。

身教；不仅要立己，还要立人。为此，师范教育必须贯彻教学和科研相结合，学知识、教书、做人相结合。”[①]由此可见，师范大学在自身发展过程中，既要树立大学精神和理念，遵循大学逻辑及其发展的普遍规律，又应当坚持自身的特点和品格。如果放弃自身特点和品格而一味趋同于一般大学的精神和理念，就意味着高等师范教育在高等教育中的自我边缘化。

应当说，经过近年来的发展，高等师范教育通过开放和综合，已经转向以教师教育为主要职能，同时积极面向各种社会需求、实现多种学科专业的共同发展，已不再是单纯培养教师了。换言之，教师教育作为师范大学的一种主要职能，已不再是全部职能。比如，在专业设置及人才培养上，高等师范教育已实现向各种非师范专业拓展；在科学研究及学科建设上，高等师范教育不再满足于原先与中学课程相对应的结构单一、相互间交叉融合程度较低的学科格局，而是通过培育、拓展和交叉，加强国家和省级重点学科、重点实验室建设，增加硕士点和博士点数量、规模，形成新的学科领域、方向和高水平的学科队伍，实现学科建设上水平、学校办学上层次的发展目标。在社会服务上，高等师范教育也不再局限于教育行业，而是通过科研联合开发以及联合办学等形式，不断拓宽服务领域和功能，积极面向经济社会发展的各个行业和领域，提高积极效益和社会效益。显然，高等师范教育通过转型提高了办学层次、水平，获得了更多的学术资源和社会资源；与此同时，这种转型也在某些方面削弱了教师教育的学科专业地位，冲淡教师教育的学术品格和价值体系，以及教育资源配置上的种种矛盾。这是高等师范教育所面对的普遍性问题。

以此观之，如果说大学的基本职能是科研、教学和社会服务，以生产知识、培养人才，促进社会发展，那么师范大学和一般大学一样，必须高度重视学科建设，拓宽学科领域，加强学科交叉和融合，提高学术性水平，为高水平的专业教育和建设高水平大学的提供创新动力和学科基础。然而，无论是社会期待和大学责任，还是师范大学自身的角色认同和拥有的资源，都客观上规定着师范大学以培养和造就教师为主的身份定位。师范大学切不可丢失自身的优势、特色，而一味趋同于一般大学尤其是综合性大学，而应当通过这种开放化和综

① 温家宝总理与北京师范大学免费师范生座谈“教师是太阳下最光辉的职业”[EB/OL].(2007-09-10)[2010-01-04].http://www.moe.gov.cn/jyb_xwfb/s6052/moe_838/tnull_26306.html.

合化，将教师教育发展成为与医学教育、法学教育、工程教育等相得益彰的高水平的专业教育，形成以教师教育为核心的知识生产、人才培养和社会服务的职能体系。同时，高等师范教育也应将自身积累的学科、专业、人才上的资源，进一步固化为特色发展的基础和优势。以此说来，高等师范教育的特色发展之路，不是一个符应时尚的套话、口号，它不仅具有合目的性，也具有合规律性，是合目的性和合规律性的内在统一。事实上，它应当成为高等师范教育重要的发展战略。

二、地方师范大学特色发展的实践路程

基于以上理论思考，安徽师范大学在学习和借鉴国外先进的理念和经验的同时，从安徽省的区域实际出发，努力探寻特色发展之路。20世纪80年代初，学校提出“建成全省师范教育的中心”的办学目标。20世纪90年代，学校抓住改革开放带来的新机遇，提出建设“有自己特色的国内一流师范大学”。进入新世纪，学校在规模发展同时，大力增强办学的综合实力，提出以教师教育为特色和优势，建设“综合性、有特色的教学研究型大学”。在学校“十一五”规划中，再次明确“继续发挥安徽教师教育的龙头作用，保持省内领先地位，建成全国同类院校前列、部分学科在全国有较大影响、以教师教育为主要特色的综合性教学研究型大学”的战略目标。2009年学校确立了“建设特色鲜明的综合性高水平教学研究型大学”的发展目标。这一办学目标的确立，意味着学校在特色发展上进入了新的历史阶段。一方面，继续坚持“服务引领型”教师教育的办学特色，努力成为推动安徽省教育事业发展的母机和龙头。另一方面，发挥地方师范大学的传统优势和新兴优势，以安徽省经济社会发展需求为导向，进一步解放思想、更新观念、深化改革、先行先试，积极全面投身于合芜蚌自主创新综合配套改革试验区、皖江城市带承接产业转移示范区及皖北六市三县建设（以下简称“三大试验区”建设），增强自主创新能力，服务地方经济社会发展。围绕这一特色发展战略，学校不断探索形成以下具体的实践方式：

（一）加强特色重点学科建设

特色重点学科建设是地方师范大学走特色发展之路的战略性、独特性的基础建设。首先，根据师范大学的性质和类型定位，学校始终重视教育学科的建设与发展，将教育学科的发展作为师范大学的立校之本。经过数十年的曲折发展实现了从弱到强的历史性转变，尤其是近年来教育学科综合实力不断增强，教育学原理、课程教学论先后被确定为省级重点学科，为学校彰显教师教育办学特色奠定了坚实的学科基础。其次，重视加强在长期发展过程中积淀形成的文、史、哲、数、理、化、生、地等传统优势学科建设，注重相互交叉、衍生和集成，打造新的学科领域和优势。如安徽师范大学诗学研究有着深厚的学术传承，形成了注重文史哲贯通，传统方法与新方法融合的鲜明特色，被教育部确定为人文社科重点研究基地，现为安徽省Λ类重点学科。再次，充分利用地处皖南优势，根据区域经济社会发展、历史人文特点，加大对徽学特别是徽商和徽州文化教育研究，取得了令人瞩目的研究成果，在学界具有明显的学科优势。最后，随着新兴产业、行业的不断产生，为了能够跟得上时代的步伐，整合新闻、广告、播音艺术与主持、艺术摄影、动漫、文化产业管理等专业，组建传媒学院，体现与时俱进的发展理念，为形成宣传思想战线和文化产业领域的高层次人才培养、高水平文化产品的创意制作和生产经营，提供有力的学科支撑。

（二）建立特色鲜明的人才培养体系

一是注重人才培养目标的特色。一方面发挥地方师范大学长期以来重视思想道德教育和学校文化建设的传统优势，发掘各种具有自身特色的教育资源，注重用“师大精神”来培养学生，彰显“师大人”厚重朴实、至善致远、追求卓越和自强不息的精神特质。随着学校向开放化、综合性方向发展，学校积极探索思想教育和管理新模式，将这种精神特质的培养拓展和渗透到各类人才培养中去，使之成为我校毕业生就业和创业的一种品格符号和竞争优势。近年来，学校学生就业率和创业成功率一直稳居全省领先地位，2009年还被评为全国高校就业工作先进单位，并涌现一批以全国五四奖章获得者吴青山为代表的大学生创业之星。与此同时，通过制订学分制指导性教学计划，体现宽口径与厚基础、学术性与师范性、理论与实践、第一课堂与第二课堂和谐统一，注重培养学生的素质特长。在2010年全省高等学校师范生教学技能竞赛中，我校选派的6名参赛选手夺取了1个特等奖、5个一等奖，并包揽了文科和理科两个团体第一名，在全省师范院校产生巨大反响。

二是注重专业布局结构的特色。在地方师范大学转型过程中，学校始终注重专业布局结构的调整，以此打通特色发展的瓶颈与关隘。本科专业从20世纪80年代中文、政教、历史、外语、教育、艺术、数学、物理、化学、生物、地理、体育和电化教育等清一色的师范类专业，到20世纪90年代新增新闻学、旅游管理、应用电子技术、应用化学、生物技术、社会工作等非师范类专业。21世纪以来，进一步向综合性方向发展，大力发展与地方经济建设紧密结合的应用型专业，主动拓展人才培养的专业、行业和区域空间，新增播音与主持艺术专业、自动化专业、食品质量与安全、物流管理专业、财务管理专业和数字媒体技术专业，形成一批就业市场好、应用前景广和发展潜力大的新专业或新的专业方向。既发挥学校积习深厚的学科专业和人才培养优势，又增强了专业结构的综合性和社会适应性。

三是注重人才培养模式的特色。在专业结构调整和优化的同时，通过拓宽专业口径、优化课程体系、改革人才培养模式等专业内涵建设，提升专业品质与特色。同时，辅之以较为完善的弹性学制、选课制度、主辅修制度，校内转专业制度、学分绩点制度等举措，保障学分制的切实、有效、扎实地推进，以期最大限度地发挥其学习时限的灵活性、学习内容的选择性、培养过程的指导性和教学方法的主动性等优势。在学分制环境下，学生主动选择权增大，其发展需求被纳入专业设置的考量体系。这种人才培养模式注重学生个性化发展，提供其适合自己特点的全面发展机会等方面的优势，并能灵活地根据社会需要和学生多元化的才能、兴趣、特长等实施因材施教，进而在层次、规格、类型、素质等方面培养更加符合社会发展进步需求的优秀人才。

（三）加强具有特色优势的社会服务功能

学校依托传统的特色优势学科和专业，发展成为教育部高校辅导员培训和研修基地、教育部中小学骨干教师国家级培训基地、安徽省高等学校师资培训中心、安徽省专业技术人员培训基地、安徽省教育管理干部培训基地、安徽省高中骨干教师培训基地、“国培计划——中西部中小学骨干教师培训项目”承办单位。先后使17万中小学教师提升了学历，通过各种类型、层次和项目的在职培训，大大提高了广大教师和教育管理人员的专业化水平，促进了基础教育学科带头人和名校长队伍的形成。目前已形成国家级骨干教师和省级骨干教师培训等多层次，教师高级研修、骨干教师培训、新课程培训、教育管理干部培训等多类型的教育培训体系。在全省中小学教师、校长培训和高等学校的师资建设上发挥着领头羊作用。

与此同时，学校根据新的办学定位，结合安徽省“三大试验区”发展重点和方向，拓展更加宽阔的社会服务领域。紧紧围绕省市培育新兴产业的需要，推进自主研发和创新，培育和支持新兴产业发展。紧紧围绕提升省市产业创新水平需要，加强应用研究，突破关键技术，增强企业市场竞争力。紧紧围绕文化创意产业发展需要，提高学校在文化创意产业发展中的参与度和贡献力，尽可能支持或发展一批创意产业。紧紧围绕社会技术咨询服务需要，在现有的土地规划、旅游规划、环境评价及人力资源培训等各种资质的基础上，不断扩大服务面。紧紧围绕政策咨询服务需要，在各级政府机构的发展规划、招投标、项目评审、成果评定及高新技术企业评审等方面，发挥学科和人才优势，积极参与“三大试验区”内的政府决策咨询服务与合作，鼓励专家为企业进行技术咨询。

三、地方师范大学特色发展的制度路向

地方师范大学的特色发展，需要理论引领和奠基，需要实践探索与创新，更需要通过制度变革和创新，来获得一种体制保障和驱动。这种制度创新既需要大学自身的制度重建，也需要实现大学与政府、市场关系的重建，在中观和宏观层面为地方师范大学的特色发展注入动力和活力。

（一）形成特色重点学科建设的管理体制和遴选机制

一方面，政府应进一步扩大高等师范院校在学科专业建设上的自主权，使大学能够根据自身特点和发展需要，设立在类别、层次、任务和目标上与众不同的学科布局，避免校际之间学科设置上的趋同化和单一化。与此同时，高等师范院校应进一步加大开放力度，以区域经济社会发展的市场需求为导向，逐步形成具有本校优势和地方特色的特色重点学科，真正做到“人无我有”“人有我优”“人优我先”“人先我特”。为此，高等师范院校在内部资源配置和学生管理上，应注重人、财、物等核心要素和关键资源的聚合，围绕特色重点学科建设的“特”与“重”，形成以学术带头人为核心的结构合理的学术团队，通过外部开放、内部整合、内外联动，进一步拓展和提升特色重点学科的学科资源和社会价值。

（二）形成专业布局调整和人才培养模式改革的创新机制

以社会需求为导向，以服务安徽省及周边发达地区经济建设、政治建设、文化建设和社会建设发展需要为目标，以有利于促进学生充分、良好就业为着眼点，将地方师范大学原先面向基础教育的“小教育”服务定位，融入全省乃至全国的“大教育事业”事业以及社会发展的体系中去。通过进一步调整和优化专业布局结构，努力形成与区域经济社会发展需要相适应、优势突出、特色鲜明、布局合理和结构优化的专业体系结构。同时，建立专业调研与评估机制、专业设置预测机制，对全省乃至全国同类专业数量、质量与布局等情况进行较为全面的分析研究，围绕专业建设的总体目标和具体目标，形成专业的增、调、关、停的运行机制；定期对用人单位进行调查走访，就专业人才培养的规格、质量满足社会需求情况做出及时分析总结，对专业结构调整做出科学合理决策，在具体专业人才供大于求的状况下，根据评审结果开展后进淘汰制。在专业结构调整的同时，积极通过省际之间、校际之间、校企之间、校市之间的联合，搭建合作平台，实现优势互补、资源共享、错位发展、互动共赢，为区域发展和人才成长创造更加开放、便利、通畅的体制环境。

（三）形成拓展社会服务功能的促进机制

一方面，在政府及教育主管部门的支持和参与下，师范大学可通过与地方政府的教育协作共建，建立基础教育服务区和教育改革实验区，有效发挥师范大学的学科优势、人才优势和信息优势，形成相互协作、共同发展的良好机制。基础教育服务区的建立包括，师范大学为服务区培养、培训师资，提供专家指导、信息和科技服务，合作开展课题研究，建立大学与中小学发展共同体。基础教育教学改革实验区的建立，是师范大学发挥人才积聚和学科优势，积极参与并指导区域基础教育改革，开展系统的教育教学改革实验，在更高层次和全方位服务和引领基础教育。此外，师范大学可以发挥自身学科专业和人才优势，成为全省教师资格培训与认证中心，教育管理干部培训中心，教师培训与研修中心，教师教育评估与认证中心；通过设立专业的教育研究中心、服务与咨询中心、开发中心等机构，为基础教育领域及有关学校的发展规划、课程开发、改革实验、教师培训、政策研制、课题研究，提供高水平的专业服务。在这一过程中，师范大学的服务和引领功能得以充分延伸和拓展，办学效益也相应得到进一步提高。

另一方面，随着师范大学进一步面向区域经济社会发展的中心和前沿，地方师范大学也应建立和完善“产学研”一体化的社会服务促进机制。如支持相关学院建设应用型研究的学科平台和团队，以争取各类项目和对外合作，促进科技创新、成果转化和人才培养，促进平台自身发展。密切与地方政府、创新型企业合作，积极建立产学研合作战略联盟，积极主动地为行业和地方经济建设服务。建立校市合作、校际合作战略联盟，通过共建工程研究中心、联合实验室和研发机构、企业博士后工作站，以高新技术入股等形式，实现学校科技资源与企业资源的有机结合，提升产学研合作的规模、层次、质量和效益，努力成为这些企业发展的助推器。做好各类产学研对接会议，加强校内科技成果与校外技术难题对接交流，加强产学研合作项目的对接、立项和实施等管理工作。

论地方高师院校专业结构调整的价值取向①

一、专业结构的内涵

关于“专业”的定义，不同语境下的理解差异很大。《国际教育标准分类》称之为课程计划，美国高等学校称之为主修②。对专业的定义一般理解为：高等学校或中等专业学校根据社会分工、经济和社会发展需要以及学科的发展和分类状况而划分的学业门类。高等学校和中等专业学校设置的各种专业，体现各自不同的培养目标和规格，制订各自不同的教学计划和课程体系。目前我国教育主管部门实际采用的定义，是指高等学校根据社会分工、经济和社会发展需要以及学科的发展和分类状况而划分的专业门类③。1998年教育部颁布11个学科门类、71个二级类、249个专业，现发展为500多个。

高等学校专业结构是指一所高校乃至一个区域所有高校的专业所组成的体系，是在一个教育系统内各个部分的专业数量、布点等构成的有机整体。也有学者认为高等教育的专业结构是指高等教育所设置的专业的种类、个数及比例关系，主要是指各类高校及其具体的学科专业所构成的比例关系和组合方式，包括不同科类高校和学科专业的数量、布局以及相互之间的联系等。专业结构主要有如下特性：

（一）整体性

专业结构是由高等教育系统各单元、各要素共同构成的，具有每个单元和

① 本节原载于《中国农业教育》2009年第2期，与宋波合作。

② 张笑涛，张铁牛．学科·专业·课程”辨析[J]．中国电力教育，2008(1)：20-21.

③ 赵文报，李英．高校专业结构与经济结构辩证关系研究[J]．河北广播电视大学学报，2004(4)：36-38.

每个子系统所不能代替的总体结构和功能。整个结构系统功能的大小以及能否适应经济社会的发展，既取决于各单元的功能，更取决于整体结构的合理程度。

（二）复杂性

专业结构是宏观与微观的相互渗透，横向与纵向的立体交织，随着时间和社会进程的推移而不断运动的、复杂的四维结构。专业结构从宏观上看包括一个区域的科类结构、层次结构、分布结构等；微观上看包括学校的专业数量、专业体系等。专业结构体系的变革涉及社会、经济、科技、文化等各方面结构状况和发展需要，涉及社会各领域。

（三）适应性

高校的专业结构既要与学科发展及其内在逻辑相适应，也是为适应社会结构、经济结构、科技结构和文化结构的需要而组建的，并根据一定的社会发展要求进行调整和改革。

（四）相对稳定性

专业结构体系有一个构建过程，一旦形成后，具有相对的稳定性。没有稳定性，就无法显现它的性质和作用，也就难以在原有的基础上去调整。此外，高等教育又是一个成本和人力投资很大的行业，调整过于频繁会造成教育资源的浪费，也不利于其实力的壮大和发展。

二、专业结构调整的要素与内涵

专业结构调整是指专业结构中的要素和关系的重新组合与构成。具体调整内容有：

一是专业结构组成要素的调整。主要包括：专业内涵规范性的调整、专业口径的调整、专业质量要求的调整等。专业内涵是通过对学科专业的边界进行划分的基础上明确起来的，应根据知识门类划分的科学性、社会对人才需求的合理性以及教育发展的规律性来进行适当调整，集中表现在学科专业的划分是否科学和规范等问题上。专业口径是指某一专业所对应的学科领域或职业领域的范围，有宽窄之分。专业质量要求包括专业的培养目标、教学计划、课程设置、教学内容、师资结构水平、教学资源和培养活动的质量与管理等，并最终反映在专业的人才培养质量和学术水平上。

二是专业结构内关系的调整。主要包括：学科专业设置数量、布局布点、培养规模、学科专业间的衔接等方面的调整。专业设置数量主要指学科专业的个数。一般来说，专业数量与其口径成反比，专业口径越宽，数量越少；口径越窄，则数量就越多。专业设置数量并不是固定不变的，需要根据科学发展、社会经济和就业市场的需要、教育观念的变化等情况进行调整。应该说，学科的变化更多受科学和知识发展变化的影响，而专业的变化则更多受到社会和经济发展、教育观念等变化的影响。专业的布局布点主要指同一学科专业在全国相同高等学校的分配情况，布点越多，分布就越广；反之，布点越少，分布就越集中。学科专业的布局布点情况是由区域经济、社会和文化发展水平决定的，因此在这方面应不断调整，以适应区域发展的要求。专业培养规模主要指某一学科专业专门人才的培养数量，而不同专业的培养规模构成了整个国家或地区学科专业在规模上的比例关系。学科专业规模的调整包括某一学科专业的培养规模，也包括学科专业间培养规模的比例，这取决于社会对专门人才的需要，对某一学科专业人才的需求量大，培养规模也相应增大，反之，培养规模应减少。专业间的衔接关系主要指各专业在人才培养上的衔接关系，比如学科专业间知识的衔接、培养方式的开放等。

三、地方高师院校专业结构调整的价值选择策略

（一）培养目标向精英-大众型发展战略转变

本科教育应根据各专业的学科水平及其在省内外的地位情况，区分精英型或大众型不同的发展定位。办学历史较长、学术积淀较厚、主要为高一层次教育输送新生的专业，可选择精英型，做“强”而未必做“大”；有的可采用本硕连读，或主要为学生深造作准备。应用性较强的、招生规模较大的新办专业，

可选择以就业为导向的大众型发展定位。

（二）专业结构向“资源开发-需求约束型”转变

随着近年来的高等教育大众化发展，我国11大学科门类在总量上都呈现出增长趋势，但总体而言，各学科门类比例结构依然保持了扩招前的状态，没有发生非常大的结构性变化，呈“存量决定增量”的变化模式，很大程度上是对精英阶段学科专业结构的放大或复制。这种不同学科专业招生规模之间的结构关系，也在一定程度上反映了各个学科本身的资源条件和基础，与市场经济对高等教育的“需求约束型”发展要求还有很大距离。因此，地方高师院校专业结构调整价值取向选择，应围绕“以教师教育为主要特色的教学型或教学研究型大学”的办学目标，以社会需求为导向，立足现有办学资源的重组、开发和充分利用，稳健、有序地推进专业结构调整。一方面，适度发展一些经济社会发展急缺、就业前景较好的应用型学科专业；另一方面，加强对传统专业的改造，包括拓宽专业口径、交叉学科专业，形成具有应用前景和发展潜力的新的学科专业。从而将部分专业做“精”、做“特”；部分专业做“热”、做“大”；部分专业做“优”、做“强”；部分专业做“宽”、做“活”。

（三）服务对象向全域、全面发展转变

随着高等教育管理体制的改革，地方院校不再仅仅是中央所属大学的补充，具有了自主地位和自主权，可以自主决定学校的学科设置、人才培养目标以及社会作用。因此，地方高师院校有了更广阔的发展空间，其社会功能也应发生相应的变化：一方面，从过去的局域服务功能发展为全域服务功能，拓宽服务的面向，增强国际化视野；另一方面，由单纯的师范教育发展成为全面为地方经济发展服务，从相对封闭的人才培养、科学研究和社会服务走向全面开放的人才培养、科学研究和社会服务。此外，地方高师院校在发挥全域服务功能的同时，还应当主打地方牌，增强与地方的互动与依存性。与此同时，积极开展传统专业的改造、转化，适度增加新的学科专业布点，拓展新的服务领域和行业，追踪前沿，高位发展，力求用较短的时间在某些学科专业实现跨越式发展。

（四）办好现有专业，提高人才培养质量和就业率

通过人才培养方案和课程内容改革，增强现有专业的应用性，进一步灵活学生的专业选择与转换机制；通过学生进校后的二次选择，提高学生的专业满意率，同时也激发院系之间的竞争，加强专业的改造与调整，办出让学生满意、家长满意和用人单位满意的专业。

论高校小学教育专业的学科基础与学科建设①

截至2010年1月，中国小学教师本科教育已走过了十多个年头，规模发展到了70多所高校。十多年来，小学教育专业取得了一批富有建设性甚至创造性的教学成果，同时也显露出一系列政策、体制以及自身的问题。一方面，教育主管部门一直未出台指导性文件，小学教育专业存在着政策和法律上的种种困惑。例如，虽然教育部从1999年起就提出要提升小学教师培养和任用的学历标准，但在法律上一直维持在《中华人民共和国教师法》规定的“中等师范学校毕业及其以上学历”，新《中华人民共和国义务教育法》对此也未提出新的要求。小学教师与中学教师在工资标准、职称系列、生师比等方面差别明显，使得本科毕业的小学教师在职业待遇、地位及发展前景上不如中学教师。政策和法律等方面的缺位使小学教育专业面临生源素质下降、就业市场挤压、学科地位边缘化等现实问题②。另一方面，小学教育专业自身也存在一些缺陷，一个最为根本的问题是小学教育专业的学科基础是什么？笔者在“中国期刊网”以“小学教育专业”为“题名”进行搜索发现，1998年以来共有论文159篇（除去不符合条件的篇目）。其中，专业及培养模式47篇，课程建设72篇，教学36篇，德育4篇，竟没有一篇论及学科基础和学科建设问题的。然而，学科基础及学科建设这一根本问题上的含糊不明，导致各校在课程体系和培养模式上大相径庭、莫衷一是。这给小学教育专业发展带来重重隐忧，不能不引起我们省思与探究。

① 本节原载于《课程·教材·教法》2010年第3期。

② 王建平.高等教育大众化背景下小学教师教育的挑战与抉择[J].当代教育论坛，2006(7)：91-93.

一、小学教育专业的学科基础：一个含糊而充满纷争的悬疑

诚然，“教师教育作为一种专业教育的最重要特征是它应建立在一定的学科基础之上”[①]。而专业“是处在学科体系与社会职业需求的交叉点上。”[②]小学教育专业不是按照某个一级或二级学科，而是基于小学教师职业的专业化要求设置的。它不仅要实现小学教师学历标准和知识水平的提升，还必须建立和形成一种专门学问和专业知识体系，以之作为专业建设不可或缺的学科基础。过去，中等师范培养小学教师主要是靠规范管理、知识教学、技能训练和文化熏陶，而不承担学科建设任务；而大学的学科建设主要着眼于培养中学教师，培养小学教师的教师（即中等师范的教师）一直处在“二线”。近年来，我国教师教育发生了一系列重大变革，一个显著变化是中师通过合并、升格实现师范教育由“三级”向“二级”过渡，将小学教师培养纳入高等教育体系。然而，这种升格像是一个生长过快的儿童，个头高挑却显得营养不足和发育不良。顾明远教授指出：“这些改革的后果是什么呢?说得极端一些、激进一些是削弱了师范教育体系，降低了教师专业化水平，其中损失最大的是小学教师。”[③]

诚然，中等师范淡出历史后，高师承担小学教师培养任务需要进行一系列新的探索与尝试。据马云鹏等人的研究，目前小学教育专业存在三种代表性的培养模式[④]，即：复合型——不分学科，培养复合型小学教师；分科型在综合培养基础上，对应小学开设的学科分设相应的方向，培养“学有专长”的小学教师；中间型——在一定综合的基础上，进行文理分科。而不同培养模式及课程体系所依托的学科基础则大相径庭，使人们对小学教育作为一个专业产生怀疑：小学教育专业的主干学科是什么？学位主干课程有哪些？透过多所高校小学教育专业的课程方案，不难发现三种迥异的学科取向。一是任教学科取向。即大量扩展和加深学科专业知识，设立以“小学教育”冠名的中文、数学、英语等

① 唐玉光.试论教师教育的专业性[J].教育研究,2002(7):62.

② 冯向东.学科、专业建设与人才培养[J].高等教育研究,2002(3):67.

③ 顾明远.我国教师教育改革的反思[J].教师教育研究,2006(6):4.

④ 马云鹏,解书,赵冬臣,等.小学教育本科专业培养模式探究[J].高等教育研究,2008(4):73-78.

专业方向，适当开一些教育类课程并进行教学技能训练，以培养学科方面的“专家”和“带头人”。一些原本培养中学教师的院系也纷纷办起小学教育专业某某学科方向。有学者调查显示，这类课程设置主要是模仿高师其他培养中学教师的本科专业，并没有体现本专业自身的特点[①]。二是教育学科取向，认为高中生所学习的文理学科知识和大学的通识教育，加上适量的学科专业知识，当一个小学教师已经足够。小学教育专业的重心应当是教育学、心理学、学科教育学等教育专业知识和技能的教学与训练，因而开设了大量的教育专业课程，教育学专业开设的主干课程差不多一应俱全。三是学术研究取向，以扩大小学教育专业“考研”学生的比例和“考研”录取比例，力争“本硕连读”，为更多的本科生直接升入研究生的学习提供基础[②]。

这种状况反映了小学教育专业只重视课程体系建构，而对这一专业所必须依托的学科基础却观念淡薄，甚至存在认识上的误区。然而，专业是按照社会的职业需求，依托相关学科来设置的。“高水平的小学教育专业需要强有力的学科支撑。”[③]小学教育专业如果不通过科学研究和知识创新形成独特而坚实的学科支撑，便没有优质的学术滋养和师资队伍，设计再好的培养模式、课程体系也只是空中楼阁、无源之水。因此，形成一定的学科基础，提高学科建设的水平是小学教育专业赖以生存和发展的根本。

二、小学教育专业课程体系的学科基础：一个复合性的结构

小学教育专业应当以什么学科基础作为支撑?对此，我们可以从两个方面考察。理论上，美国卡内基教学促进基金会主席舒尔曼把教师的专业知识概括为七个方面：（1）学科知识——教师上课的学科课程的知识；（2）一般教育学知识——各科都用得上的课堂管理与组织的一般原则与策略；（3）课程知识——对课程、教材概念的演变、发展及应用的通盘了解；（4）学科教育学知识——

① 刘德华.小学教育本科专业教学计划(文科方向)的案例比较[J].高等师范教育研究，2002(5):46-53.

② 徐文彬，吴永军.小学教育专业建设的经验得失与未来发展:以“南京师范大学小学教育专业建设”为例[J].绵阳师范学院学报，2007(12):130-133.

③ 王智秋.小学教育专业人才培养模式的研究与探索[J].教育研究，2007(5):29.

理解各学科所需要的专门教学方法与教学策略；（5）学生及其学习特点的知识；（6）教育情境的知识即学生的家庭、学校以及社会等环境对教学影响的知识；（7）教育目的与价值的知识[①]。实践中，我们可以从各国小学教师专业标准及课程设置得到借鉴。法国提出“小学教师是一种综合性的职业，教师应该有能力教授各个学科，并承担从幼儿园小班到小学中级2班（CM2，即小学第5年）的教学工作。”[②]小学教师应具有多科教学能力，具有设计、实施、分析教学情境的能力和了解学生间差异的能力。美国小学教师被作为通才来培养，要求全面掌握小学所有科目，并与各科的教学法交织在一起。学科专业课程与教育专业课程的比例，初等教育专业为2∶4，中等教育专业为4∶2[③]。英国要求中学教师选择国家课程（英语、数学、科学）的一门作为主修学科，其他学科选作主修的应达到相应学位的水平；小学教师对三门国家课程则应有完整的理解和掌握，其他学科应达到“高级水平普通教育证书”标准。英国还相应建立起中小学教师教育各具专业特色的培养模式，中学教师以“研究生教育证书（PGCE）”为主，小学教师以教育学士（BEd）为主[④]。日本1990年新录用小学、初中、高中教师，从教育学部毕业的比率分别为73%、50%、15%，即初中、高中教师多毕业于一般学部，小学教师多毕业于教育学部[⑤]。

就我国而言，小学教育是教育学学科门类下新设立的一个本科专业。但无论从理论上还是我国现阶段实际来分析，小学教育专业的学科基础都不可能是与现行学科门类对应的某一分支学科。“小学教育专业属多学科支撑一个专业，如教育学、心理学、文学、理学、史学、健康医学、音乐、美术等。小学教师教育专业的多学科支撑一个专业的特点决定其需要以一个综合性、多学科背景的大学作为依托。”[⑥]高校举办小学教育专业，应当根据小学教育的特殊性及小学教师专业化的内在要求，选择和组织相关学科进行跨学科的匹配，整合形成

---

① 刘捷.专业化：挑战21世纪的教师[M].北京：教育科学出版社，2002：223-224.

② 李其龙，陈永明.教师教育课程的国际比较[M].北京：教育科学出版社，2002：182.

③ 陈永明.国际师范教育改革比较研究[M].北京：人民教育出版社，1999：387-388.

④ 阮成武.整合与分化：中小学教师教育专业化的比较研究[J].比较教育研究，2002(11)：10-15.

⑤ 饶从满，等.当代日本小学教育[M].太原：山西教育出版社，1999：170.

⑥ 王智秋.小学教育专业人才培养模式的研究与探索[J].教育研究，2007(5)：29.

具有特定结构和功能的复合型学科基础。

（一）教育学科与任教学科之间的整合

无论在心理学、生理学还是社会学意义上，中小学生都处在生命发展的两个不同阶段。皮亚杰认为，按照教材本身而不从学生吸收这些知识的难易，来确定中小学教师教学的难易和水平高低是错误的。“小学教师的专业性在于对儿童心理结构和发展水平的适应和对知识的心理学化；中学教师的专业性在于对知识结构和个体社会化水平的提升，实现文化知识的内化和转化。”[①]小学教师需要掌握与儿童成长发展广泛联系的基础性、启蒙性知识，同时需要系统深入地掌握教育学科方面的专业知识；中学教师则要求掌握更多的与学科体系相联系的专门性、系统性知识。然而，小学教育专业又不是一个单纯的教育学专业，那种套用教育学专业标准来建立小学教育专业的做法是错误和有害的。换言之，小学教育专业在选择教育学科作为学科基础的同时，还应根据小学教育的课程结构特点，选择与小学教师任教所对应的某个一级学科（文学、理学、历史学等）门类下的二级或三级学科，共同构成本专业的学科基础。重要的是，小学教育专业既不是培养学科专家也不是培养教育研究者，而是期待实现教育学科与任教学科的深度整合，形成“学科教育”这一综合性学科领域。这将是培养高水平小学教师的学科基础的核心。

（二）任教学科对应的各相关学科之间的整合

美国卡内基教学促进基金会前主席波伊尔在系统研究学前教育、初等教育、中等教育和高等教育后指出，初等教育区别于其他教育的最基本要素，用一个最简单的词来概括，那就是“联系”——人与人相互联系，各门课程和知识相互联系，课堂内容与文娱生活相互联系，学习与学生生活相互联系[②]。我国新一轮基础教育课程改革也对传统的师范教育的专业及课程结构提出挑战：小学以

① 阮成武．整合与分化：中小学教师教育专业化的比较研究[J]．比较教育研究，2002(11)：12.

② 吕达，周满生．当代外国教育改革著名文献：美国卷·第四册[M]．北京：人民教育出版社，2004.14.

综合课程为主，初中综合课程和分科课程相结合，高中以分科课程为主，综合实践活动成为基础教育阶段所有年级的必修课程。鉴于此，小学教育专业如何设置专业方向与口径，形成与之相适应的课程体系？有人就四所具有代表性的高师院校——上海师范大学、首都师范大学、南京师范大学、杭州师范大学的小学教育专业课程方案进行了比较分析①。四校的共性是改变培养中学教师的单一性学科专业，通过综合培养大文（大理）或学科基础教育等方式，形成小学教育专业学科专业基础的复合结构。但学科专业课程的学分比例差异过大，最高达41.8%，最低为13.6%。而且，从大文（大理）两大专业方向，到中文、数学等八个学科方向，以及介于两者之间的科目侧重、方向选修，涉及的学科领域、结构及深度的悬殊。诚然，我们应当允许和鼓励新兴专业在试验阶段的大胆探索和模式的多样性，但无论如何，小学教师都需要各种跨学科的综合性知识，需要打破学科边界，实现与任教学科相关的各门学科之间开放融通，共同支撑小学教育专业。这种宽口径的综合性知识结构有望彰显出小学教育专业不可替代的学科优势。

（三）科学知识与人文知识之间的整合

以书本知识学习和“双基”训练为核心的小学教育，虽然为中等教育和高等教育奠定了一定的知识和能力基础，却给儿童的童年生活以及生命发展套上枷锁，使儿童失去个性自由、灵性和创造的光泽。在现代国民教育体系日趋完善的当代，小学教育进一步回归到为儿童生命发展奠基上来，小学教育性质、任务和目标展现出丰富而深远的生命意义。杨叔子院士认为：“初等教育或对少儿的小学教育，主要是为‘做人’打好基础，要‘培育情感，背诵精华，引导好奇，保护个性’。”②新型小学教育需要小学教师具有良好的人文素质和情怀，成为小学儿童生命成长和童年幸福的关怀者与缔造者。因为“学生的学习态度以及对自己的想象，在基础教育的早期阶段即基本形成。在此阶段，教师起着决定性的作用……教师为有效对付这一切，只能展示极为多样的教学才能以及

① 黄伟娣.小学教育本科专业课程方案比较研究[J].课程·教材·教法，2005(2)：79-84.

② 杨叔子，张福润，吴昌林.学习知识 超越知识 教育提升素质[J].中国高教研究，2005(2)：8.

表现出的不仅是权威，而且也是情感同化、耐心和谦虚等的人文品质。”[①]叶澜教授也指出，在小学阶段，尤其需要高水平的教师，需要尊重、关爱学生，善于发现孩子的差异和潜能，愿意付出宝贵时间和精力，用善良的心灵、聪慧的才智和教育的艺术与孩子们一起创造幸福、快乐的童年生活和有意义的学校生活的好教师。因此，小学教育专业应注重科学知识与人文知识的整合，搭建宽厚的文理通识学科平台，注重人格养成和情感陶冶，培养小学教师的科学精神和人文精神。

综上所言，小学教师的专业特性决定了小学教育专业的学科基础不同于培养中学教师的其他专业。小学教育专业的学科基础不是单一的任教学科或教育学科，而是由多种相关学科开放融通、共同支撑的复合结构。其中，教育学科和任教所对应的某一相关学科的二级或三级学科作为主干学科，与任教相关的其他学科作为辅助学科支撑。在两个主干学科中，小学教育专业的学生在通识教育课程和专业基础课程基础上，主修将来任教所对应的主干学科方向的课程模块，而教育学科则是所有学生共同修读的。两者融合交叉形成以学科教育为形态的学科领域，将是小学教育专业最显著的学科特色和优势。这可以解释为小学教育专业作为教育学学科门类和授予教育学学士的内在原因。

三、小学教育专业的学科建设：基于复合型学科基础的观点

随着小学教育专业建设的进展，一些研究者逐步认识到学科建设的重要性和必要性。有的学者认为，小学教育专业能否做强，还有待于有针对性地加强相关学科建设，特别应将初等教育学及小学各学科课程与教学论作为重点建设的学科，依托师范大学现有一级学科学位点的优势加快建立相应的学位点，做大做强，否则将失去发展的后劲和活力。本节基于所提出的复合型学科基础的观点，简要提出小学教育专业的学科建设任务、方向及思路。

① 联合国教科文组织.教育：财富蕴藏其中[M].联合国教科文组织总部中文科，译.北京：教育科学出版社，1996：139.

（一）小学教育专业的学科建设任务

专业建设与学科建设有联系也有明显区别。专业是根据社会用人的需要而对相关学科进行选择和组织，从中选择一至两个学科作为专业的主干学科。学科建设服务于专业建设，同时又有其自身的规定性和特定任务。就小学教育专业而言，学科建设主要是基于专业建设的需要承担以下任务。一是通过科学研究，促进知识创新，为小学教育专业及课程开设提供崭新的、源源不断的学术养分，为小学教师专业化奠定系统而独特的知识基础。二是通过学科建设，带动小学教育专业的教师学术和教学能力的提升。由于升格、合并等体制上的原因，小学教育专业的师资队伍在高师以培养中学教师为主的学科生态体系中往往处于边缘状态。这反过来又制约着他们的学术成就、职称晋升以及话语地位。因此，小学教育专业只有通过加强学科建设，确立与本专业相关的特定的学科领域和方向，并逐步形成一定的学科特色和优势，才能带动教师队伍素质的提升与结构的优化，提高学科专业地位。三是人才培养。一方面，通过学科建设带动专业和课程建设，提高本科阶段的人才培养质量，增强小学教师的专业性；另一方面，也应依托有关的一级学科学位点，积极开展初等教育学硕士、博士层次的人才培养，为小学教育专业的学科建设提供高层次、高水平的学科队伍。

（二）小学教育专业的学科建设方向

诚然，小学教育作为一个专业，学科建设领域过多、战线过长，不分主次轻重，四处出击、面面俱到，既不符合学科发展的内在逻辑，也有悖于小学教师专业成长规律。小学教育专业的学科建设应按照其复合性学科基础的结构特点，选准建设的方向进行重点突破。一是在教育学科上，通过促进分化和衍生，从教育学原理和普通教育学中脱胎形成初等教育学的学科方向，并以此为支点培育形成以小学教育为研究对象的研究领域和方向，包括初等教育原理、小学课程与教学论、小学教师专业发展、小学德育、小学管理学、初等教育史和比较初等教育等。二是在小学教育专业学生将来任教的主干学科及与之相关的其他学科上，在吸收和运用各学科现有知识成果基础上，一方面，通过学科间交叉与综合形成新的学科领域和方向，增强与小学教育专业的适切性，如儿童文学、儿童写作、初等数论、科学普及与科技发明、儿童运动与健康医学；另一方面，通过与教育学科的深度整合，形成富有针对性和专业优势的学科领域和方向——学科教育，如小学语文教育、小学数学教育、小学科学教育、小学健康教育、小学艺术教育和小学活动教育等。三是在文理通识学科方面，通过相关学科大跨度的交叉与综合，形成新的研究领域和方向。

（三）小学教育专业的学科建设思路

学科基础的复合性决定了小学教育专业的学科建设思路的特殊性。目前，小学教育专业的学科建制大致有四种：一是在大学里保留并入中师的相对独立建制，或从有关院系抽调各学科力量，组建学科较为完备的初等教育学院（系）；二是大学将并入中师的学科资源进行同类项合并，由教育学科为主、艺术等相关学科力量为辅，成立教育系或初等教育系；三是少部分中等师范学校单独升格为师范院校（如湖南第一师范学校），培养本科学历小学教师；四是少数师范院校在教育科学学院、教育学院开办小学教育专业。这四种学科建制在学科建设上各有长短利弊。综观各类型高校实际情况，小学教育专业的学科建设首先应加强主干学科建设，形成专业特色和优势。教育学科的学科建设应发挥重点师范大学教育学一级学科学位点的平台优势，进行重点突破和协同攻关，尽快形成初等教育学的学科体系和学科队伍，以学科建设成果带动师资队伍和课程建设水平的提高。任教学科的学科建设应依托大学现有的多学科平台，加强与教育学科的整合发展，彰显出“学科教育”的特色与优势，在大学的学科丛林中独树一帜。与任教学科相关的各门学科以及文理通识学科则不必另起炉灶，而应与有关院系的相关学科相互支撑、渗透与共享，发挥学科群的系统功能，形成整体学科优势。

主要参考文献

1. 著作类

[1]布尔迪厄，华康德.反思社会学导引[M].李猛，李康，译.北京：商务印书馆.2015.

[2]邓小平.邓小平文选：第二卷[M].北京：人民出版社，1993.

[3]康德.论教育学[M].上海：上海世纪出版社，2005.

[4]涂尔干.教育思想的演进[M].李康，渠东，译.上海：上海人民出版社，2003.

[5]潘懋元.多学科观点的高等教育研究[M].上海：上海教育出版社，2001.

[6]经济合作与发展组织.重新定义第三级教育[M].谢维和，等译.北京：高等教育出版社，2002.

[7]联合国教科文组织.教育：财富蕴藏其中[M].联合国教科文组织总部中文科，译.北京：教育科学出版社，1996.

[8]王承绪，朱勃，顾明远.比较教育[M].北京：人民教育出版社，1982.

[9]博克.走出象牙塔：现代大学的社会责任[M].徐小洲，陈军，译.杭州：浙江教育出版社，2001.

[10]纽曼.大学的理想[M].徐辉，顾新建，何曙荣，译.杭州：浙江教育出版社，2001.

[11]刘新跃.地方高校哲学社会科学科研管理创新研究[M].合肥：安徽人民出版社，2012.

[12]吕达，周满生.当代外国教育改革著名文献：美国卷第三册[M].北京：人民教育出版社，2004.

[13]中央文献研究室.习近平关于青少年和共青团工作论述摘编[M].北京：

中央文献出版社，2017.

［14］克尔．高等教育不能回避历史［M］．王承绪，译．杭州：浙江教育出版社，2001.

［15］中共中央编译局．马克思恩格斯全集：第二十五卷［M］．北京：人民出版社，2001.

［16］习近平．习近平谈治国理政：第二卷［M］．北京：外文出版社，2017.

［17］习近平．在北京大学师生座谈会上的讲话［M］．北京：人民出版社，2018.

2. 期刊类

［1］袁本涛．论中国高等教育的依附发展［J］．清华大学教育研究，2000（1）：38-45.

［2］贾永堂，罗华陶．新中国高等教育发展道路的历史考察：基于后发展理论的分析［J］．高等教育研究，2016（5）：1-12.

［3］张珏．百年来中国高等教育依附式发展的反思：谈学习国外高等教育的基本经验［J］．现代大学教育，2002（3）：67-70.

［4］彭荣础，王处辉．大学的独立自由状态考察及我国一流大学理念构建［J］．中国高教研究，2008（8）：17-18.

［5］潘懋元．教育的基本规律及其相互关系［J］．高等教育研究，1988（3）：6-12.

［6］邱均平，余凡．中国大学发展的质与量：中国一流大学与世界一流大学的比较分析［J］．重庆大学学报（社会科学版），2012（2）：100-105.

［7］陈晓宇，杨海燕．新时期我国建设一流大学面临的转变［J］．高等教育研究，2017（11）：11- 21，45.

［8］阮成武，徐雪莲．高等教育领域中的院校漂移及其政府治理：基于安徽省新建地方本科院校的考察［J］．安徽师范大学学报（人文社会科学版），2018（3）：133-139.

［9］萨莫斯．21 世纪大学面临的挑战：在北京大学的演讲［J］．李环，译．中国大学教学，2002（Z2）：4-7

［10］张保庆．树立科学的发展观 确保高等教育持续健康发展［J］．中国高等教

育半月刊,2003(10):3-9.

[11]劳凯声.面临挑战的教育公益性[J].教育研究,2003(2):3-9.

[12]靳希斌.论教育服务及其价值[J].教育研究,2003(1):44-47

[13]叶忠.教育与就业关系的转型:从确定性到不确定性[J].南京师大学报(社会科学版),2009(2):78-83.

[14]吴华.论发展高中教育对减轻就业压力的政策价值[J].教育与经济,1999(2):23-26.

[15]高芳.高等教育与社会就业关系的转型及应对策略[J].国家教育行政学院学报,2013(3):29-32.

3. 网络资源类

[1]习近平在中共中央政治局第五次集体学习时强调 加快建设教育强国 为中华民族伟大复兴提供有力支撑[EB/OL].(2023-05-29)[2023-11-04].http://www.moe.gov.cn/jyb_xwfb/s6052/moe_838/202305/t20230529_1061907.html.

[2]习近平首次点评"95后"大学生[EB/OL].(2017-01-03)[2020-11-20].http://cpc.people.com.cn/n1/2017/0103/c64094-28993285.html.

[3]习近平出席全国教育大会并发表重要讲话[EB/OL].(2018-09-10)[2019-11-20].http:// www.gov.cn/xinwen/2018-09/10/content5320835.html.

后 记

本丛书的整理出版，有着几个方面缘由。首先，是完成安徽师范大学出版社交给我的一项任务，为母校安徽师范大学百年庆典准备一批学术作品。同时，也是在同事和弟子们鼓动下为自己从教40周年和跨入耳顺之年留下一份学术纪念。书中的字里行间印着自己学术探索和成长的行走足迹。

1983年，邓小平提出“教育要面向现代化，面向世界，面向未来”。那年，我在母校也是我现在的工作单位安徽师范大学读大学三年级。那时的人们，充满着对“四化”蓝图的畅想与信心，无论是校园广播里还是在学生宿舍的洗漱间里，到处都飞扬着《在希望的田野上》的欢快旋律。我们这些学教育学的同学，常常躺在宿舍的床铺上争论着教育的学术问题：有的坚持常春元教授在“教育原理”课上讲的教育是上层建筑的观点，有的同意于光远先生在文章中提出的教育具有生产力属性的观点，还有的同学则觉得给我们上公共课的刘楚明老师提出教育既是上层建筑又是生产力的观点更有道理。在那个经济拮据的年代，我们大多数同学都订阅了《教育研究》杂志，条件稍好的同学还订阅了多份杂志，追踪教育学术刊物各种充满学术论争的观点和歧见。这对我们这些刚刚跨入教育学的青年学子来说，是多么好的学术启蒙和引领！

我的教育研究之路特别是对教育现代化的研究，起步和基点都是始自我所从事的教育工作——师范教育及其服务对象——基础教育。回顾起来，我对教育现代化的研究大致上是从“小”到“大”，从“点”和“线”再到“面”和“体”，又是由“实”而“理”跃升的。对我的学术视野扩展和路线延伸起重要引领和提升作用的，是2001年在北京师范大学做访问学者期间，谢维和先生在指导我开展教师教育研究——随着教育现代化的推进如何将小学教师培养带入高等教育，以及随着教育现代化带来的教师专业化如何实现教师形象的提升与统整。同时，他基于教育社会学基本理论和方法形成的基础教育和高等教育的研究思路和论见，也深深启示了我。他告诫我，做教育研究一定要有国家视野、恢宏之气。此后，我的研究开始突围。这个“围”就是自己学术视野的局限。我尝试着将自己的研究问题引入教育现代化的历史进程和国际视野中，纳入更加全局和宏大的学术语境来思考和生发。

对我的学术突围发挥同样引领作用的，是2008年进入安徽师范大学政法学院攻读马克思主义基本原理博士学位，导师蒋玉珉教授，以及陶富源教授、王先俊教授等，他们从经济学、哲学、中共党史和新中国史等多个学科视角给我带来新的学术启示。特别是让我开始用马克思主义社会发展思想和人学思想，开展教育改革发展中利益协调及其制度创新问题的研究，并以此作为底层逻辑开展教育现代化的理论研究和政策研究。在此，我要向我的先生们致以诚挚敬意和感恩！

当然，对我的研究起到直接支撑和推动作用的，是我所在的工作单位特别是回到母校工作以来，在朱家存教授、周兴国教授的带领以及我本人的参与下，教育科学学院在学科和学位点建设进程中，我们的团队主要聚焦教育现代化进程中的教育公平问题、教师队伍建设问题，并将这些问题延伸到学前教育、义务教育、高中教育、职业教育和高等教育各个阶段和领域，形成教育现代化相关的基本理论研究、政策分析研究和技术应用研究。本书的一些成果正是团队成员参与、支持和合作所取得的。在这期间，学校领导要我牵头开展高等教育研究所和教师教育协同创新中心的创建工作，推助我由此开展相关问题的研究。这也使我关于教育现代化研究延伸到教育的更多更新的领域，在此过程中，我是一个参与者，但更多是一个受益者。

在最近20年的学术探索中，我的研究直接或间接地指向教育现代化。虽然很多研究的动因和语境并非直接指向这一宏大主题，但事实上，都是将教育现代化或作为背景，或作为目标，或作为论域展开的。在这一过程中，渐次形成一批以教育现代化的中国进路为中心论题的研究成果。比如，《学有所教：建立现代国民教育体系的新目标》（2008），《中国教师现代化的路径选择》（2011），《中国基本实现教育现代化的路径选择》（2012），《论中国特色教育现代化路向、路基与路径》（2012），《中国式现代化的教育定位与布局》（2023），《中国式教育现代化：道路与进路的辅成》(2023)，等。本书收录的其他相关成果则是这一研究主题的不同形式和展开、延伸、深化。从社会发展和时代背景上看，这些关于教育现代化的研究成果，都是在国家推动教育现代化迈出重大新步伐的关键节点开展和取得的。这些研究也得到学术界和上级部门的关注和首肯。2021年，我以“教育现代化”为方向申报的国家重大人才工程项目特聘教授岗位得到批准。2022年，在学校和上级行政部门支持下，由我领衔组建的“安徽省教育治理现代化研究团队”，入选安徽省高校优秀科研创新团队，得以将教育现代化作为主题的学术研究进一步深入和体系化开展。我高兴地看到，一批中青年学者加入其中并迅速成长。这是教育现代化之需，也是教育现代化带来的学术际遇。在此，向支持这一研究的上级领导、我所供职的安徽师范大学的领导和教育科学学院同仁致以诚挚的感谢！

本丛书的出版，要感谢安徽师范大学出版社张奇才社长和戴兆国总编辑的大力支持，特别是编辑吴毛顺、孔令清，他们为本书出版付出了艰辛劳动。作为一名教师，所取得的研究成果总是离不开与学生们的教学相长。在日常教学和研究生指导过程中，学生们提出的问题或是帮助他们解决学术问题的过程，也是激发我不断思考和学术探究的过程。本丛书一部分成果正是我与博士和硕士研究生共同研究所取得的。还有，他们长期以来在各个岗位特别是在教育战线取得的出色成就和所做出的默默奉献，无疑是对为师者最好的勉励和慰藉。在此，也向他们表示感谢。

本丛书的大部分篇幅都曾在各类学术期刊发表并转载，得到编辑和审稿专家的大力支持和宝贵指导，在撰写过程中参考和借鉴了国内外学者的研究文献。这在书中都有标注并列入了参考文献。在此，谨向以上专家和同行表示衷心感谢。

从教40周年和耳顺之年的学术回顾，自然要感谢我的父母和家人。2015年，我在《教师职业的理性与诗意》一书扉页写下“谨以此书献给我的父亲和母亲，是他们教导我在人生的田地间不辍耕耘，播种并收获爱与善良。”现在，我只能以这套丛书告慰他们了。我的夫人张勤知女士数十年如一日，支持我的工作及人生的关键选择，给我提供生活上的照顾和事业上的协助。孩子从上学、工作到建立小家庭，直至取得国际领先的技术成果，靠的是自己的努力和小俩口的相互扶持。这些都使我有更多的闲暇和专注，潜心于学术工作。在此，我也要向我的家人们表示由衷感谢！

最后由衷说一句，本丛书关于中国式教育现代化进路的研究，只是对这一宏大学术话题和时代课题的一点点粗浅体会和心得，衷心希望得到大家的帮助和指教。

阮成武

2024年初夏夜